Diccionario
de
sueños y pesadillas

MAX SUSSOL

Diccionario
de
sueños y pesadillas

EDICIONES OBELISCO

Si este libro le ha interesado y desea que le mantengamos informado
de nuestras publicaciones, escríbanos indicándonos qué temas son de su interés
(Astrología, Autoayuda, Ciencias Ocultas, Artes Marciales, Naturismo,
Espiritualidad, Tradición...) y gustosamente le complaceremos.

Puede consultar nuestro catálogo en www.edicionesobelisco.com

*Los editores no han comprobado la eficacia ni el resultado de las recetas,
productos, fórmulas técnicas, ejercicios o similares contenidos en este libro.
Instan a los lectores a consultar al médico o especialista de la salud ante
cualquier duda que surja. No asumen, por lo tanto, responsabilidad alguna
en cuanto a su utilización ni realizan asesoramiento al respecto.*

Colección Magia y Ocultismo
DICCIONARIO DE SUEÑOS Y PESADILLAS
Max Sussol

1.ª edición: octubre 2016

Título original: *Dicionário de sonhos & pesadelos*

Traducción: *Manuel Manzano*
Maquetación: *Compaginem, S. L.*
Corrección: *Sara Moreno*
Diseño de cubierta: *Enrique Iborra*

© 2003, Max Sussol
(Reservados todos los derechos)
© 2016, Ediciones Obelisco, S. L.
(Reservados los derechos para la presente edición)

Edita: Ediciones Obelisco, S. L.
Collita, 23-25. Pol. Ind. Molí de la Bastida
08191 Rubí - Barcelona - España
Tel. 93 309 85 25 - Fax 93 309 85 23
E-mail: info@edicionesobelisco.com

ISBN: 978-84-9111-156-6
Depósito Legal: B-21.506-2016

Printed in Spain

Impreso en España en los talleres gráficos de Romanyà/Valls, S.A.
Verdaguer, 1 - 08786 Capellades (Barcelona)

INTRODUCCIÓN

Mi amigo inglés Brewton Berry decía que «soñar, comer y dormir son, entre todas, las más antiguas de las prácticas humanas». Los sueños ya se registran en los archivos de los tiempos más remotos, y los investigadores informan que todos los pueblos primitivos, como los esquimales e incluso los australianos, son visionarios. Sin embargo, el significado y causa de los sueños son problemas distintos, que han desafiado la capacidad de los ingenuos.

Muchos científicos modernos niegan la idea de que los sueños puedan tener algún significado profundo. Están de acuerdo con el poeta que escribió:

Como los sueños de los niños
que por la noche indigestión producen.

Y alguien dijo: «El hábito del régimen individual determina el tipo de sueños». Eso es todo. No aclaran el pasado, el presente o el futuro.

No obstante, algunos dan un paso más en las explicaciones de los sueños. Wundt, por ejemplo, considera los sueños en general como errores de impresiones recientes en la mente. Durante el sueño no hay resistencia. En consecuencia, un dolor muy leve puede dar la impresión de una puñalada; un movimiento del pie sugiere una peligrosa caída por un precipicio.

Los sueños son el resultado de libres asociaciones de ideas subconscientes. No hay un gran misterio en ello.

Freud, sin embargo, conserva cierta creencia en la importancia de los sueños: aunque no nos traen, dice, revelaciones sobre el futuro, proporcionan precisiones sobre los misterios profundos encerrados en el presente y en el pasado.

Los sueños representan la satisfacción de los deseos…, ¡qué misterio!

Freud enseña que los deseos infantiles, que son sencillos y sinceros, están claramente representados en los sueños del niño. Con el adulto no ocurre lo mismo: con el entorno social ejerciendo sobre él su constante dictadura, se ve obligado a reprimir los pensamientos y los deseos reprobables. Y esto se logra mediante la educación. Por lo tanto, los deseos reprobables son prisioneros en la cárcel del subconsciente, con guardias encargados de vigilarlos para que no escapen. Los deseos de naturaleza sexual, especialmente, se encuentran atrapados en gran número en la mazmorra del subconsciente, como las antiguas cadenas de esclavos del Misisipi. ¡Pero qué criminales tan listos son los deseos! Durante la noche, mientras los guardias duermen, a veces se escapan, aunque los guardias siempre consigan capturarlos y llevarlos de vuelta a la cárcel. Son inteligentes, saben que no pueden huir con sus vestimentas de preso; así que buscan un disfraz respetable y pasan furtivamente frente a los centinelas y, por un tiempo, disfrutan de la libertad: en los sueños. Pero incluso con sus disfraces, que nunca son perfectos, los psicólogos pueden desenmascararlos y mostrar lo que realmente son; es decir, que a través del sueño no son más que deseos inquietantes. Y así, los científicos exponen sus teorías y debaten sus méritos; pero la mayoría de la humanidad prefiere sin duda el juicio breve y simple de los griegos que dijeron: «El sueño pertenece a Zeus».

Hoy, sin embargo, además de la parafernalia electrónica para espiar los sueños, los neurobiólogos cuentan desde la última década con la ayuda de la biología molecular, y pueden utilizar anticuerpos monoclonales para mapear y señalizar los procesos fisiológicos que tienen lugar durante un sueño y en la formación de la memoria definitiva.

Todo esto ha hecho que el conocimiento de los sueños en la última década del pasado siglo diera un salto sin precedentes, abriendo nuevas vías para la comprensión de sus significados, pero al mismo tiempo justifica diversas interpretaciones que van desde la historia bíblica de José en Egipto hasta algunas hipótesis de los psicoanalistas Sigmund Freud y Gustav Jung y, sobre todo, del griego Aristóteles.

Max Sussol

SUEÑOS

Incluso los salvajes primitivos tenían teorías para explicar sus sueños. Entre ellos existía la creencia generalizada de que el alma, durante la noche, deja el cuerpo y vaga por la tierra experimentando extraños acontecimientos. Como afirmó un kurnai: «Tiene que ser así, porque cuando duermo me voy muy lejos y puedo ver y hablar con los que han muerto». Para citar otro caso tenemos a los dahomeanos africanos: dicen que el alma del hombre está en su cabeza y administra los pensamientos, la voz y la respiración. Y esta alma abandona el cuerpo durante el sueño, la cual sufre realmente las experiencias que vive en los sueños.

Extranjeros que han vivido entre ellos han escuchado constantemente relatos de historias increíbles y absurdas, lo que ha hecho que juzguen a los salvajes como mentirosos, o necios. Y éstos narran sueños asumidos como realidades, como dice un semang: «Si yo soñé que maté un jabalí es porque es verdad. A la mañana siguiente, se lo conté a toda la tribu, que entonces se fue a buscar el jabalí, y ciertamente lo encontró».

También un indio que estaba enfermo soñó una noche que su patrón le había hecho subir por varias cascadas difíciles en una canoa. A la mañana siguiente, reprendió al patrón por su falta de simpatía y consideración.

La creencia en el alma errante hace que muchas personas primitivas no despierten al durmiente. Dirán, tal vez, que el alma está lejos y no tendría tiempo de volver; y si esto sucede, la persona enfermará y morirá. Si usted necesita despertar a alguien, debe hacerlo gradualmente, para que el alma tenga tiempo suficiente para encontrar su casa.

Un día un fiyiano fue despertado repentinamente de una siesta cuando alguien le pisó el pie. Se levantó y comenzó a llamar a gritos a su alma, para que volviera rápidamente. Estaba soñando que se había ido a Tonga y la muerte lo había mirado de cerca.

Esta creencia primitiva se ha conservado en la sabiduría de los pueblos europeos como una advertencia para no molestar al que duerme, para que el alma ausente, al volver, no pierda su camino.

Como vemos, los salvajes no se quedan muy atrás con respecto a los psicólogos modernos en las múltiples interpretaciones de los sueños. Además de las creencias citadas, todavía hay entre los demás pueblos primitivos otras como las siguientes: a través de sueños los dioses envían sus advertencias sobre el futuro, y para eso utilizan a los fantasmas de los parientes fallecidos o de los amigos. Los ainu, en sus discusiones con los escépticos, encontraron la verdad incontestable para demostrar la existencia del alma en el hecho de que *los muertos se aparecen en los sueños a los vivos.*

Los sueños son, por tanto, valiosas experiencias para los pueblos primitivos. A través de ellos reciben advertencias contra el peligro, ven el futuro, adquieren una sabiduría que no podrían obtener de otra manera. Tribus enteras de estos pueblos primitivos abandonan sus aldeas porque alguien soñó que había visto al enemigo acercándose sigilosamente, o porque alguien soñó augurios que simbolizaban el avance de un ataque. Los sueños y las visiones eran los principales motivos de la religión de los nativos americanos, y canalizaban sabiduría de gran valor. A menudo soñaban canciones, así como formas artísticas y religiosas. La riqueza, la fama y el éxito se inspiraban en los sueños y en las visiones. Y si tales inspiraciones no llegaban naturalmente, las buscaban con cautela, torturando el cuerpo, si era necesario, con el fin de complacer a los dioses para que los hicieran soñar.

Volvían realidad esos sueños poniéndolos en práctica. Cuando los bataks, de Sumatra, van a buscar alcanfor, viajan hasta encontrar un lugar en medio del bosque donde deciden tentar a la suerte. Construyen una cabaña, limpian el espacio de delante y allí invocan al *Espíritu del alcanfor* al son de una flauta y ofreciendo repetidos sacrificios. Después se acuestan a dormir, y entonces sueñan con el lugar donde encontrar el alcanfor. El sistema es bueno, pero puede fallar, dicen. ¿Qué sistema es ése?

Los hombres siempre encuentran una causa para su enfermedad. Los melanesios, que no conocen los microbios, culpan a los fantasmas de sus dolores. Así, un enfermo llama a un soñador profesional, le ofrece tabaco y le pide que descubra al fantasma que lo atacó. Él, en el sueño, busca al fantasma, indaga sobre la enfermedad y, pactando con él, avisa al enfermo de que todo está decidido. Mediante ese nuevo método se ha conseguido un buen porcentaje de curaciones.

En isla de Cabras, los delincuentes a menudo son detenidos gracias a los sueños. Cuando algún misterioso crimen escapa a las autoridades locales, llaman a un experto en el arte de soñar. Éste se toma un buen trago de *kava* y profundiza en el sueño mágico. Al despertar, dice el nombre del culpable al que ha visto. Y ningún tribunal, por elevado que sea, puede anular esta decisión.

También se han utilizado los sueños para determinar el sexo de un bebé que va a nacer. La futura madre jakum espera pacientemente hasta soñar un número, lo que ocurre siempre, dicen, cuando la interesada pone todas sus esperanzas en el sueño. Luego, en compañía de sus amigos, pasa en vela tantas noches seguidas como le dicta el número que ha soñado.

A veces, en una de esas noches llenas de esperanza, entre la puesta del sol y el amanecer, escuchan el grito de un determinado pájaro o de un animal que revela el sexo del niño. Si el grito viene del lado derecho, será un niño; en caso contrario, niña; y si viene de frente habrá una gran tribulación, porque significa que el bebé no vivirá mucho tiempo. Si el grito llega de atrás, indica que el caso es más grave, y que el bebé nacerá muerto o morirá poco después del nacimiento.

Sin embargo, la situación no es desesperada, porque los gritos de las mujeres ponen a su disposición al futuro padre, quien enseguida saldrá en busca del animal que gritó y lo espantará. Si tiene éxito, o si entonces se escucha otro grito procedente de la derecha o de la izquierda, creen que el peligro ha sido desviado.

Este tipo de interpretación es bastante común entre los pueblos primitivos. Pero no hay necesidad de ir a buscar entre ellos el respeto ingenuo y supersticioso hacia los sueños. Simplemente debemos volver los ojos a nuestros antepasados civilizados y ver que sus creencias no eran menos devotas que las de las culturas primitivas.

En primer lugar, fijémonos en los hebreos. ¡En su historia y sus ideas, la Biblia hace muchas referencias a los sueños! En los primeros capítulos se explica que Dios y sus ángeles se aparecieron en sueños a Jacob y a su generación y les prometieron la tierra donde estaban. ¡Y los judíos, por no hablar de los gentiles, tuvieron absoluta confianza en aquel sueño! Poco después, nos encontramos con José, el joven que de repente se convirtió en una figura importante porque interpretó hábilmente el sueño del copero, del panadero y finalmente del propio rey. Más tarde, se explica que un ángel se le apareció a José mientras dormía, y lo persuadió de que el embarazo de su mujer no era un caso que debiera sobresaltarlo; y una vez más el Señor se apareció en sueños a José y le dijo que huyera de la ira de Herodes, tomando a su esposa e hijo. Por lo tanto, los sueños tienen un papel importante.

También para los antiguos egipcios el sueño era un tema muy serio. Mantenían una actitud un tanto singular frente a los sueños. No consideraban el sueño como apariencia de muerte ni pensaban que las facultades intelectuales de la persona permanecieran temporalmente inactivas. Por el contrario, el estado de sueño era de hipersensibilidad y claridad; no para el cuerpo, sino para el alma. Como resultado, pensaban que durante el sueño una persona podía ser percibida. No es de extrañar, por tanto, que los dioses aprovecharan los sueños para revelar sus designios.

En el antiguo Egipto había muchos santuarios, y en ellos los creyentes buscaban obtener la revelación de los dioses. Era costumbre de los fieles orar al dios para que éste se les apareciera en los sueños. El ritual consistía en la siguiente oración: *Sois vos quien efectuáis milagros y vos sois benevolente en todas vuestras acciones; creasteis la magia, los cielos y la tierra y podéis concederme la salvación.*

Después de esta invocación, el postulante dormía en el templo, hasta que un sueño le mostrara la verdadera revelación que deseaba. La historia registra que estos sueños no eran simbólicos, no necesitaban intérpretes, eran claros y simples. El soñador mismo podía entenderlos inmediatamente. Los historiadores nos hablan acerca de los sueños simbólicos, como el sueño del faraón con las siete vacas gordas y las siete vacas magras, cuya interpretación liberó a José de la prisión. De hecho, los sueños alegóricos eran tan comunes en Egipto que surgió la profesión del intérprete, del maestro de las cosas ocultas.

Los propios intelectuales griegos eran tan supersticiosos sobre los sueños como un montañés de Ozark de hoy en día. Circulaban abundantes libros sobre sueños, y había muchos expertos en la interpretación onírica que servían a sus clientes a cambio de una cierta cantidad de dinero. Los griegos, a diferencia de los teutones y de otros pueblos de la antigüedad, no juzgaban los malos sueños como fatalidades. Se creía que mediante una purificación ritual era posible deshacer la predicción de un mal sueño. Algunos se lavaban en agua corriente y ofrecían sacrificios a las deidades, o vociferaban sus penas al aire libre, bajo el sol. Sin embargo, la purificación ritual más completa y efectiva se llevaba a cabo purificando al soñador y su dormitorio con antorchas y agua caliente.

No sólo los esclavos y el pueblo griego practicaban estas supersticiones. Oigamos a sus grandes pensadores. Tanto en la *Ilíada* como en la *Odisea* era Zeus el que generalmente escogía los sueños cuando quería engañar a los mortales. Tanto Homero como Herodoto encontraban muy natural que los dioses pudieran provocar sueños engañosos, ya que el propósito específico era justo. Platón no estaba de acuerdo; para él, era increíble que los dioses engañaran al hombre de ningún modo. Sin embargo, no se atrevía a negar que fueran mensajes de los dioses, y que al menos algunos fueran de carácter profético. Incluso dicen que Sócrates creía que los sueños de un hombre bueno eran profecías. Y los grandes escritores trágicos como Eurípides y Esquilo a menudo citaban los sueños en sus obras. Este último incluyó el arte de la interpretación de los sueños como una de las principales causas por las que la humanidad estaba en deuda con Prometeo.

Hubo, por supuesto, críticas a esas creencias. Durante siglos, poetas, oradores e investigadores se proclamaron incrédulos. Las modernas interpretaciones de los sueños son tan antiguas, como mínimo, como Aristóteles. Éste luchó contra la idea de los sueños enviados por los dioses; explicando, sin embargo, que si en algunos casos eran simples coincidencias, en otros respondían a una sugestión, una idea o una acción. Dos siglos antes de Cristo, Polibio decía que el sueño tenía causas naturales, en absoluto divinas, y que carecía de fuerza profética alguna. Jeremías dijo irónicamente: «Los profetas que predicen mentiras dicen; soñé, soñé». Zofar, amigo de Job, dijo que tenía poca fe en los sueños y en las visiones. Siglos más tarde conocemos las declaraciones del médico Galeno, de que la vida, los pensamientos y las condiciones físicas de una persona se reflejan en sus sueños. La filosofía de Galeno –hay que decirlo– arroja ciertas dudas, ¡porque casualmente confesó que sus sueños le eran útiles en el diagnóstico de las enfermedades de sus clientes y en la preparación de sus recetas!

Pero la verdad es que la mayoría de las personas ha soñado siempre, e incluso los hay que lo hacen con los ojos abiertos, aunque no sean poetas.

¿Qué éxito obtuvieron estos antagonistas de las supersticiones? Las chicas enamoradas siguen poniendo rebanadas de pastel de bodas debajo de la almohada, como hacen los estudiantes perezosos con sus libros y cuadernos. También saben que *cualquiera que sea el sueño que haya tenido dormido bajo una colcha nueva se convertirá en verdad, y que soñar que se atraviesa un río de agua sucia significa muerte en la familia.*

Si el lector entra en cualquier librería de viejo brasileña, sin duda encontrará una serie de libritos de diferentes grosores que se resumen en este título: *Lo que significan sus sueños.* Y si pasa las páginas, encontrará: soñar con nueces es buena señal; con hormigas, molestias; con leche, paz y abundancia; soñar con una cebra significa que usted está perdiendo el tiempo y debe trabajar duro y procurar tener mejores sueños.

Y 25.000 kioscos de periódicos en Brasil también tienen un gran éxito vendiendo este tipo de folletos.

Todo el mundo quiere saber si la persona de sus sueños se irá o no a la cama con él, y si soñar con mariposas puede significar ganar el premio acumulado de la lotería.

¿Vamos a verlo?

SUEÑOS DE SUERTE Y PREMONITORIOS

Los sueños premonitorios son numerosos y han sido reportados desde la más remota antigüedad, como el de la esposa del emperador romano Julio César, quien recibió la advertencia de la muerte violenta que sufriría su esposo.

Otro, más reciente, fue Abraham Lincoln, en el que era protagonista de una tragedia. Hablando con un amigo, Lincoln le dijo que esa noche había soñado que se celebraba un funeral en la Casa Blanca. En el sueño, le preguntaba a alguien que estaba a su lado: «¿Quién ha muerto en la Casa Blanca?». Y la respuesta que recibió fue: «El presidente. Ha muerto asesinado».

Aristóteles fue el primero en cuestionar la verosimilitud de los sueños premonitorios, señalando que, como hay tantos sueños y de variedad incalculable, obligatoriamente algunos de ellos se parecen a los eventos que sucederán después.

Los números al lado de cada sueño son números mágicos de la suerte usados por los más famosos magos internacionales.

ABANDONO ⋆ 540
▪ **Si usted abandonó un lugar cerrado:** problemas. ▪ **Si usted fue abandonado por sus amigos, familiares o cualquier persona en particular:** enfermedad en la familia.

ABDICACIÓN ⋆ 009
▪ **Soñó que un miembro de la familia real abdicaba del trono:** usted tendrá éxito en la vida social.

ABEJAS ⋆ 002
▪ **Verlas:** riqueza. ▪ **Verlas en las flores:** herencia. ▪ **Ver muchas abejas:** fecundidad. ▪ **Verlas trabajar:** buen presagio. ▪ **Matarlas:** fracaso. ▪ **Dentro de casa:** dignidad. ▪ **Colmena que contiene mucha cera:** enfermedad grave. ▪ **Zumbidos constantes:** fatiga física, sistema nervioso a flor de piel. ▪ **Picadura de abejas:** víctima de amor celoso, embarazo o persecución de persona envidiosa. ▪ **La casa llena de abejas:** la riqueza se acerca. ▪ **Una abeja perdida:** soledad por abandono del hogar, o pérdida de familiares. ▪ **Para el cultivador:** beneficios e ingresos fáciles. ▪ **Para personas ricas:** inquietud, ansiedad. ▪ **Llevar miel a casa:** éxito inmediato. ▪ **Miel pegada en la piel:** ganancia notoria.

ABISMO ⋆ 193 (*véase* Desfiladero: cap. Pesadillas)

ABORÍGENES ⋆ 059
▪ **Soñar con tribus primitivas:** pronto podrá pagar sus deudas.

ABORTO ⋆ 959
▪ **Abortar, o ver abortar a otra mujer:** sufrirá decepciones en relación con el dinero o el amor.

ABRAZO * 784

- **Soñar con un cálido abrazo:** vida familiar feliz. ▪ **Si el abrazo fue dado con pasión:** realizará un buen viaje.

ABREVIACIÓN * 181

- **Si en el sueño acorta las palabras al hablar o al escribir, o si lo hace otra persona:** romperá una amistad, o perderá su salario.

ABRIGO * 483

- **Soñó que se ponía un abrigo viejo o gastado:** tendrá dinero para vivir bien. ▪ **Si perdió el abrigo:** tendrá dificultades con los amigos y le resultará difícil hacer frente a los negocios. ▪ **Si una mujer sueña con un abrigo de piel (110):** disfrutará de ganancias financieras. ▪ **Si el abrigo era viejo o le faltaban pelos:** se le atribuirá un cierto reconocimiento y honores.

ABRIR (los ojos de par en par) * 231

- **Si abría los ojos de par en par:** alguien del sexo opuesto lo despreciará.

ABSCESO * 599

- **Si vio a una persona que tenía un absceso:** pronto se trasladará de domicilio. ▪ **Si el absceso era suyo:** debe tener cuidado con las pérdidas en general y las pérdidas comerciales en particular.

ABSOLUCIÓN * 012

- **Si es absuelto por un jurado:** relájese de sus preocupaciones, sus problemas pronto se resolverán.

ABSTEMIO * 625 (*véase también* Prohibición)

- **Soñar que un abstemio rechaza una bebida:** usted no será el perdedor de una discusión familiar.

ABSURDO * 905

- **Si se da una situación absurda en el sueño:** aparecerá la persona que se convertirá en su amor.

ABUCHEO * 415

- **Soñó que abucheaban a un orador, cantante o artista:** señal de que usted está siendo tratado con desprecio por ciertas personas. ▪ **Si usted era el único de la audiencia que abucheaba:** puede contar con mejores resultados en su trabajo.

ABUELOS * 806
▪ **Soñó con su abuela:** tendrá una buena situación financiera. ▪ **Soñó con su abuelo:** se convertirá en un miembro respetable de su comunidad.

ABUNDANCIA * 435
▪ **Soñó con grandes cantidades de alimentos o de otras cosas:** tome precauciones y trate de proteger su dinero.

ABUSO * 195
▪ **Si abusaron de usted:** padecerá una enfermedad leve. ▪ **Si fue usted quien abusó de alguien:** su situación financiera mejorará.

ACACIA
▪ **Si usted está cubierto con flores de acacia:** recibirá buenas noticias. ▪ **Si la acacia no tiene flores:** una mujer de su entorno se mostrará hipócrita.

ACCIDENTE * 540
▪ **Si se corta con un cuchillo o tiene un accidente de coche:** evite usar cuchillos u objetos que corten y no conduzca durante unos cuantos días.

ACCIÓN DE GRACIAS * 078 (*véase* Pavo)

ACEBO * 615
▪ **Soñó que colgaba acebo y otras decoraciones de Navidad en la puerta de su casa:** buena suerte en las finanzas y con las amistades.

ACEITE (de oliva) * 092
▪ **Si en el sueño aliñó una ensalada con aceite:** significa que se enamorará de verdad por primera vez. ▪ **Si usó aceite en frituras:** tendrá una vida social feliz. ▪ **Soñó que derramó aceite:** obtendrá buenas ganancias. ▪ **Si llenó de aceite un recipiente o una botella:** verá premiado su esfuerzo, felicidad. ▪ **Soñó que fabricaba aceite:** sus proyectos fracasarán. ▪ **Si rompió un recipiente o una botella de aceite:** ocurrirá una muerte en la familia.

ACEITUNAS * 514
▪ **Si comió aceitunas negras:** tendrá relaciones sexuales placenteras. ▪ **Si eran verdes:** encontrará a personas de fuera y deberá tener cuidado con lo que les dice. ▪ **Si recogía aceitunas:** significa que sufrirá molestias. ▪ **Si las exprimía:** señal de lucro. ▪ **Si las recogía del suelo:** su trabajo será fatigoso. ▪ **Si las recogía y se las comía:** sufrirá desamor. ▪ **Soñó con aceitunas en el árbol:** es buen augurio.

ACENTO * 989

■ **Soñó que alguien hablaba con acento:** será promocionado a un puesto importante.

ACEPTACIÓN * 405

■ **Si aceptó dinero u objetos de valor de manos de alguien:** felicidad en el amor y éxito en los negocios.

ACERA * 843

■ **Soñó que se sentaba en medio de la acera:** encontrar un trabajo peligroso.

ACETILENO * 135

■ **Ver la llama de una lámpara de acetileno:** cambiará para mejor. ■ **Si nota el mal olor del acetileno:** tenga cuidado con las deudas.

ACORDEÓN * 914

■ **Si usted lo estaba tocando:** muy pronto vivirá una historia de amor feliz. ■ **Si el acordeón estaba desafinado:** debe trabajar con más ahínco para conseguir las cosas deseadas.

ACOSO * 339

■ **Soñó que alguien lo acosaba:** significa que necesitará atención médica o dental.

ACUARIO * 913 (*véase también* Peces)

■ **Si vio un pez nadando en un acuario:** cuidado, puede sufrir un accidente.

ACUEDUCTO * 130

■ **Si vio agua discurriendo a través de un acueducto:** felicidad en el amor y buena salud. ■ **Si el acueducto estaba seco:** es hora de deshacerse de preocupaciones depresivas.

ACUSACIÓN * 594

■ **Soñó que fue acusado por haber hecho algo mal:** tenga cuidado con las personas que lo halagan.

ADÁN Y EVA * 525

■ **Verlos en el Jardín del Edén:** prepárese para problemas familiares y enfermedades. ■ **Soñó sólo con Eva:** será feliz con sus hijos.

ADENOIDES * 949

■ **Si fue operado para extirpárselas:** satisfacción en un trabajo realizado en equipo.

ADMIRACIÓN * 549
▪ **Admirar a alguien de manera sincera:** usted será rico en el futuro. ▪ **Soñó que alguien lo admiraba:** decepción en un proyecto.

ADOPCIÓN * 945
▪ **Adoptar una criatura:** usted obtendrá un gran retorno de su inversión.

ADORNOS * 539
▪ **Soñó con prendas de ropa que llevaban adornos dorados o relucientes:** conseguirá un trabajo mejor.

ADULTERIO * 585
▪ **Si usted cometió adulterio en el sueño:** tendrá desacuerdos con miembros de su familia y con personas de su entorno laboral. ▪ **Si se resistió a dejarse seducir por alguien para no engañar a su cónyuge:** usted se librará de personas que tratan de mancillar su reputación.

ADVERSIDAD * 905
▪ **Si usted tuvo un sueño en el que sufría adversidades:** buena señal, porque se verá libre de dificultades desagradables.

AFEITADORA * 789 (*véase también* Afeitar)
▪ **Soñó que se afeitaba con una maquina eléctrica:** Satisfacción en el trabajo y con los amigos. ▪ **Si se cortó al afeitarse:** debe pedir disculpas a alguien a quien ofendió. ▪ **Soñó que la maquinilla de afeitar tenía la cuchilla gastada:** tendrá pérdidas financieras.

AFEITAR * 152 (*véase también* Afeitadora)
▪ **Soñó que se afeitaba la cara u otra parte del cuerpo con una cuchilla:** significa que tendrá encuentros agradables y contactos con personas ricas.

AFICIONADO * 009
▪ **Hacer un papel de actor o cantar como aficionado con mucha satisfacción:** cuando sea una persona anciana será muy querida.

AFINADOR * 291 (*véase* Órgano)

AFLICCIÓN * 910
▪ **Soñar con alguien afligido:** transformará sus fracasos en éxitos, pero puede sufrir una dolencia pasajera. ▪ **Soñar con cualquier aflicción física:** señal de buena salud.

ÁFRICA ∗ 931

■ Si estuvo en el desierto del Sahara, o en otra región del continente africano: usted será convocado para formar parte de un jurado.

ÁGATA ∗ 105 (*véase* Piedras preciosas)

AGENDA ∗ 035

■ Si usó una agenda: su falta de claridad puede hacerle daño en el entorno laboral.

AGENTE ∗ 054

■ Soñó que trataba con un agente: si usted está casado, corre peligro de ser traicionado por el cónyuge.

AGONÍA ∗ 545

■ Sufrir una gran agonía: encontrará a un amigo que se ha vuelto muy pobre. ■ Soñó que alguien sufría agonía: cambiará de residencia o de trabajo.

AGRESIVIDAD (*véase* Arrogancia)

AGUA ∗ 672

Cuando se sueña con agua, el hecho de que sea clara o turbia refleja un estado de ánimo optimista o pesimista. Algunos psicólogos creen que soñar con agua es un símbolo materno, femenino.

■ Si en su sueño aparece agua clara: significa felicidad. ■ Turbia: desamor. ■ Soñó con una fuente: pronto empezará un noviazgo con alguien. ■ Si bebió agua helada: tendrá buena suerte. ■ Si bebió agua caliente: surgirán dificultades en su vida personal y financiera. ■ Si fue a tomar un baño y se quejó porque el agua estaba fría: progresará en su entorno laboral y será ascendido. ■ Aguas tranquilas: un problema importante se verá resuelto de manera satisfactoria. ■ Soñó que le daban un vaso de agua: anuncia un nacimiento. ■ Si el agua se derramaba: habrá un revés en un parto, puede incluso que la madre del bebé muera. ■ Soñó con un recipiente lleno de agua que no se utilizaba: se anuncia la muerte de un familiar.

AGUAMARINA ∗ 260 (*véase* Piedras preciosas)

ÁGUILA ∗ 756

■ Soñó con un águila: manifiesta proyectos temerarios en la mente del que sueña, que tiene un alto concepto de sí mismo y cree que no hay ninguna empresa imposible para sus capacidades y fuerza expansiva. ■ Si vio un águila volando alto: renunciará a los buenos resultados en los negocios y en las relaciones de amistad. ▪ **Si un águila lo capturó con las garras y se lo llevó por los aires:** tenga cuidado ante posibles accidentes. ▪ **Si vio un aguilucho en el nido:** tendrá prosperidad a través del trabajo si le dedica toda su atención.

AGUJA * 805
▪ **Si enhebró una aguja:** signo de buena suerte. ▪ **Si tiene muchas prendas que coser:** se verá en situaciones desafortunadas.

AGUJERO * 619
▪ **Soñó que tuvo un pinchazo y el coche no llevaba rueda de repuesto:** tendrá un viaje seguro, sin peligro de accidentes. ▪ **Si tapó un agujero en el sueño:** se peleará con alguien cercano.

AHOGAMIENTO * 995
▪ **Soñó que usted u otra persona se ahogaba:** se encontrará en situaciones infelices.

AHORRO * 498 (*véase también Presupuesto*)
▪ **Soñó que ahorraba:** recibirá dinero por correo.

AIRE * 127
▪ **Si se elevaba por los aires:** señal de que va a lograr satisfacciones y placeres nunca antes disfrutados.

AJEDREZ * 449
▪ **Soñó con un tablero de ajedrez:** tendrá disputas con familiares que tal vez pueden evitarse si controla su temperamento. ▪ **Soñó que jugaba una partida de ajedrez contra alguien:** discutirá con su cónyuge o con su pareja.

AJENJO * 085
▪ **Si bebe ajenjo durante el sueño:** un falso amigo hablará mal de usted.

AJO * 729
▪ **Soñó que lo usaba en la comida:** recibirá una carta que le molestará. ▪ **Usted olía mucho a ajo:** significa que pasará vergüenza. ▪ **Si olió a ajo pero no se lo comió:** ganará a sus competidores y estará orgullosos de sus esfuerzos.

AJUAR * 762
▪ **Soñó con un ajuar de novio puesto al lado de un ajuar de novia:** encontrará la alegría en el amor y en el matrimonio.

ALA * 887
- Si vio un pájaro con un ala rota: decepciones en sus aspiraciones.

ALAMEDA * 308
- Si caminó por un alameda con árboles florecidos: sufrirá decepciones amorosas.

ÁLAMO * 721
- Si vio a alguien plantar un álamo en la tierra o vio a alguien que lo estaba haciendo: tendrá prosperidad. - Si cortó o arrancó un álamo: sufrirá una pérdida repentina de dinero.

ALARMA (de incendios) * 930
- Si escuchó una alarma de incendios o usted mismo la conectó: en breve recibirá dinero.

ALBARICOQUES * 050
- Soñó con albaricoques frescos y maduros: es un signo de alegría. - Si estaban verdes: esfuerzo inútil. - Si eran orejones: resultado pequeño para tanto esfuerzo. - Si comió albaricoques: significa dinero.

ÁLBUM * 213
- Si vio fotos en un álbum: sea precavido porque puede sufrir un pequeño accidente.

ALCACHOFAS * 515
- Si se las comía: actuará con pereza en algún asunto.

ALCALDE * 286
- Soñó que veía a un alcalde: lo invitarán a unirse a un partido u otra organización.

ALCE * 531
- Soñó que le disparaba a este animal: habrá peleas entre parientes. - Si vio a un alce corriendo por el campo: encontrará nuevas formas de ganar dinero. - Si vio una cría de alce: es una señal de que pronto realizará un viaje. - Si en el sueño aparecía un alce: usted despertará atracción por el sexo opuesto.

ALCOHOL * 852 (véase también Beber)
- Soñó que bebía en exceso: experimentará una pérdida pronto. - Soñó que usaba alcohol para curarse: ocurrirán cosas buenas que lo beneficiarán.

ALDEA (india) * 543 (véase Choza)

ALETAS * 805
▪ **Si le cortó las aletas a un pez:** perderá algo pequeño y tardará mucho tiempo en encontrarlo. ▪ **Si vio un pez que agitaba las aletas:** se verá obligado a hacer un trabajo que no le gustará.

ALFABETO * 250
▪ **Soñó con letras separadas:** tiene dotes para ser un buen bibliotecario, escritor o actor.

ALFALFA * 025
▪ **Si la alfalfa era verde o fresca:** tranquilidad. ▪ **Si era seca:** superará la vergüenza. ▪ **Si plantaba alfalfa:** hará un buen negocio. ▪ **Si segaba alfalfa:** ganará dinero en el juego.

ALFOMBRA * 619
▪ **Soñó que vio una alfombra hermosa:** resultados pesimistas.

ÁLGEBRA * 281
▪ **Si resolvió un problema de álgebra:** encontrará una solución para sus cuentas no pagadas.

ALGODÓN * 519
▪ **Si vio o recogió algodón en el campo:** tendrá una vida cómoda y sin preocupaciones financieras. ▪ **Si vio a otra persona recogiendo algodón:** usted será ascendido a un puesto muy bien remunerado.

ALIANZA * 445
▪ **Soñó con un anillo de boda, o con una persona famosa poniéndoselo:** discutirá con un ser querido. ▪ **Si vio una alianza:** simboliza un romance que puede llevar al matrimonio. ▪ **Si perdió o rompió una alianza:** es una advertencia contra el matrimonio.

ALICATES * 570 (véase Pinza)

ALIENTO * 133
▪ **Soñó que se agitaba y perdía el aliento:** sufrirá una desilusión relacionada con una persona para la que trabaja.

ALMANAQUE * 413 (*véase también* Calendario)

- Si un hombre consultó un almanaque en el sueño: buenos resultados en los negocios. ▪ Si se trataba de una mujer: se romperá un compromiso interesante.

ALMENDRA * 693

- Si peló almendras: es un signo de satisfacción en el amor y en el dinero. ▪ Si estaban maduras: significa que hará un buen negocio. ▪ Si estaban verdes: sufrirá desamor. ▪ Si comía almendras: significa dinero ganado duramente.

ALMIRANTE * 812

- Si una mujer joven soñó que se casaba con uno: se casará con un hombre mucho mayor ella. ▪ Si un hombre sueña que era un almirante o que hablaba con uno: tendrá buenos resultados en su trabajo y con sus amistades.

ALMOHADA * 249

- Soñó que descansaba la cabeza en una almohada cómoda: recibirá un buen sueldo. ▪ La almohada era dura o de mala calidad: tendrá problemas para pagar sus deudas.

ALMOHADÓN * 860

- Si se sentó o se apoyó sobre un almohadón: ganará dinero. ▪ Si jugó con un almohadón o lo cosió: debe esperar críticas por algo que hizo o dijo. ▪ Si dormía sobre un almohadón de plumas: alguien del sexo puesto le invitará.

ALMUERZO * 123

- Si se sentó en una mesa de restaurante: usted no le gusta a su jefe. ▪ Si almorzó en la barra: ganará dinero. ▪ Si el almuerzo era al aire libre: significa una mejor salud para usted.

ALONDRA * 405

- Si en el sueño oyó una alondra: profetiza placer y felicidad. ▪ Si mató a una: surgirán situaciones desagradables en su vida.

ALQUILER * 692

- Si le cobró a alguien el alquiler: tendrá una larga visita de un viejo pariente. ▪ Si en el sueño no podía pagar el alquiler: será invitado a una cena deliciosa.

ALQUITRÁN * 405

- Soñó con este producto: deberá tener cuidado con los falsos amigos.

ALTAR * 018

- Si rezaba frente a un altar: alivio de tensiones y preocupaciones.

ALTAVOZ * 432
▪ **Soñó con uno:** señal de pequeñas pérdidas. ▪ **Si el volumen era bajo y no molestaba:** encontrará la satisfacción en la cooperación con sus vecinos.

ALUMBRE (de potasio) * 545
▪ **Soñó que se ponía una piedra de alumbre de potasio en la lengua y reaccionaba con disgusto:** desacuerdos con su amor. ▪ **Soñó que se ponía una piedra de alumbre de potasio en la lengua y reaccionaba con satisfacción:** sus desacuerdos desaparecerán.

AMABILIDAD * 290
▪ **Soñó que era amable con alguien:** será admirado y querido por sus amigos. ▪ **Si otros mostraron bondad hacia usted:** es una advertencia de que no debe hablar demasiado o tendrá problemas.

AMADO/A * 223
▪ **Soñó que era feliz con la persona amada:** tendrá buena suerte. ▪ **Soñó que discutía con la persona amada:** hará un nuevo amigo que se esforzará para ayudarle en sus relaciones futuras.

AMAPOLAS * 698
▪ **Si en el sueño aparecía un campo de amapolas:** pronto tendrá relaciones sexuales. ▪ **Soñó que arrancaba amapolas:** sus planes no se materializarán.

AMATISTA * 090 (*véase* Piedras preciosas)

AMBICIÓN * 354
▪ **Soñó que perseguía una ambición:** usted puede contar con un puesto más alto, con mayores ingresos.

AMÍGDALAS * 518
▪ **Si se las extirpaban:** usted perderá algo de valor.

AMIGOS * 665
▪ **Soñó que estaba entre amigos:** señal de buena salud y dinero a la vista.

AMISTAD * 010
▪ **Soñar con amigos:** refleja remordimientos de conciencia. ▪ **Si se peleó con un amigo:** sinónimo de mala adaptación social, inadecuación en el terreno social.

AMONÍACO * 491
- **Si usó amoníaco para limpiar:** señal de buena salud. - **Si olió a amoníaco:** debe abstenerse de beber demasiado.

AMOR * 106
- **Soñó que amaba sinceramente:** es pronóstico de una vida feliz. - **Si fue falso en el amor:** tendrá algunas dificultades. - **Si vio a personas haciendo el amor:** sus planes futuros tendrán éxito.

ANACARDO * 606
- **Soñó que comía anacardos:** tendrá una vejez tranquila. - **Si chupaba anacardos:** signo de despreocupación. - **Si recogía anacardos:** signo de la prosperidad.

ANAGRAMA * 139
- **Si hizo un anagrama:** encontrará una manera de resolver problemas de amor.

ANALFABETO * 868
- **Soñó que estaba con una persona que no sabía leer ni escribir:** predice que obtendrá una posición más alta y mayor responsabilidad.

ANARQUISTA * 990
- **Si usted era anarquista:** tiene que frenar sus acciones apresuradas y tener más cuidado a la hora de planificarlas.

ANCHOAS * 959
- **Si comía anchoas en el sueño:** recibirá una recompensa por un buen negocio hecho por otra persona.

ANCLA * 858
- **Levarla en un barco:** aventura amorosa dulce y peligrosa, y poco tiempo después exitosa. - **Si sólo vio un ancla, sin tocarla:** tendrá buena suerte y buenas oportunidades en su camino.

ANÉCDOTA * 337
- **Si se rio de una anécdota contada por alguien:** recibirá la visita de alguien a quien no le gustará ver. - **Si fue usted quien explicó la anécdota y otro se rio:** tendrá buenos resultados empresariales. - **¿Nadie se rio de su anécdota?:** un amigo en quien confiaba lo decepcionará.

ANEMIA * 391
- **Si padecía anemia:** señal feliz de buena salud.

ANESTESIA * 991

■ **Si olió a éter o cloroformo:** pronto tendrá buena suerte. ■ **Recibirla de un anestesiólogo:** significa que tendrá buena salud. ■ **Aplicarla a otra persona:** usted sufrirá una larga enfermedad.

ANFITRIÓN/A * 038

■ **Soñó que recibía a invitados:** disfrutará de mejores condiciones financieras.

ANILLAS * 317

■ **Soñó que jugaba a lanzar anillas:** es una señal de amor y matrimonio tranquilos.

ANIMALES * 129 (*véase también* Bichos)

Soñar con animales revela nuestros impulsos primarios. Los antiguos consideraban peligrosos los sueños con animales por considerarlos presagios de futuros accesos de cólera o de profunda irritabilidad. ■ **Ver a varios:** usted se dedicará a uno de ellos. ■ **Soñar con serpientes:** significa mal augurio. ■ **Con un conejo:** buena suerte. ■ **Canguro:** la familia aumentará. ■ **León:** traición. ■ **Gamba:** enfermedad. ■ **Codorniz:** intriga. ■ **Perro:** significa que sufrirá acoso por parte de un familiar cercano o envidia.

ANÍS * 010

■ **Si usó anís en el sueño:** significa que pronto irá a una fiesta, a un baile.

ANIVERSARIO * 185

■ **Si le hicieron una fiesta de aniversario:** predice felicidad junto a los miembros de su familia.

ÁNGELES * 676

■ **Si sueña con un ángel:** señal de que busca ayuda en lo sobrenatural. Íntimamente se considera que se necesita un milagro para resolver los problemas. También indica que no pierde la esperanza, no importa lo graves que sean los momentos por los que se pasa. ■ **Si los vio en un sueño:** usted y algunos amigos sufrirán una enfermedad corta.

ANO * 661

■ **Soñó con el ano:** significa inquietud.

ANORMALIDAD * 905

■ **Soñó con un animal o una persona con una anormalidad física o mental:** es una señal de que sus preocupaciones se desvanecerán y que será feliz.

ANTÁRTIDA * 093
- Soñó que viajaba a la Antártida: sus planes no saldrán bien.

ANTENA * 441
- Si instaló una antena en un tejado: tendrá éxito en algo arduo y difícil.

ANTEPASADOS * 589
- Soñar con los antepasados (no con la madre o el padre): significa que será aceptado en su comunidad.

ANTES DEL ALMUERZO * 554
- Si los acontecimientos del sueño ocurrían antes del almuerzo: en poco tiempo su futuro será brillante.

ANTICONCEPTIVOS * (véase Control de la natalidad)

ANTÍDOTO * 505 (véase también Veneno)
- Soñó que se lo administraba a alguien: tiene que ser cuidadoso en el trato con los demás.

ANTIGÜEDADES * 159
- Si las apreciaba en un anticuario: tendrá una familia feliz.

ANTÍLOPE * 565 (véase también Venado)
- Si vio uno en el zoológico: sufrirá decepciones. ▪ Si le disparó a uno: sufrirá molestias procedentes de un enemigo. ▪ Si lo vio en un espacio abierto: su dinero crecerá.

ANTISÉPTICO * 093
- Si aplicó cualquier tipo de antiséptico: se librará de un accidente automovilístico.

ANTORCHA * 304
- Soñó que llevaba una antorcha encendida: tendrá problemas en el amor.

ANULACIÓN * 540
- Si se anuló una boda: tendrá tranquilidad y satisfacción.

ANZUELO * 803
- Soñó que ponía un hilo en el anzuelo: será afortunado en el amor. ▪ Si el anzuelo se clavó en su cuerpo: tendrá problemas económicos relacionados con sus familiares.

APARATO (mecánico) * 329

- Soñó con un aparato en funcionamiento o desconectado: será capaz de hacerlo bien en el trabajo que usted ha elegido.

APARTADO (de correos) * 194

- Soñó con taquillas nuevas de un apartado de correos: sufrirá decepciones debido a su propio descuido. ▪ Si las taquillas eran viejas: viaje corto pero agradable.

APARTAMENTO * 540

- Si vivía en un apartamento grande: ganará mucho de dinero. ▪ Si vivía en un apartamento pequeño con cocina americana: breve fricción con la familia.

APELLIDO * 415

- Soñó que alguien importante lo llamaba por el apellido: obtendrá más dinero. ▪ Si llamó a un familiar por su apellido: se divertirá con algo que se saldrá de sus actividades normales.

APENDICITIS * 099

▪ Si sufrió un ataque de apendicitis: señal de advertencia para que no se jacte mucho si ha ganado dinero en la lotería o en el juego.

APETITO * 905

▪ Si perdió el apetito: estará triste durante algún tiempo. ▪ Si su apetito era bueno: pronto disfrutará de algunas delicatesen.

APIO * 585

▪ Fresco: alcanzará riqueza e importancia. ▪ Viejo: puede recibir malas noticias relacionadas con la familia.

APLAUSO * 195

▪ Si aplaudió a alguien que aparecía en un escenario: desde ese día en adelante su salud será buena. ▪ Si fue usted quien era aplaudido: sus nuevos planes no tendrán éxito.

APLAZAMIENTO * 544

▪ Si fue a una reunión que al final se pospuso: tenga cuidado con los alimentos que come, pueden causarle indigestión.

APOSTAR * 446

▪ Si apostó jugando a las cartas: personas falsas querrán sacarle dinero. ▪ Si apostó en las carreras: podrá hacer nuevos planes o empezar nuevos proyectos, en caso de que esté absolutamente seguro de que los llevará hasta el final. ▪ **Si se apostó algo con otra persona:** puede cometer un desliz que le hará daño.

APOYO * 113
▪ **Soñó que recibía el apoyo (financiero o de otro tipo) de su amor o de su cónyuge:** encontrará compañías sociales que le resultarán desagradables y antipáticas. ▪ **Si el apoyo vino de familiares o del marido:** tendrá alegrías.

APRECIACIÓN * 935
▪ **Si apreciaba a alguien:** tendrá buena suerte en su camino. ▪ **Si era apreciado:** tendrá que luchar y vencer a su oponente.

APRENDIZ * 539
▪ **Si era un aprendiz en el sueño:** tendrá felicidad en el amor y en los negocios. ▪ **Si planeaba convertirse en un aprendiz:** posibilidades de ganar más dinero.

APRENDIZAJE * 680
▪ **Soñó que adquiría conocimientos en la escuela, o estudiaba un tema nuevo para usted:** será bendecido con amigos maravillosos.

APROBACIÓN * 212
▪ **Si aprobaba algo de alguien:** disfrutará de mucha felicidad. ▪ **Si aprobaba a alguien que no lo merecía:** sufrirá algún tipo de decepción.

APUESTA * 738 (*véase* Apostar)

ÁRABE * 129
▪ **Si visitó a un árabe en su país:** tendrá aventuras amorosas. ▪ **Si vio a árabes montando sus caballos:** tenga cuidado con los celos del sexo opuesto.

ARADO * 314
▪ **Soñó que usaba un arado tirado por una mula o por un caballo:** logrará el éxito en el trabajo y en el amor. ▪ **Si usaba un tractor para arar la tierra:** tendrá una vida rica y plena.

ARAÑA * 003
Hay un refrán que dice: «Araña vista por la mañana, mala semana; al mediodía, alegría; con el sol caído, deseo cumplido».
▪ **Si vio una araña en un lugar limpio y por la mañana:** está a punto de ocurrir algo malo. ▪ **Si la vio por la tarde:** indica que verá cumplidas sus esperanzas. ▪ **Si la sorprendió tejiendo una telaraña:** significa que usted será engañado. ▪ **Si la vio tejer hacia abajo:** pronto aumentará su capital.

ÁRBITRO * 907

■ **Soñó que era el árbitro de un partido en el que su decisión causaba controversia:** atención, es posible que tenga problemas familiares graves. ■ **Si fue usted quien criticó la decisión equivocada de un árbitro:** está siendo observado por una persona escéptica que puede dejarle una herencia.

ÁRBOL (de Navidad) * 718

■ **Soñó con uno:** señal de que tendrá relaciones de amistad serenas y una vida pacífica.

ÁRBOLES * 309

■ **Si vio hermosos árboles en un bosque o plantó uno:** felicidad en el amor y en el matrimonio. ■ **Si vio cómo cortaba un árbol:** sufrirá una decepción amorosa. ■ **Si le quitaba la corteza a uno:** dificultades con el sexo opuesto.

ARBUSTO * 630

■ **Si estaba al lado o debajo de un arbusto:** pasará por una situación embarazosa. ■ **Si vio una zarza ardiente:** recibirá una noticia repentina e impactante. ■ **Si vio un árbol en flor o un arbusto florecido:** es señal de que tiene amigos leales (en este caso juegue también al número 430).

ARCADA * 145

■ **Si pasó por debajo de una:** se cruzará con una tentación en su camino y le costará mucho deshacerse de ella.

ARCO * 838

■ **Si pasó por debajo de uno:** se enterará de chismes acerca de usted. ■ **Si el arco estaba roto:** desperdicia demasiada energía en un trabajo infructuoso.

ARCO (y flecha) * 585

■ **Si acertó a una mosca con su flecha:** está listo para obtener la riqueza deseada por su ambición. ■ **Si no dio en el blanco y la flecha cayó al suelo:** tendrá decepciones.

ARCOÍRIS * 631

■ **Si apareció un arcoíris en el sueño:** usted será muy feliz.

ARCHIVO * 709

■ **Soñó que guardaba algo en un archivador:** tendrá suerte. ■ **Si no encontraba cierto documento en un archivador:** deberá reducir sus altas pretensiones. ■ **Soñó con documentos perdidos y desorganizados en un archivo:** el ambiente en el trabajo será más distendido.

ARENA * 664
▪ **Soñó con arena:** augura que una persona hipócrita tratará de influirlo en contra de su voluntad. ▪ **¿Eran arenas movedizas y usted se hundía en ellas?:** no debe inmiscuirse en los asuntos de los demás. ▪ **Si ayudó a alguien a salir de las arenas movedizas:** usted recibirá más dinero.

ARISTÓCRATA * 810
▪ **Si fue humillado por un noble:** se multiplicarán sus posesiones.

ARITMÉTICA * 093 (*véase también* Cuentas)
▪ **Si trató de resolver problemas de aritmética:** se enfrentará a problemas personales que resolverá con grandes dificultades.

ARMA * 837
▪ **Si vio a un escolar con una pistola de juguete:** será invitado a diversas actividades sociales. ▪ **Soñó con armas y escenas de batalla donde se mataban personas:** puede indicar que usted está pasando por un período peligroso; debe ser extremadamente cuidadoso en lugares oscuros y evitar a los extraños.

ARMADURA * 358
▪ **Si usó una:** tome precauciones en los asuntos de dinero. ▪ **Si vio una en un dibujo o en una impresión:** breve mención honorífica.

ARMARIO (de cocina) * 111
▪ **Soñó que el armario estaba lleno de comestibles:** tendrá buena suerte en los proyectos laborales. ▪ **Soñó que estaba vacío:** sufrirá fracasos en los negocios.

ARMISTICIO * 935
▪ **Soñó con el fin de una guerra:** buenas condiciones.

ARMÓNICA * 291
▪ **Soñó que tocaba o escuchaba tocar una armónica:** tendrá una buena relación amorosa.

AROMA * 531
▪ **Si olió algo aromático:** posiblemente siente una fuerte atracción hacia alguien. ▪ **Si olió algo apestoso:** la persona amada será más accesible.

ARPA * 086
▪ **Soñó que tocaba un arpa:** se sentirá cómodo en su lado espiritual. ▪ **Si era otra persona la que tocaba el arpa:** recibirá un gran favor de un amigo. ▪ **Si el sonido maravilloso de un arpa invadía el aire:** recibirá alegrías del sexo opuesto.

ARPÓN * 533

▪ Si vio un arpón clavado en una ballena o en otros peces: mejorarán sus finanzas y su modo de vida.

ARQUITECTO * 530

▪ Si hizo los planos de una construcción: obtendrá el éxito a través del trabajo duro.

ARREPENTIMIENTO * 932

▪ Si sentía algún tipo de arrepentimiento en el sueño: señal de que alcanzará mayores conquistas.

ARRESTADO * 598

▪ Soñó que era arrestado por un oficial de policía: tenga cuidado de no dejar pasar ciertas oportunidades. ▪ Soñó que un policía arrestaba a otra persona: pronto encontrará una manera de resolver sus problemas.

ARRODILLARSE * 392

▪ Si estaba arrodillado o vio a otra persona de rodillas en el sueño en un lugar que no era un templo de culto: debe abstenerse de hacer o decir cosas que puedan causarle problemas.

ARROGANCIA * 435

▪ Si se encontró a personas arrogantes en el sueño: será feliz y tendrá éxito.

ARROZ * 009

▪ Si aparecía en abundancia: es un signo de prosperidad. ▪ Si recogía arroz: significa dinero. ▪ Si comía arroz: mucha instrucción. ▪ Arroz crudo: es señal de levedad. ▪ Arroz cocido: los negocios van bien.

ARTE * 180 (*véanse también* Galería, Museo, Pintura)

▪ Si apreció o comentó objetos de arte: futura promoción en el trabajo.

ARTERIA * 585 (*véase también* Vena, Sangre)

▪ Si se cortó una arteria: se ganará la admiración de la gente si les hace frente honestamente.

ARTESANO * 914 (*véase* Trabajo manual)

ÁRTICO * 093

▪ Si atravesó regiones heladas para llegar al Polo Norte: alcanzará sus más altas aspiraciones.

ARTISTA (pintor) * 990

▪ **Si era un pintor:** aviso de que sus negocios fracasarán. ▪ **Si vio a uno pintando:** leerá algo que le gustará. ▪ **Si el artista pintaba un modelo desnudo:** le sucederá algo salvaje.

ARTRITIS * 099

▪ **Si sufría artritis o tenía sus dolores:** señal de buena salud.

ARZOBISPO * 856

▪ **Si vio a un arzobispo completamente ataviado:** surgirán disputas con miembros de la familia.

AS * 135

▪ **De bastos:** carencia de amigos o de amor. ▪ **De corazones:** felicidad en el amor. ▪ **De oros:** dinero. ▪ **De espadas:** trabajo duro e ingresos insuficientes.

ASALTANTE * 831 (véase Bandido: cap. Pesadillas)

ASAMBLEA * 059

▪ **Si estuvo en una asamblea importante:** usted debe hacer una importante donación. ▪ **Si presidió una asamblea:** tendrá algunos problemas en los negocios.

ASBESTO * 053

▪ **Si usó ropa protectora (o guantes) en un edificio que ardía o en un incendio forestal:** advertencia de disputas familiares.

ASCENSOR * 241

▪ **Soñó que subió en ascensor hasta la última planta:** puede seguir adelante con sus planes porque tendrá éxito. ▪ **Si el ascensor caía:** debe tener cuidado con algunas inversiones y evitar problemas en su vida amorosa.

ASCETA * 093

▪ **Soñó con una persona santa, pura, religiosa:** tendrá una buena relación y una vida tranquila con su familia y amigos.

ASESINATO * 168

▪ **Si fue víctima de un asesinato o mató a alguien en el sueño:** usted no será feliz en su casa, o con sus amigos o en su trabajo si se niega a afrontar ciertos hechos y a tener más cuidado con ciertas cosas.

ASILO (de pobres) * 102
• Soñó que usted o alguien más estaba en un asilo: señal de una vida larga y agradable.

ASISTENCIA * 495
• Si le dio asistencia (física o financiera) a alguien: señal feliz de éxito personal. • Si la recibió de alguien: tiene que pedir ayuda financiera.

ASMA * 831
• Si usted es asmático y soñó que tenía un ataque: el sueño no tiene significado. • Si usted no es asmático y soñó que tenía un ataque: tenga cuidado con los nuevos planes.

ASNO * 890
• Soñó con un asno: tendrá una vida familiar agradable.

ASPECTO * 431
• Soñó que tenía un aspecto maravilloso: obtendrá la admiración del sexo opuesto. • Soñó que se le enrojecía el rostro: deberá escapar de las personas que quieren manchar su reputación.

ASPIRADORA (de polvo) * 938
• Si usó una aspiradora en el sueño: predice buena suerte con el sexo opuesto.

ASPIRINA * 894
• Si se tomó una aspirina: alguien habla mal de usted. • Si usted se la dio a alguien: debe dejar de chismorrear.

ASTROLOGÍA * 575 (véase también Horóscopo)
• Si estudiaba un libro sobre astrología: si persiste en sus planes obtendrá éxito financiero y felicidad.

ATAQUE * 131 (véase también Asalto: cap. Pesadillas)
• Si vio a alguien que sufría un ataque de epilepsia, o era atacado por un animal: problemas familiares y conflictos en el trabajo.

ATEO * 990
• Si conoció a una persona atea: no tendrá el éxito que esperaba de sus inversiones. También puede significar decepción con el sexo opuesto.

ÁTICO * 734

▪ Soñó que visitaba a alguien que vivía en un ático: se avergonzará si se comporta de manera extravagante. ▪ Soñó que estaba en un ático: saldrá bien del peligro actual.

ATIZAR (el fuego) * 888

▪ Si atizó el fuego en una estufa o en un horno: su nueva empresa progresará rápidamente.

ATLETISMO * 939

▪ Si ganó un campeonato o una prueba atlética: encontrará fortuna en su camino. ▪ Si tuvo una lesión o vio a cualquier atleta o jugador lesionado: puede mirar al futuro, ya que se verá beneficiado por personas de reconocido prestigio.

ATORMENTAR * 915

▪ Soñó que era atormentado: significa que usted deberá tener tacto para que los demás entiendan sus acciones.

ATROCIDAD * 905 (véase Brutalidad: cap. Pesadillas)

ATÚN * 291

▪ Si comió atún en un sueño: sufrirá molestias. ▪ Si pescó un atún: obtendrá placeres fuera de casa.

AUDIENCIA * 435

▪ Si compareció a una audiencia: se encontrará con un estímulo social en el camino. ▪ Si estaba sentado en una audiencia: salvará a un amigo en apuros.

AUDITORIO * 913

▪ Si escuchó música en un auditorio: experimentará una mejora personal. ▪ Si la canción estaba desafinada: sus planes fracasarán.

AUSENCIA * 435

▪ Si usted soñó con una persona ausente: recibirá malas noticias desde lejos.

AUTOBIOGRAFÍA * 685

▪ Si escribió su autobiografía: su amor no confía en usted. ▪ Si usted lee una autobiografía a otra persona: altos ingresos en los negocios y acceso a los círculos selectos.

AUTOBÚS * 330

▪ Soñó que daba un paseo en autobús: sufrirá algunas pérdidas financieras.

AUTOCARAVANA * 953

▪ **Soñó que vivía en este tipo de vehículo:** predice que cambiará de residencia.

AUTÓGRAFO * 683

▪ **Si alguien le pidió un autógrafo:** puede estar seguro de que tendrá éxito en su trabajo. ▪ **Si fue usted el que lo pidió:** se beneficiará del estudio de ciertas personalidades que han logrado el éxito en sus vidas.

AUTOMÓVIL * 925 (véase también Carro)

▪ **Soñó que no podía llegar a lo alto de una subida con un coche:** la persona que lo ama lo abandonará. ▪ **Si se quedó sin gasolina:** tendrá mucho trabajo para obtener dinero. ▪ **Si conducía en la dirección opuesta:** viajará al extranjero.

AUTOR * 309

▪ **Si era un autor:** tendrá mala suerte. ▪ **Si hablaba con un autor:** le aumentarán el salario.

AVE * 369 (véase también Gallo)

▪ **Soñó con cualquier tipo de ave de corral:** será capaz de ocupar su lugar al lado de personas de alto prestigio.

AVELLANAS * 513

▪ **Si comía avellanas:** intercambiará palabras duras con las personas íntimas. ▪ **Si comparaba avellanas:** tendrá unas cortas vacaciones.

AVENA * 373

▪ **Si cosechaba avena:** tendrá problemas con el juego. ▪ **Si la empaquetaba:** es un signo de prosperidad. ▪ **Soñó con avena envasada o natural:** tendrá éxito en su trabajo.

AVENTURA * 185

La aventura soñada puede influir en su vida. ▪ **Si se trataba de una aventura placentera:** encontrará la alegría en lo que hace. ▪ **Si se trataba de una aventura fallida:** tendrá decepciones en su vida.

AVENTURERA * 599

▪ **Si un hombre sueña que ha sido seducido por una aventurera:** pronto se verá involucrado en situaciones embarazosas.

AVENTURERO * 858

▪ **Si una chica sueña que ha sido seducida por un aventurero:** dudará sobre hacer nuevas amistades con chicos.

AVESTRUZ * 089

▪ **Soñó con un avestruz:** tendrá muchos amigos y mucho dinero.

AVIADOR * 058

▪ **Si una chica sueña que se enamora de un aviador:** es probable que haya boda muy pronto. ▪ **Si un chico sueña que es aviador:** recibirá un premio importante.

AVISPAS

▪ **Soñó con avispas:** tendrá propensión a los placeres; también puede significar amor fiel. ▪ **Soñó que le picaba una avispa:** significa pérdida de dinero.

AYUDA * 757

▪ **Si alguien gritaba pidiendo socorro:** pronto se encontrará en una situación en la que también se sentirá obligado a pedir ayuda, que recibirá. ▪ **Si usted era quien pedía ayuda:** su situación financiera mejorará.

AYUNO * 935

▪ **Soñó que ayunaba:** obtendrá paz cuando ponga freno a una persona que siente placer al herir a los demás.

AZADA * 730

▪ **Soñó que cavaba con una azada en el sueño:** tendrá que trabajar duro, pero será bien recompensado.

AZADÓN * 381 (*véase también* Arado)

▪ **Soñó que usaba un azadón en la tierra:** recibirá un buen sueldo, pero tendrá que trabajar duro. ▪ **Soñó que un azadón abría un surco en el suelo:** deberá tomar una decisión de inmediato.

AZOTAR * 619

▪ **Si alguien azotó a una persona o a un animal en su sueño:** alguien tratará de perturbar su tranquilidad.

B

BACTERIAS * 891 (*véase* Gérmenes)

BAHÍA * 012
- Si estaba en un barco que dejaba atrás una bahía: disfrutará de viajar a otros lugares. ▪ Si vio un barco que llegaba a una bahía: es una señal de que será capaz de pagar sus deudas.

BAILAR * 472 (*véase* Salón de baile)

BAILARÍN/A * 009
- Si vio a una bailarina exótica o a un bailarín exótico en el sueño: conseguirá lo que quiera, pero sólo más adelante, y no será algo bueno.

BALBUCEOS * 583
- Soñó que un bebé balbuceaba: alguien le ofrecerá una cena.

BALLENA * 06 (*véase* Arpón)

BALLET * 250
- Soñó que veía un ballet o un espectáculo de danza: puede sufrir la quiebra de sus finanzas y sentir celos.

BALONCESTO * 869
- Si vio un partido: no será capaz de cumplir con todo lo que tiene que hacer. ▪ Si una mujer sueña que juega al baloncesto: tendrá que competir con rivales para atraer al hombre que desea.

BALSA * 732
- Soñó que viajaba en una balsa: será bien pagado por el trabajo que hizo. ▪ Soñó que navegaba por el mar en una balsa y a gran velocidad: tendrá buena suerte. ▪ Si estaba flotando en una balsa en un mar en calma: no tendrá éxito por ser perezoso.

BAMBÚ * 255

▪ **Soñó que veía crecer bambú o que alguien lo cortaba:** podrá disfrutar de una vida, agradable con un ser querido.

BANDA * 311

▪ **Soñó que formaba parte de una pandilla, o sufría amenazas de una:** encontrará difícil resistirse a ciertas influencias que no son buenas para usted. ▪ **Si usted era el jefe de la banda:** sus ganancias serán menores.

BANJO * 405

▪ **Si tocó un banjo en el sueño:** tendrá buena vida social. ▪ **Si un anciano tocaba un banjo:** se peleará con un ser querido.

BANQUERO * 015

▪ **Soñó con un banquero:** sufrirá pérdidas financieras si no tiene cuidado.

BANQUETE * 257

▪ **Si asistió a un hermoso banquete:** obtendrá éxito en sus iniciativas sociales o financieras. ▪ **Si la cara de los invitados era irreconocible o no había invitados a la mesa:** participará en situaciones confusas con otras personas.

BAÑERA * 714

▪ **Soñó que alguien entraba en una bañera:** tendrá que dar un poco de dinero para una causa benéfica.

BAÑO * 004

▪ **Soñó que se bañaba en agua clara:** significa salud. ▪ **Si el baño era en agua turbia:** se producirá la muerte de un familiar o de un amigo. ▪ **Si el agua estaba caliente:** significa prosperidad. ▪ **Si el agua estaba demasiado caliente o demasiado fría:** se producirán peleas en el hogar. ▪ **Si se bañó acompañado:** debe tener cuidado de no ser engañado con ciertas tentaciones propuestas por personas malintencionadas. ▪ **Si se bañó solo:** debe tener cuidado de no intoxicarse con la bebida. ▪ **Si se bañó en el mar o en un río o en un lago:** pronto ganará dinero. ▪ **Si se bañó en aguas sucias o turbulentas:** algunas novedades en su vida le traerán placer y alegría.

BAÑO (turco) * 978

▪ **Si tomó un baño turco:** le resultará difícil conseguir el trabajo que desea.

BAR * 882

▪ Si bebió en un bar: será muy devoto de su amor. ▪ Si se emborrachó en un pub: puede escuchar algunas cosas desagradables. ▪ Si vio a una mujer bebiendo en un bar: quiere una compañía que es inalcanzable para usted.

BARBA * 122

▪ Soñó que llevaba barba y que alguien le arrancaba pelos de ella: sufrirá una pérdida personal, así como la de un amigo. ▪ Si vio a una mujer barbuda: tenga cuidado con ciertos amigos.

BÁRBARO * 507 (véase Salvaje: cap. Pesadillas)

BARBILLA * 700

▪ Soñó que tenía un mentón prominente: pasará por una situación embarazosa. ▪ Si en el sueño vio a alguien con la barbilla prominente: tendrá un sueldo más alto. ▪ Soñó que besaba a alguien en la barbilla: su pareja lo criticará. ▪ Soñó que recibía un puñetazo en la barbilla: puede ganar a las cartas.

BARCA (hinchable) * 024

▪ Soñó con una barca hinchable en un río caudaloso: trabajará duramente y tendrá algunos problemas laborales.

BARCO * 255

▪ Si navegó en un barco sin luces: sus futuros proyectos se llevarán a cabo. ▪ Si el barco era un velero: recibirá de otra persona la ayuda que necesita.

BARCO (a motor) * 834 (véase Barco)

BARCO (extintor) * 524

▪ Si vio un barco de extinción de fuegos en acción, lanzando chorros de agua: es necesario que consulte al médico con respecto a las tensiones por las que ha pasado.

BARCO (salvavidas) * 859

▪ Si vio uno en su sueño: tendrá oportunidades en nuevos negocios o amores.

BARCO (vapor de ruedas) * 227

▪ Si vio un vapor de ruedas del Misisipi: es una advertencia de que no debe arriesgar en los negocios.

BARCO (vivienda) * 024
▪ Si vio uno de esos barcos en su sueño: es signo de pesimismo con respecto a los amigos y el amor.

BARNIZ * 032 (*véase también* Pintura)
▪ Soñó que barnizaba algo: tendrá que pedir disculpas por algo que ha cometido.

BARÓMETRO * 846
▪ Soñó con un barómetro: disfrutará de un resultado exitoso en su situación actual. ▪ Si en su sueño se rompió un barómetro: se enfrentará a problemas graves para mantener sus asuntos en orden.

BARRIL * 950
▪ Si vio un barril lleno de líquido o de algo sólido: buena suerte en una cuestión de dinero. ▪ Si estaba vacío: pasará por malos momentos.

BARRO * 269 (*véase* Lodo)
▪ Soñó que tenía barro en la ropa: algunos falsos amigos tratan de poner a alguien en contra de usted. ▪ Soñó que conducía por un camino fangoso: las personas a las que debe dinero lo molestarán por ese motivo.

BASURA * (*véase* Suciedad)

BATA (de escuela) * 013
▪ Si vio a escolares con bata: tendrá una vida pacífica.

BATIDO * 047
▪ Soñó que se bebía un batido: se lo pasará bien con los amigos si usted tiene una actitud comprensiva hacia los demás.

BAÚL * 012
▪ Si metía cosas en un baúl: significa que viajará. ▪ Si cargaba con un baúl pesado: descubrirá nuevas actividades. ▪ Si sacó cosas de un baúl: significa que habrá un cambio de dirección.

BAUTISMO * 063
▪ Si fue testigo de un bautismo: no debe ser autodidacta en ciertas situaciones críticas.

BEBÉ * 125
▪ Soñó con un bebé hermoso y sonriente: tendrá un amor y unas amistades satisfactorias. ▪ Si estaba llorando: decepción y enfermedad. ▪ Si una mujer soñó

que le daba el pecho a un bebé: no debe confiar en nadie, ya que cuenta con falsos amigos. ▪ **Si gateaba:** usted será capaz de pensar y actuar por sí solo. ▪ **Soñó con un cochecito de bebé:** puede mirar hacia adelante porque disfrutará de una compañía buena, honesta y divertida.

BEBER * 824 (*véase también* Licor, Whisky, Vino, Bebidas)
▪ **Soñó que veía a alguien bebiendo:** usted tiene la oportunidad de continuar su educación y ampliar sus conocimientos. ▪ **Si bebió demasiado:** encontrará personas que quieren aprovecharse de su dinero si no tiene cuidado. ▪ **Si bebía poco:** será capaz de asumir un trabajo en el que hará uso de sus brazos y sus manos.

BEBIDAS * 017
▪ **Soñó con bebidas:** augura codicia. ▪ **Si no se las bebía:** presagio de un matrimonio próximo. ▪ **Si se las bebía:** hará algo que lo llevará a una falsa salida. ▪ **Si el distribuidor, sin embargo, era una mujer:** usted sufrirá deprimentes decepciones. ▪ **Si habló con un distribuidor de bebidas:** hará nuevos planes y le saldrán bien.

BECERRO * 126 (*véase también* Ganado)
▪ **Soñó que un becerro mamaba de la vaca:** sus ambiciones se verán realizadas. ▪ **Si vio cómo sacrificaban a uno:** sufrirá una decepción en relación con sus ideales.

BÉISBOL * 232
▪ **Soñó que veía un partido:** esto demuestra que usted es capaz de mantener una actitud optimista ante la vida. ▪ **Si una mujer sueña con participar en un partido:** encontrará una gran satisfacción en su vida social. ▪ **Si hacía un *home-run*:** tendrá éxito en su próximo proyecto financiero.

BEFA * 753
▪ **Si en el sueño temía aceptar participar en un baile porque creía que se mofarían de usted:** será invitado a participar en juegos o torneos.

BELLEZA * 176
▪ **Soñó con un niño hermoso:** significa amor y matrimonio beneficioso para los novios. ▪ **Soñó con una mujer bonita:** tendrá éxito social y comercial.

BENDECIR * 203
▪ **Soñó que bendijo la mesa antes de una comida:** recibirá un regalo valioso de una persona de la que no esperaba tal actitud.

BENDICIÓN * 161
▪ **Soñó que le bendecía un sacerdote o una persona pobre:** tendrá un futuro feliz. ▪ **Si le bendecía otra persona:** tendrá problemas que resultarán en desilusiones frustrantes.

BENEFACTOR * 481
▪ **Soñó que alguien lo beneficiaba:** tenga cuidado de no arruinar su honor. ▪ **Si usted era el benefactor:** su trabajo o su inversión le traerá buenos resultados.

BENEFICIOS * 199
▪ **Soñó que obtenía beneficios en un negocio:** no debe hablar demasiado.

BERILIO * 018 (*véase* Piedras preciosas)

BESO * 407
▪ **Soñó que besaba a alguien querido:** es un signo de una vida feliz. ▪ **¿El beso fue hipócrita?:** usted tendrá una enfermedad leve y decepciones sociales.

BETÚN * 733
▪ **Soñó que se ensuciaba la ropa con betún o que negociaba la compra de latas de betún a una empresa:** se pondrá impacientes y hará promesas volubles.

BIBERÓN * 194
▪ **Soñó que bebía de un biberón, o a través de una boquilla de goma:** indica estrés y pérdida de dinero.

BIBLIA * 100
▪ **Soñó que se dormía sobre una Biblia:** está a punto de llegar a una posición en la que deberá asumir responsabilidades. ▪ **Si discutía sobre versículos:** será influenciado por alguien que no es influenciable.

BICARBONATO (de sodio) * 510
▪ **Soñó que tomaba bicarbonato:** pronto hará un viaje corto.

BICHOS * 285 (*véase también* Animales)
▪ **Soñar con un bicho de cualquier especie:** es un signo de buena suerte, sobre todo si sucede mientras usted está trabajando, o ejerciendo cualquier actividad.

BICICLETA * 669
▪ **Soñó que pedaleaba cuesta abajo:** cuide su reputación; también puede significar que sufrirá un accidente. ▪ **Si pedaleaba cuesta arriba:** sus planes tendrán éxito.

BIGAMIA * 373

• **Si un hombre sueña que tiene dos mujeres:** perderá parte de su atractivo sexual y de su capacidad de raciocinio. • **Si una mujer sueña que tiene varios maridos:** cuidado, puede perder su reputación.

BIGOTE * 401

• **Soñó que se recortaba o se afeitaba el bigote:** significa que romperá su relación con alguien del sexo opuesto. • **Si besó a alguien que llevaba bigote:** se enfadará por algo que han hecho a sus espaldas.

BILLAR * 403

• **Soñó que jugaba al billar:** participará en una propiedad o posesión. • **Si no se utilizaban las bolas:** alguien miente sobre usted y lo está acusando.

BILLETERA * 992

• **Si encontró una billetera con dinero en el sueño:** es una señal de que pronto viajará. • **Si la cartera estaba vacía:** significa que usted conseguirá el reconocimiento por algo que hizo bien. • **Soñó que perdía la billetera:** podría quedar atrapado en una tormenta.

BINGO * 186 (*véase* Rifa)

BINOCULARES * 189

• **Soñó que veía una carrera a través de unos binoculares:** señal de buena suerte. • **Si los usó para espiar a alguien:** debe esperar falsas acusaciones en su contra; también puede significar que deberá defenderse solo contra los que mienten sobre usted. • **Si vio a través de binoculares a una persona importante:** predice un interesante encuentro con personas en un teatro.

BISONTE * 999

• **Soñó que veía un bisonte:** le espera buena fortuna. • **Si mató un bisonte:** sufrirá mala suerte. • **Si vio un bisonte en un zoológico:** personas cercanas a usted tendrán una feliz boda.

BLASFEMIA * 684

• **Soñó que alguien cometía una blasfemia:** desacuerdos con un amigo o enemigo. • **Si fue usted quien cometió la blasfemia:** atraerá la mala suerte. • **Si alguien blasfemó contra usted:** recuperará el dinero que perdió, o cualquier cosa de valor.

BOA * 020 (*véase Serpiente*)

BOCA * 004

- Soñó que veía una boca maravillosa: encontrará la felicidad a través del amor. ▪ Soñó con una boca o unas bocas horribles: debe reprimir su tendencia a criticar a los demás.

BOCA (de incendios) * 742

- Soñó con agua saliendo de una boca de incendios: usted y su pareja serán felices por una cuestión de dinero.

BODA * 055 (*véanse también* Novia, Novio)

▪ Soñó con una boda de personas desconocidas: es un presagio de entierro. ▪ Si las personas eran conocidas: augura felicidad fugaz. ▪ Si la novia era soltera: honores. ▪ Si la novia era viuda: perjuicios. ▪ Si la novia es de la familia: peligro próximo. ▪ Si la boda es de la persona que está soñando: beneficios. ▪ Si asistió a una boda: hará nuevos amigos. ▪ Soñó que se dirigía a su propia boda: encontrará la felicidad en el amor. ▪ Si comió pastel de bodas: significa una vida larga y feliz junto a la persona amada. ▪ Si era feliz en la boda: discutirá con la persona a quien ama. ▪ Soñó que había personas llorando en una boda: alguien va a divorciarse.

BODEGA * 218

▪ Cualquier sueño relacionado con una bodega: debe alejarse de las personas interesadas en involucrarlo en actividades ilegales.

BOLÍGRAFO * 101

▪ Soñó con un bolígrafo: recibirá noticias de alguien lejano. ▪ Si el bolígrafo estaba roto: falsos amigos pueden acercarse a usted.

BOLOS * 300

▪ Soñó que alguien le enseñaba una bola para jugar a los bolos: tendrá éxito cuando pida un aumento de sueldo.

BOLSA * 317

▪ Soñó que metía compras o cosas en una bolsa de plástico: es una señal de que tendrá buena salud y nuevas amistades.

BOLSILLO * 819

▪ Soñó que tenía un agujero en el bolsillo: hará algo que molestará a su vecino. ▪ Si encontró algo inesperado en un bolsillo: tendrá una buena vida hogareña.

BOMBA (atómica) * 532

▪ **Soñó que veía la explosión una bomba atómica:** uno de sus amigos resultará ser un mentiroso.

BOMBA (de agua) * 119

▪ **Soñó que veía una bomba de agua:** predice la buena suerte y dinero fácil. ▪ **Si no puede bombear agua:** algunos negocios complicados no se materializarán.

BOMBAS * 550

▪ **Soñó que explotaban unas bombas:** se cambiará de vivienda. ▪ **Si las bombas cayeron y no explotaron:** usted puede perder su trabajo.

BOMBERO * 034

▪ **Si era un bombero en su sueño:** recibirá honores de ciertas personas influyentes. ▪ **Si conducía un camión de bomberos:** será feliz tras salvarse de un accidente. ▪ **Si vio un camión con la sirena puesta dirigiéndose hacia un incendio:** usted tendrá buena suerte. ▪ **Si el camión de bomberos regresaba de un evento ya atendido:** usted tendrá mala suerte.

BONUS * 290

▪ **Soñó que recibía dinero extra:** está progresando en su trabajo.

BORDADOS * 743

▪ **Soñó que veía a alguien haciendo ese género de trabajo manual:** relaciones y placer en el futuro. ▪ **¿Era usted quien bordaba?:** alguien de su confianza le está engañando.

BORRACHO/A * 032

▪ **Soñó que veía a una persona borracha:** sufrirá pérdidas financieras. ▪ **Si el borracho era usted:** tendrá que llevar una vida normal si quiere tener buena suerte.

BORRÓN * 056

▪ **Soñó con un borrón de tinta:** tendrá preocupaciones temporales. ▪ **Soñó con papel secante antiguo:** su actitud secreta lastimará a un viejo y buen amigo.

BOSQUE * 806

▪ **Soñó que estaba solo y asustado en un bosque o perdido:** será infeliz por una promesa rota.

BOSTEZO * 016

▪ **Soñó que usted o que alguien más bostezaba:** debe ponerse en guardia contra una enfermedad contagiosa.

BOTADURA * 148
▪ **Soñó que asistía a la botadura de un barco:** formará parte de proyectos interesantes que tendrán éxito.

BOTAS * 509
▪ **Soñó que las llevaba otra persona:** señal de que el ser querido es voluble y le está traicionando. ▪ **Si calzaba botas nuevas:** buena suerte en los negocios. ▪ **Si vio o calzó botas viejas o gastadas:** sufrirá molestia producidas por alguna enfermedad.

BOTAS (de agua) * 797 (*véase también* Botas)
▪ **Soñó que usaba botas de agua:** será capaz de ahorrar un buen dinero. ▪ **Si las botas de agua eran muy grandes:** obtendrá beneficios económicos. ▪ **Si las botas de agua eran viejas o se las puso al revés:** puede ser castigado por algo que hizo descuidadamente.

BOTELLA * 739
▪ **Soñó con una botella llena:** tendrá buena suerte en el amor y en el trabajo. ▪ **Si la botella estaba vacía:** se enfrentará a una emergencia, pero podrá superarla si se detiene pensar en ello.

BOTÍN * 500
▪ **Soñó que descubría un botín escondido por ladrones o piratas:** pronto alcanzará el éxito financiero o encontrará mucho de dinero en la calle.

BOTÓN * 501
▪ **Si perdía un botón:** no se ganará los elogios de nadie. ▪ **Si el botón era de metal o de un color brillante y estaba en un uniforme:** significa boda con alguien muy deseado. ▪ **Si los botones eran comunes y corrientes en cualquier prenda de ropa:** tendrá algunos problemas con el dinero y la salud. ▪ **Soñó con ojales:** logrará sus planes. ▪ **Soñó con ojales rotos:** sufrirá situaciones desalentadoras.

BOTONES * 881
▪ **Soñó que un botones le llevaba las maletas:** hará un viaje exitoso.

BOXEADOR * 185 (*véase* Boxeo)

BOXEO * 092
▪ **Soñó que boxeaba o vio a otros luchar en un *ring*:** disfrutará de su vida laboral y familiar.

BRANDY * 667

▪ **Soñó que bebía o que le servía a otra persona:** se enriquecerá, pero no conseguirá la consideración de las personas que le interesan.

BRIDA * 428

▪ **Soñó que le ponía las bridas a un caballo:** tendrá que alejarse de situaciones desagradables causadas por personas deshonestas.

BRILLANTE * 561 (*véase* Piedras preciosas)

BRILLO * 671

▪ **Si vio a una persona o a un animal con los ojos brillantes que venía hacia usted:** debe usar su criterio en algunas situaciones confusas.

BRISA * 706 (*véase* Viento)

BRÓKER * 373

▪ **Soñó con un bróker:** no le conviene precipitarse en un negocio antes de estudiar el mercado.

BRONCE * 547

▪ **Soñó con cualquier artículo de bronce:** no debe sentirse tan seguro en sus iniciativas personales o de negocios porque hay personas que tienen celos de usted.

BRONQUITIS * 040

▪ **Si alguien sufría esa enfermedad en su sueño:** deberá trabajar con gran esfuerzo para satisfacer sus ambiciones.

BRUJA * 614

▪ **Soñó con una bruja que volaba en su escoba:** tendrá una vida social feliz.

BRÚJULA * 949

▪ **Soñó con una brújula cuyo puntero no indicaba ninguna dirección:** molestias en la familia y en el trabajo.

BÚHO * 043

▪ **Si en el sueño vio un búho:** se peleará con miembros de la familia. ▪ **Soñó que espantó un búho, que se fue volando:** sus condiciones de vida mejorarán.

BUMERÁN * 145

▪ **Si usted lanzó uno y volvió:** debe tener cuidado con lo que hace por los demás.

BUNGALÓ ∗ 408
▪ **Soñó con un bungaló:** tiempos felices para la amistad y los negocios.

BURDEL ∗ 701 (*véase también* Prostituta)
▪ **Soñó que estaba en un burdel:** buena vida familiar y posición de prestigio en sus actividades.

BURLA ∗ 033
▪ **Soñó que alguien se burlaba de usted, ridiculizándolo:** será feliz de nuevo en sus relaciones sociales; también puede significar que recibirá grandes reconocimientos. ▪ **Si en el sueño fue usted quien se burló de alguien:** tendrá que compensar a alguien que ha dañado; también puede significar que corren tiempos peligrosos para usted.

BURRO ∗ 941
▪ **Soñó que recibió una coz o que un asno lo lanzó al suelo:** se peleará con su amor. ▪ **Soñó que le regalaban un burro:** tendrá éxito en los negocios.

BUSTO ∗ 296
▪ **Si vio un busto bien torneado y de piel hermosa:** usted recibirá dinero. ▪ **Si era feo y arrugado:** un ser querido le decepcionará. ▪ **Si estaba hecho por un escultor:** morirá un conocido suyo.

BUZÓN ∗ 413
▪ **Si metió una carta en un buzón:** fracasará en su nuevo proyecto.

CABALLERO * 607 (*véase* Armadura)

CABALLEROSO * 580
▪ **Si un hombre soñó que era caballeroso con una mujer**: tendrá buena suerte en sus relaciones amorosas.

CABALLITO (de cartón) * 480
▪ **Soñó que montaba en un caballito de cartón**: usted se sentirá feliz de ocuparse de un nuevo pasatiempo.

CABALLO * 042
▪ **Soñó con un caballo**: tendrá fuerza expansiva, y una gran vitalidad y espíritu combativo. ▪ **Si el caballo se desbocó**: refleja impulsos inconscientes incontrolables. ▪ **Si domó un caballo salvaje o fue desmontado por uno, o vio dos caballos luchando**: tenga cuidado con las falsas compañías. ▪ **Si vio un caballo al que estaban alimentando o cepillado**: significa plenitud financiera familiar. ▪ **Si montó a caballo**: tendrá éxito en actividades comunitarias. ▪ **Si vio un caballo en un establo**: obtendrá mejoras financieras.

CABAÑA * 319
▪ **Soñó que vivía en una cabaña**: estará a salvo en su vejez. ▪ **Si la cabaña fue destruida por el fuego**: recibirá buenas noticias.

CABARET * 679
▪ **Si era un cliente o un artista**: discutirá con sus amigos.

CABLE (de acero) * 463
▪ **Si se rompía o se tensaba**: debe tener precaución con los peligros en su trabajo. ▪ **Si trabajaba bien con un cable**: puede esperar dinero y recompensas.

CABO * 215

▪ **Si una chica sueña que mantiene relaciones con un cabo del Ejército:** será criticada a las espaldas. ▪ **Si un chico soñó que era cabo:** tendrá problemas financieros debido a sus extravagancias.

CABRA * 012 (*véase también* Cabrito)

▪ **Soñó con una cabra o con un rebaño pastando:** debe tener cuidado de no comerciar con personas que no tienen una buena moral. ▪ **Si ordeñaba una cabra:** tendrá varios problemas pequeños. ▪ **Si era corneado por una cabra:** perderá dinero en el juego. ▪ **Si vio una cabra salvaje:** tendrá problemas con un enemigo. ▪ **Si mató una cabra:** sufrirá decepciones financieras. ▪ **Si la cabra estaba en el campo y usted sólo la miró:** tendrá más suerte en la vida.

CABRITO * 278

▪ **Soñó con un cabritillo:** se verá muy bien influido por una persona inteligente.

CACAHUETE * 415

▪ **Si en el sueño comía cacahuetes:** nuevos amigos lo invitarán a una fiesta. ▪ **Si comió pan con mantequilla de cacahuete:** se arrepentirá de no haberle dicho la verdad a alguien.

CACHORRILLO * 003

▪ **Soñó con un hermoso cachorrillo:** tendrá una vida feliz. ▪ **Si vio un cachorrillo muerto:** sufrirá aflicciones temporales.

CACHORRO (*véase* Perro)

CACTUS * 120

▪ **Soñó con un cactus:** tendrá problemas con los amigos. ▪ **Si el cactus tenía flores:** señal de buena suerte en su camino.

CADENA * 949

▪ **Soñó que le ponía una cadena a otra persona:** deberá asumir responsabilidades serias. ▪ **Si rompió una cadena para liberarse:** sus problemas financieros pronto desaparecerán.

CADERAS (desnudas) * 739

▪ **Si en el sueño vio unas caderas desnudas del sexo opuesto:** tendrá muchas preocupaciones y molestias.

CAFÉ * 030

■ Soñó que bebía café: es un buen presagio para la salud y para los negocios. ■ **Si el café era dulce**: es señal de presunción. ■ **Si era amargo**: sufrirá contrariedades. ■ **Si el café estaba crudo**: señal de felicidad. ■ **Si estaba tostado**: significa falsedad de los demás. ■ **Si vio a alguien bebiendo café**: tendrá una larga vida útil. ■ **Si era café en polvo**: hará buenos negocios. ■ **Si le ofrecía café a alguien**: señal de que tendrá alegrías. ■ **Si le ofrecían café a usted**: se darán mejoras en el trabajo o en la situación financiera. ■ **Soñó que plantaba café**: verá sus deseos satisfechos. ■ **Si recogía café**: significa dinero. ■ **Si empaquetaba café**: significa prosperidad en los negocios. ■ **Si olía a café**: personas de su entorno emprenderán un viaje. ■ **Si se derramaba café**: significa problemas. ■ **Si hacía o tomaba café para el desayuno**: la ayuda a alguien lo sorprenderá. ■ **El café era recalentado o flojo**: alguna de sus relaciones le decepcionará. ■ **Si molía granos de café**: relaciones amorosas felices.

CAFETERÍA * 554

■ Soñó que bebía en una cafetería: tendrá mala suerte con falsos amigos. ■ **Soñó que comía bien y era bien servido en una cafetería**: recibirá una herencia. ■ **Si en el sueño alguien dejaba caer una bandeja**: pasará una enfermedad durante algún tiempo. ■ **Si una chica sueña que trabaja en una cafetería**: tendrá buena suerte en la salud, en el amor y en las amistades.

CAÍDA * 305

■ Soñó que sufría una caída: infelicidad en el amor y probable enfermedad.

CAJA * 011

■ Soñó con una caja vacía: no tendrá éxito en todos sus proyectos. ■ **Si estaba llena de dinero**: tendrá prosperidad sin preocupaciones. ■ **Si estaba llena de baratijas o de ropa**: pronto hará un viaje feliz.

CALA * 418

■ Soñó que nadaba en una cala: tendrá felicidad en el amor y en los negocios.

CALABAZA * 327

■ Soñar con calabazas: señal de buena vida para su familia.

CALABOZO * 592

■ Soñó que estaba en un calabozo mirando hacia arriba: un pariente rico que siempre le molesta vendrá de visita.

CALCULADORA ∗ 204

▪ **Si vio una calculadora en su sueño:** es una advertencia de que un negocio de riesgo casi siempre trae pérdidas. ▪ **Si trabajaba con una calculadora:** tendrá buena vida familiar y longevidad.

CALDERA ∗ 732

▪ **Soñó que veía una dentro de una planta de fabricación:** sufrirá una enfermedad leve o la pérdida de alguna cosa. ▪ **Si era vieja o estaba oxidada:** tendrá muchas molestias pequeñas.

CALDERO ∗ 431

▪ **Si vio un caldero hirviendo en un fuego:** es un signo de una buena vida familiar. ▪ **Si el caldero se secó de tanto hervir:** usted tendrá algunas dificultades.

CALDO (de carne) ∗ 840

▪ **Soñó que preparaba un caldo:** tendrá buena suerte en la lotería. ▪ **Si le servía caldo a alguien en una cena:** debe tener cuidado de no perder una buena oportunidad de alcanzar el éxito.

CALENDARIO ∗ 728 (*véase también* Almanaque)

▪ **Soñó que consultaba un calendario:** dejará de tener los miedos que lo atormentan actualmente.

CALENTURA ∗ 606

▪ **Soñó que le salía una calentura en el labio:** pasará por malos momentos.

CALLEJÓN ∗ 255

▪ **Soñó que fue atacado por alguien en un callejón:** le sucederá una desgracia inevitable. ▪ **Si caminaba solo por un callejón:** se peleará con su amor. ▪ **Soñó que moría en un callejón, sin poder escapar de él:** usted no será capaz de gestionar sus negocios o planes.

CALOR ∗ 094

▪ **Soñó que se sentía incómodo debido al calor:** deberá indemnizar a alguien por algo que dijo o hizo.

CALVICIE ∗ 117

▪ **Soñó con un hombre calvo:** personas falsas tratan de conseguir que usted se una a ellas; debe tener cuidado al actuar en el futuro. ▪ **Soñó con una mujer calva:** deberá tener mucho cuidado con el sexo opuesto.

CALVO * 357 (*véase también* Calvicie)
▪ **Soñó que se le estaba cayendo el cabello:** puede significar que será separado de un ser querido, o que perderá dinero o un trabajo o incluso amigos.

CAMA * 254 (*véase también* Sábanas)
▪ **Soñó que estaba en la cama con alguien desconocido del sexo opuesto:** tendrá que tomar una decisión acerca de una nueva aventura. ▪ **Si la persona era de su mismo sexo:** tendrá que complacer a alguien a quien rompió una promesa. ▪ **Si la cama no era la de su casa:** obtendrá un buen dinero. ▪ **Si la cama estaba vacía, era blanca y estaba cubierta con sábanas bonitas:** usted está preparado o preparada para casarse.

CAMAFEO * 355
▪ **Soñó que alguien llevaba un camafeo:** usted pronto disfrutará de una vida tranquila.

CAMALEÓN * 554
▪ **Soñó que veía a un camaleón cambiar de color:** deberá tener cuidado de no caer presa de los falsos amigos.

CÁMARA (de ejecución) * 304
▪ **Soñó que metían a alguien en una cámara de ejecución:** es una señal de que usted puede hacer dinero en el comercio. ▪ **Si fue usted quien estaba siendo metido en una:** debe tener cuidado de no hacer inversiones apresuradas.

CÁMARA * 370 (*véase también* Fotografía)
▪ **Soñó que veía o que usaba una cámara:** tendrá dificultades para mantener las relaciones pactadas con ciertas personas.

CAMARERO * 430
▪ **Si en el sueño le servía un camarero:** perderá algo pequeño, pero valdrá la pena. ▪ **Si el camarero tardaba en venir:** usted discutirá con el dueño de su inmueble. ▪ **Si el camarero nos manchó de comida la ropa:** se peleará con su mejor amigo. ▪ **Si el camarero era usted:** puede ser tentado a hacer cosas que debe evitar.

CAMARERA * 072
▪ **Si un hombre soñó que era atendido por una camarera:** se mezclará con gentuza. ▪ **Si una mujer soñó que era una camarera:** tendrá una relación con un don nadie.

CAMARÓN * 012 (*véase* Cangrejo)

CAMELLO * 352
- Soñó que montaba en un camello: le pasarán las mejores cosas.

CAMINATA * 008 (*véase* Viaje)

CAMINO * 285 (*véase también* Sendero)
- Si paseó por camino hermoso: tendrá una reunión con quien ama.

CAMIÓN * 959
- Soñó que era camionero: tendrá una vida familiar feliz y buenos rendimientos económicos. ▪ Si condujo un camión por una carretera: debe protegerse contra un ladrón.

CAMIÓN (de mudanzas) * 087
- Soñó que sus muebles iban en un camión de mudanzas, o que usted viajó en la cabina: se mudará a un lugar mejor y tendrá éxito financiero.

CAMISA * 004
- Si una mujer se olvida de llevar la camisa: tendrá una discusión con un amigo cercano. ▪ Soñó que llevaba una camisa rota: tendrá un desacuerdo con una mujer.

CAMISÓN * 413
- Soñó que llevaba un camisón o un pijama: tendrá decepciones con las amistades y en el amor.

CAMPANARIO * 459 (*véanse* Carrillón, Campanas)

CAMPANAS * 281
- Soñó que oyó campanas en el sueño: recibirá la noticia de la muerte de alguien muy lejano. ▪ Soñó que veía campanas en el sueño: su negocio prosperará.

CAMPANILLA (timbre) * 370
- Soñó que sonaba una campanilla: tendrá una relación estimulante con alguien.

CAMPO * 117
- Soñó con campos verdes o que cosechaba flores frescas y hermosas: será feliz. ▪ Si estaba en un campo: viajará con un amigo. ▪ Si el campo estaba seco o árido: significa que una mujer de su entorno demostrará su mal temperamento con usted. ▪ Si se vio a sí mismo o a otros corriendo a través de un

campo: significa molestias y tal vez problemas con la ley. ▪ **Si vio un animal en el campo:** no debe preocuparse tanto.

CAMPUS * 092
▪ **Soñó que estaba en un campus universitario con alguien del sexo opuesto:** su matrimonio será tormentoso.

CANAL * 300
▪ **Soñó que veía un canal o que nadaba o navegaba por él:** su vida amorosa sufrirá complicaciones.

CANALETA * 327 (*véase* Fuente)

CANARIO * 185
▪ **Si vio un canario en su sueño:** tendrá una vida social agradable. ▪ **Si el canario era mudo o estaba muerto:** sufrirá una enfermedad o problemas pasajeros.

CANCÁN * 314
▪ **Si vio el baile o formó parte de él:** se verá en una situación incómoda con personas destacadas de la sociedad.

CANCIONES (populares) * 732
▪ **Soñó que escuchaba canciones populares:** encontrará más momentos felices con su pareja y con ciertos amigos.

CANDELABRO * 958
▪ **Si en su sueño vio un candelabro encendido:** mejorará su estatus en su vida social y comercial. ▪ **Si vio caer un candelabro:** tendrá que tomar una decisión seria. ▪ **Si colgó uno en una pared:** se encontrará en una situación social difícil. ▪ **Si las velas estaban encendidas:** asistirá a celebraciones felices. ▪ **Si las velas estaban apagadas:** ciertos problemas requerirán su atención.

CANELA * 351
▪ **Si la usó en los alimentos para mejorar su sabor:** disfrutará de una vida social feliz. ▪ **Si la puso en un alimento que no acepta ese condimento:** sufrirá decepciones relacionadas con la persona con la que se acuesta.

CANGREJO * 421
▪ **Soñó que cocinaba cangrejos:** tenga precaución y evite los accidentes. ▪ **Si se los comió:** las oportunidades que surjan le harán feliz. ▪ **Si los pescaba:** se separará de algunos amigos.

CANGURO * 314
▪ **Soñó con un canguro:** usted viajará pronto. ▪ **Si el canguro tenía una cría en la bolsa:** el viaje será largo.

CANÍBAL * 212 (*véase también* Salvaje: cap. Pesadillas)
▪ **Si fue víctima de un caníbal o vio a alguien siendo devorado por uno:** malas noticias en casa.

CANICAS * 204
▪ **Soñó que jugaba con canicas:** se encontrará con alguien a quien amó en el pasado.

CANOA * 455
▪ **Soñó que iba en una canoa por aguas tranquilas:** tendrá éxito en el amor. ▪ **Soñó con una canoa virando en el agua:** se peleará con alguien del sexo opuesto.

CÁNTARO * 123
▪ **Soñó que llenaba un cántaro de agua:** se acabarán sus problemas financieros.

CAÑA (de azúcar) * 799
▪ **Si vio una plantación de caña en su sueño:** tendrá mejoras financieras. ▪ **Si vio cómo cortaban caña de azúcar:** las entradas de dinero disminuirán.

CAÑA (de cerveza) * 566
▪ **Soñó con una caña de cerveza con espuma:** alegría con las personas cercanas. ▪ **Si era vieja, sin gas:** sufrirá algún rechazo por parte del ser querido.

CAÑÓN * 454
▪ **Si vio disparar un cañón:** reconocimiento de alguien relacionado con usted. ▪ **Si la bala de cañón estaba en el suelo:** tendrá una relación placentera con alguien.

CAPATAZ * 703
▪ **Soñó que era el capataz de una fábrica o de una granja:** puede esperar buena suerte en su camino; también puede significar una gran cantidad de dinero para usted.

CAPILLA * 009
▪ **Si rezó en una capilla:** usted dirá o hará algo deshonesto. ▪ **Si fue a una capilla y no encontró al cura:** algo contentará a su mente y a su corazón.

CAPITÁN * 306

▪ **Soñó que era capitán de un barco o del Ejército:** recibirá dinero en efectivo. ▪ **Si una mujer joven sueña que está enamorada de un capitán:** no debe confiar demasiado en los amigos.

CAPITOLIO * 052

▪ **Si en su sueño vio un capitolio o un edificio que se le parecía:** se mostrará indeciso y se arriesgará innecesariamente.

CÁPSULAS * 420

▪ **Soñó que se tomaba capsulas de una medicina:** su vida amorosa y sus negocios tendrán éxito.

CARA * 298

▪ **Soñó que veía su propio rostro reflejado en un espejo:** le sucederán acontecimientos desagradables. ▪ **Soñó que veía el rostro bello de alguien:** tendrá nuevos e interesantes amigos. ▪ **Si la cara era fea:** sufrirá un accidente grave o similar. ▪ **Si en el sueño se lavaba la cara:** evitará ciertos pecados que ahora comete.

CARAVANA * 201

▪ **Si en su sueño formó parte de una caravana que cruzaba el desierto:** hará un largo viaje con alguien a quien ama.

CARBÓN (mineral) * 814

▪ **Soñó que compraba, vendía o echaba carbón al fuego:** progresará en el trabajo y las finanzas.

CARBÓN (vegetal) * 512

▪ **Soñó con un fuego alimentado por carbón vegetal:** estará satisfecho por haberse librado de un problema o de un accidente. ▪ **Soñó que hacía un dibujo o un cuadro con carbón:** tendrá una vida placentera y tranquila. ▪ **Si encendió carbón:** nacerá un hijo. ▪ **Si apagó carbón:** señal de celos y muerte de una persona conocida. ▪ **Si vio cómo quemaban carbón:** se recuperará de una enfermedad. ▪ **Si empaquetaba carbón:** habrá una boda. ▪ **Si vendía carbón:** sufrirá molestias. ▪ **Si compraba carbón:** sufrirá contrariedades.

CÁRCEL * 541 (*véase* Prisión)

CARCELERO * 087

▪ **Soñó que era un carcelero (o si una mujer soñó que estaba casada con uno):** tendrá problemas con la policía.

CARDENAL * 412
- Soñó con un cardenal con todos sus atavíos: tendrá que hacer planes para mudarse de casa.

CARICATURA * 139
- Soñó que se reconocía en una caricatura: puede recibir insultos de alguien. - Si usted hizo una caricatura de otra persona: tiene que controlar su lenguaje y no chismorrear sobre los demás.

CARICIA * (véase también Abrazo) 337
- Acariciar a alguien al que ama: tendrá relaciones sociales felices. - Acariciar a alguien al que no ama: debe ser más discreto en sus acciones. - Acariciar a alguien en público: debe tener cuidado para que los demás no critiquen sus acciones.

CARIDAD * 905 (véase también Contribución)
- Si recibió caridad de alguien: vendrán tiempos mejores. - Si dio caridad a alguien: tendrá buena suerte en todo. - Si rechazó la caridad de alguien: pronto sentirá la amargura de la miseria.

CARISMA * 047
- Soñó que estaba con personas carismáticas y encantadoras o que usted era la persona encantadora: señal de que todo en su vida mejorará.

CARGA * 280
- Soñó que cargaba un camión, un barco o un tren: viaje a la vista. - Si la carga cae durante el transporte o sufre otro tipo de accidente: se verá involucrado en un accidente.

CARLOTA (rusa) * 998
- Soñó que se comía este tipo de dulce o se ensuciaba con su crema: hablará con la familia y tendrá que pagar sus deudas.

CARNAVAL * 212
- Soñó que veía o que participaba en un carnaval: recibirá muchas invitaciones a fiestas.

CARNE * 879
- Soñó que compraba carne: tendrá que trabajar duro y no tendrá tiempo para relajarse. - Si la carne era de cordero cocinado: su actividad comercial prosperará. - Soñó con carne humana: tendrá problemas con el sexo opuesto.

CARNE (picada) * 891
▪ **Si en el sueño cocinó o comió carne picada:** sus condiciones de vida serán insatisfactorias, pero podrá cambiarlas con mucha paciencia.

CARNICERO * 643
▪ **Si picaba carne:** alguien sufrirá una enfermedad grave en su casa. ▪ **Si cortaba filetes:** debe tener cuidado de evitar escándalos en los que pueda verse implicado.

CARPA * 830 (véase Pescado)

CARPINTERO * 796
▪ **Si en su sueño era un carpintero:** buena señal, significa buena suerte en las finanzas y en las amistades.

CARRERA (académica) * 396
▪ **Si un hombre sueña que su carrera es satisfactoria:** puede mirar hacia adelante, ya que tendrá éxito en los negocios. ▪ **Si una mujer sueña que su carrera es satisfactoria:** le costará pertenecer a un solo hombre.

CARRERA * 318
▪ **Soñó que asistía a una carrera o participaba en ella:** será feliz concentrándose en el futuro.

CARRERA (de caballos) * 831
▪ **Soñó que su caballo ganó la carrera:** será feliz en los negocios y en sociedad. ▪ **Si su caballo perdió o sufrió un accidente:** pasará por un período de pérdidas desalentadoras.

CARRERA (maratón) * 336
▪ **Soñó que participaba en una maratón:** debe pedir disculpas por algo que hizo sin querer. ▪ **Si vio una maratón:** pasará por un período de tensiones y dificultades.

CARRILLÓN * 192
▪ **Soñó que oía las campanas del carrillón de una iglesia o de otro edificio:** es buena época para divertirse. ▪ **Si era usted quien las tocaba:** recibirá una herencia. ▪ **Si las campanas desafinaban:** puede sufrir decepciones en el amor.

CARRITO (de mano) * 132
▪ **Si en su sueño empujaba un carrito lleno:** pasará momentos felices con el sexo opuesto. ▪ **Si vio un carrito volcado con las ruedas hacia arriba:** en breve tendrá más responsabilidades.

CARRO * 514
■ Soñó con un carro tirado por un caballo: sus planes tendrán éxito. ■ Si en el caro iba un pasajero: tendrá que trabajar más para mantener a la familia.

CARRUAJE * 691
■ Si vio un caballo tirando de un carruaje: tendrá dificultades con sus familiares.

CARTA * 446 (*véase también* Correo)
■ Soñó que recibía buenas noticias o dinero en una carta: usted será capaz de ganar más. ■ Si la carta trajo malas noticias: debe evitar a las personas que hablan mal de usted. ■ Si escribió una carta de amor: será capaz de perdonar una acción del pasado. ■ Si envió una carta a alguien: cumplirá sus deseos. ■ Si entregaba una carta en mano: tendrá remordimientos de conciencia.

CARTAS (baraja) * 812 (*véase también* As)
■ Soñó que ganaba a las cartas: se encontrará libre de problemas financieros. ■ Si perdía a las cartas: tendrás que luchar con su amor.

CARTEL * 499
■ Soñó que veía un cartel de la calle: será perseguido por alguien enfadado con usted.

CARTERISTA * 039
■ Soñó que un carterista le metía la mano en el bolsillo: predice que tendrá que pelearse con alguien a quien le prestó dinero.

CASA * 527
■ Soñó que compraba una casa: tendrá una relación emocionante, pero corta. ■ Si construyó una: tendrá buena suerte en su trabajo. ■ Si vivía en una casa de campo (694): señal de que habrá una buena boda e hijos. ■ Si la casa estaba vacía (595): significa que usted tiene que levantar el trasero de la silla y trabajar por su cuenta para lograr una posición más alta.

CASADA * 533
■ Si un hombre soñó que iba del brazo de una mujer casada y que estaba de acuerdo con lo que le decía: significa dificultades en su vida social y financiera.

CASCADA * 014
■ Si en el sueño vio una hermosa cascada: se reunirá con personas elegantes que resultarán de mucha ayuda para usted.

CASCANUECES * 899

▪ Si en el sueño usaba un cascanueces: encontrará una solución inmediata a un problema serio.

CASCO * 812

▪ Soñó que usaba un casco: tendrá buena salud. ▪ Si vio soldados con los cascos puestos: tendrá que buscar ayuda médica debido a una enfermedad.

CASPA * 903

▪ Soñó que veía caspa en la ropa de otra persona: se peleará con varias personas si no sigue una ética en su comportamiento.

CASTAÑA * 410

▪ Soñó que recogía, pelaba o comía castañas: obtendrá buenos resultados en un trabajo manual y una relación armoniosa con alguien del sexo opuesto. ▪ Si sólo comía las castañas: significa que sus proyectos no se realizarán. ▪ Si sólo pelaba las castañas: obtendrá ganancias en los negocios. ▪ Si sólo recogía los frutos secos: tendrá alegrías domésticas.

CASTAÑUELAS * 400

▪ Soñó que alguien tocaba las castañuelas en un baile español: tendrá que soportar situaciones adversas en casa, incluso enfermedades.

CASTOR * 873

▪ Si vio a un castor en su sueño: obtendrá buenas ganancias si trabaja con cuidado. ▪ So mató a un castor: alguien tratará de demostrar que usted no es una persona fiable.

CATÁLOGO * 293

▪ Soñó que consultaba un catálogo o que elegía un producto de un catálogo: puede seguir adelante con sus inversiones.

CATARATA * 627

▪ Soñó con caballos en una catarata: significa plenitud financiera en la familia.

CATECISMO * 993

▪ Soñó que discutía sobre el catecismo: tendrá que decidir pronto si acepta o no un nuevo trabajo.

CATEDRAL * 812

▪ Si vio una catedral en el sueño: le costará mucho hacer realidad sus aspiraciones.

CAZA * 195

■ Si participó en una partida de caza: tendrá seguridad financiera en la vejez, aunque deberá sudar mucho para lograrla.

CAZA (del tesoro) * 613

■ Si excavó en busca de un tesoro enterrado: tendrá buena salud. ■ Si se sumergió en el mar en busca de un tesoro: recibirá un regalo muy expresivo. ■ Si encontró un tesoro sin tener que buscarlo: hará viajes excitantes.

CAZAR * 995

■ Soñó que cazaba animales o que disparaba a aves: tendrá un accidente. ■ Si cazaba ciervos en un bosque: tendrá buena suerte en los negocios. ■ Si cazaba animales o personas a cambio de una recompensa: significa que algunos falsos amigos conspiran en su contra.

CEBADA * 040

■ Si vio cebada en su sueño: significa buenos augurios.

CEBO * 190

■ Soñó que usaba cebo de pesca: será informado de que un amigo está enfermo.

CEBOLLA * 295

■ Soñó que comía cebolla: señal de buena salud. ■ Si estaba cruda: señal de muchas molestias. ■ Si estaba picada: envejecerá prematuramente. ■ Si vio a otra persona comiendo cebolla: encontrará un objeto perdido. ■ Si la cebolla estaba frita: tendrá un enemigo. ■ Si lloró mientras pelaba una cebolla: disfrutará mucho del Carnaval o de algún otro entretenimiento emocionante. ■ Si recogía cebollas: su situación cambiará.

CEBRA * 903

■ Vio una cebra en el sueño: visitará a un amigo en otra ciudad. ■ Soñó con una cebra muerta: uno de sus amigos puede ser encarcelado.

CEDRO * 418

■ Soñó con el aroma del cedro: sentirá satisfacción al escribir cartas o artículos.

CEGUERA * 611

■ Soñó que veía a un ciego: una persona distinta le ofrecerá un préstamo. ■ Si el ciego era usted: tiene que renunciar a algunas cosas buenas que le pertenecen para pagar una deuda y darlas por perdidas.

CEJAS * 807

▪ Soñó con alguien con las cejas gruesas: se ganará el respeto de todos. ▪ Soñó con alguien que tenía las cejas muy finas: tendrá que trabajar duro si quiere tener éxito en su trabajo y en sus relaciones con el sexo opuesto.

CELEBRACIÓN * 954

▪ Soñó que veía una celebración o estaba en ella: tendrá un futuro feliz.

CELEBRIDAD * 905

▪ Soñó que se encontraba a una celebridad encantadora en su sueño: tendrá una agradable satisfacción. ▪ Si, en cambio, era antipática: sufrirá una decepción relacionada con sus deseos.

CELIBATO * 125 (véase Sexo)

CELO * 042

▪ Soñó que trabajaba con mucho celo: se le animará en sus nuevos proyectos.

CELOS * 085

▪ Soñó que sentía celos o envidia de alguien: está siendo demasiado pesimista y debe evitarlo por su propio bien.

CEMENTERIO * 219

▪ Si vio cómo enterraban a un difunto o cómo le ponían flores en su ataúd: disfrutará de la felicidad con la familia y los amigos. ▪ Si el entierro fue descuidado, o las flores estaban sucias: soledad y pesimismo.

CEMENTO * 540

▪ Soñó que usaba cemento en una construcción: avanzará en su trabajo y sacará mejor provecho.

CENA * 021

▪ Soñó que cenaba a solas con su amor: será feliz en su matrimonio. ▪ Si la cena fue con varios amigos: tendrá conflictos con sus amigos.

CENIZAS * 531

▪ Soñó que le entraban cenizas en los ojos: recibirá malas noticias de un amigo. ▪ Si barrió cenizas del suelo: alguien a quien ama le dará un regalo. ▪ Si las vio muchas cenizas en un horno o producto de un incendio: sufrirá impedimentos. ▪ Si alguien le lanzó cenizas: tendrá dificultades en el futuro.

CENSO * 919
▪ Soñó que daba información para una encuesta o un censo: cambiará de residencia.

CENSOR * 952
▪ Soñó que era un censor o vio el sello de «censurado» en un papel: será traicionado por alguien que conoce sus más íntimos secretos.

CÉNTIMO * 786 (véase también Moneda)
▪ Soñó con un puñado de céntimos brillantes: alguien de su confianza le será infiel.

CENTENARIO * 915
▪ Soñó que tenía 100 años de edad: señal de amigos duraderos y de una vida larga.

CEPILLO (de dientes) * 198
▪ Soñó que usaba un cepillo de dientes con unas buenas cerdas: buena señal para las cosas domésticas y prosperidad en los negocios. ▪ Si faltaban cerdas: llevará a cabo sus deseos.

CERA * 497
▪ Soñó que andaba por un suelo encerado: cancelará determinadas reuniones o citas. ▪ Si frotaba con cera caliente: tendrá una mejor relación en su matrimonio. ▪ Si la cera se derretía: sufrirá necesidades financieras.

CERCA * 231
▪ Soñó que se subía a una cerca: señal de que encontrará satisfacción en su amor y en su obra. ▪ Si la cerca se caía: se peleará con alguien a quien ama. ▪ Si levantaba una cerca: disfrutará de una mejor suerte en el futuro. ▪ Si saltaba una cerca: a partir de ahora no tendrá una vida fácil.

CERDO * 419
▪ Soñó con este animal: significa que será promocionado en el trabajo, pero para ello tendrá que trabajar duro. ▪ Soñó con un puercoespín: tendrá un trabajo mejor, aunque sufrirá decepciones con relación a sus amigos (también debe jugar al número 713). ▪ Soñó que comía cerdo: tendrá buena suerte en una nueva actividad.

CEREAL * 512

■ **Soñó que comía cereales fríos:** sufrirá a causa de deudas y cuentas olvidadas. ■ **Si los cereales estaban calientes:** usted será capaz de hacer un buen negocio pronto.

CEREALES * 918

■ **Soñó que negociaba con sacos de cereales:** en breve será visitado por sus familiares. ■ **Si alimentó pájaros u otros animales con cereales en grano:** sus ganancias se incrementarán.

CEREMONIA * 555

■ **Si fue a una ceremonia:** encontrará satisfacción entre sus nuevos amigos.

CEREZA * 855

■ **Soñó que recogía cerezas sacudiendo el árbol:** poco a poco, sin duda, se recuperará de sus pérdidas financieras.

CERROJO * 223

■ **Si en el sueño vio cómo instalaban un cerrojo:** tendrá que trabajar duro para superar oposiciones. ■ **Si usted echó el cerrojo:** vivirá una relación amorosa que le hará feliz.

CERVECERÍA * 585

■ **Soñó que estaba en una cervecería:** tiene ciertos problemas con personas graduadas, pero podrá superarlos con su propio esfuerzo.

CERVEZA * 125

■ **Soñó que bebía cerveza:** éxito y alegría social.

CESTA * 129

■ **Soñó que sujetaba un cesto lleno de cosas buenas:** recibirá una oferta de un trabajo mejor pagado. ■ **Si el cesto estaba vacío:** sus planes no se realizarán.

CHAMPÁN * 745

■ **Soñó que bebía champán en una fiesta:** está descuidando sus negocios. ■ **Si bebió champán en honor de una nueva pareja de recién casados:** tendrá buena suerte en el amor.

CHAPUCERO * 089

■ **Soñó que se ganaba la vida haciendo chapuzas o contrató a un chapucero para que le arreglara algo:** disfrutará de una buena salud y sus preocupaciones desaparecerán.

CHAQUETA * 793
▪ **Soñó que usaba una chaqueta nueva:** recibirá una invitación a un evento social importante. ▪ **Si la chaqueta era vieja y estaba arrugada:** sufrirá decepciones en algunas iniciativas esperanzadoras.

CHAYOTE * 468
▪ **Soñó que veía un chayote:** significa que nacerá un hijo. ▪ **Si cocinaba chayote:** significa curación de enfermedades. ▪ **Si comía chayote:** significa modestia. ▪ **Si dibujaba un chayote:** significa risas. ▪ **Si compraba un chayote:** significa enfermedad. ▪ **Si cortaba un chayote:** significa pequeños contratiempos.

CHEQUE * 319
▪ **Si escribía un cheque en el sueño:** pronto recibirá un buen dinero.

CHICA * 514
▪ **Soñó con una chica hermosa:** encontrará que su vida no es muy agradable. ▪ **Soñó con una chica de aspecto general sencillo:** alguien ligará con usted.

CHILI (con carne) * 594
▪ **Soñó que comía chili con carne:** sufrirá decepciones en su vida amorosa y también otros contratiempos.

CHIMENEA * 954
▪ **Si vio el humo que sale de una chimenea:** usted recibirá más dinero. ▪ **Si vio saltar chispas:** se peleará con su amante. ▪ **Si no había ni humo ni chispas:** cambiará de trabajo. ▪ **Soñó que estaba sentado frente a una chimenea encendida:** tendrá una vida familiar agradable. ▪ **Si la chimenea no tiraba:** tendrá algunas decepciones en el amor.

CHINCHES * 059 (*véase* Insectos)
▪ **Es un sueño negativo:** Todos los tratadistas están de acuerdo en decir que este tipo de sueño no trae nada bueno. Significa dificultades financieras, acreedores, deudas, infidelidad, falsos amigos. ▪ **Si vio chinches en un cuarto:** significa que alguien de su entorno o usted mismo sufrirá una enfermedad o que ocurrirán sucesos negativos. ▪ **Soñó que limpiaba su casa para deshacerse de los chinches:** superará las dificultades actuales.

CHINCHETA * 779
▪ **Si vio chinchetas en el sueño:** lo pasará mal en una fiesta nocturna. ▪ **Si se sentó encima de una chincheta, o escuchó cómo caía una:** tendrá una sorpresa interesante para usted.

CHOCOLATE * 534
▪ **Soñó que comía chocolate o tomaba chocolate a la taza:** tendrá una enfermedad.

CHISME * 503
▪ **Si alguien chismorreaba sobre usted en el sueño, o era usted el que chismorreaba con los demás:** no tendrá buenas relaciones con los amigos y deberá calmar su temperamento.

CHOZA * 442
▪ **Soñó que estaba sentado en una choza india:** recibirá un regalo maravilloso.

CICATRIZ * 640 (*véase también* Corte)
▪ **Soñó que usted o alguien tenía una cicatriz en el cuerpo:** puede sufrir por culpa de sentimientos agitados y debe evitar perder la calma.

CIEMPIÉS * 545
▪ **Si vio un ciempiés en su sueño:** tendrá muchas decepciones, así que tenga cuidado con sus nuevos planes.

CIERVO * 565 (*véanse también* Antílope, Gamo)
▪ **Soñó con ciervos:** por lo general, significa que se preocupa más de lo necesario.

CIGARRA * 502 (*véase* Insectos)
▪ **Soñó que vio una cigarra:** se encontrará alguien insoportable que habla mucho, también significa que puede robarle la cosecha, y que una enfermedad tendrá un mal pronóstico. ▪ **Si escuchó cantar a una cigarra:** sufre peligro de muerte. ▪ **Si vio volar a unas cuantas cigarras:** sufrirá una decepción amorosa. ▪ **Si sólo escuchó a una cigarra:** satisfacción en el trabajo y con los amigos.

CIGARROS (o puros) * 459 (*véase* Tabaco)

CINTURÓN * 607
▪ **Soñó que se ponía un cinturón nuevo:** encontrará a alguien que le llevará al éxito financiero. ▪ **Si el cinturón era viejo:** se humillará haciendo transacciones con ciertas personas que esperan sus halagos.

CIPRÉS * 488
▪ **Si vio un ciprés en el sueño:** habrá aislamiento y muerte en la familia.

CIRCO * 210

• Soñó que iba al circo: buenas noticias y dinero. • Si era uno de los artistas del circo: sufrirá un accidente de tráfico si no conduce con cuidado.

CÍRCULO * 543

• Soñó que hacía círculos perfectos: encontrará el éxito en la realización de sus planes.

CIRUELA * 213

• Si comió una ciruela bastante jugosa: será promocionado en su trabajo. • Si comió ciruelas frescas: es signo de felicidad en el amor. • Si comió ciruelas pasas: sufrirá desamor. • Soñó con ciruelas pasas: señal de que va a mudarse a un lugar nuevo. • Si cocinó ciruelas negras: señal de buena salud.

CIRUJANO * 916 (*véase también* Operación)

• Soñó que era un cirujano de éxito: conseguirá un trabajo en un periódico.

CISNE * 617

• Soñó que veía un cisne volando o deslizándose por el agua: tendrá una vida familiar feliz y buenas condiciones financieras.

CISTERNA * 904

• Soñó que sacaba agua de una cisterna: recibirá buenas noticias de un amigo lejano. • Si la cisterna estaba seca u olía mal: recibirá malas noticias.

CITACIÓN * 045

• Soñó que recibía una citación: se encontrará con algunas dificultades en el trabajo y ciertas complicaciones en la familia.

CÍTARA * 880

• Si tocaba una cítara en su sueño: predice una mente serena y muchos amigos.

CIUDAD * 041

• Soñó que dejaba la ciudad donde vivía: le sucederán cosas emocionantes provocadas por personas del sexo opuesto. • Soñó que iba a la ciudad y el tiempo era bueno: disfrutará de la felicidad en un futuro próximo.

CLARINETE * 943

• Soñó que tocaba un clarinete: tendrá éxito moderado en sus esfuerzos.

CLAVECÍN * 808
• **Soñó que escuchaba música clásica tocada en ese instrumento:** la felicidad le llegará de la mano de un gran amor. • **Si lo que sonaba era jazz:** participará en situaciones confusas.

CLAVEL (flor) * 807
• **Soñó que veía o usaba claveles frescos:** será afortunado en el amor y tendrá momentos felices. • **Si estaban secos o descoloridos:** sufrirá decepciones amorosas. • **Si era un clavel blanco:** será feliz en el amor. • **Si era rojo:** predice una ruptura amorosa. • **Si olía a claveles:** recibirá noticias de la persona amada. • **Si era rosa:** significa satisfacción. • **Si era un ramo de claveles:** es un signo de discordia entre los amantes, novios o esposos.

CLAVO * 223
• **Soñó que clavaba clavos con un martillo:** le hará un buen favor a un amigo. • **En el sueño arrancó un clavo:** tendrá un desacuerdo con su jefe.

CLEPTOMANÍA * 312
• **Soñó que era un cleptómano incontrolable y robaba cosas que no necesita:** alguien a quien estima lo está traicionando y empañando su reputación.

CLÉRIGO * 955
• **Soñó que era un clérigo:** será feliz en su vida familiar. • **Si consultaba a un clérigo:** está avergonzado por haber discutido con otras personas.

CLIMA * 279
• **Soñó que se sentía incómodo debido al clima frío:** progresará en su trabajo.

CLÍNICA * 575
• **Soñó que estaba en una clínica para recibir un tratamiento:** señal de que tendrá una buena salud.

CLOROFORMO * 509 (*véase* Anestesia)

CLUB * 901
• **Soñó que iba a un club a bailar:** recibirá noticias desagradables y tendrá varias peleas con la persona con quien se relaciona.

CLUB (nocturno) * 613 (*véase* Cabaret)

COARTADA * 929

- **Si usted tenía una coartada a su favor:** tendrá desacuerdos en su matrimonio. **Si la coartada era de otro:** usted recibirá honores y reconocimiento.

COBARDE * 933

- **Soñó que era un cobarde:** demostrará coraje cuando sea necesario.

COBERTIZO * 250

- **Soñó que hablaba con alguien del sexo opuesto debajo de un cobertizo:** tendrá éxito en el campo artístico.

COCA-COLA * 205

- **Soñó que se tomaba una Coca-Cola con los amigos:** tendrá una larga amistad con ellos y días buenos y malos.

COCHE * 915

- **Soñó que iba en un coche rojo:** tendrá un matrimonio feliz. **Si el coche cayó por un terraplén o dio una vuelta de campana:** cambiará de trabajo y de domicilio.

COCINA * 620

- **Soñó con una cocina limpia:** tendrá el placer de entretener a personas en su casa. **Si la cocina estaba sucia:** sufrirá una enfermedad repentina.

COCINERO * 200

- **Soñó que era cocinero:** tendrá buena suerte en el futuro y compañía maravillosa.

COCO * 430

- **Soñó que rompía un coco para abrirlo:** tendrá ganancias pequeñas y sufrirá algunas discordias. **Si se comía el coco:** tendrá coraje para superar las dificultades. Señal de peligro para la salud. **Si se bebía agua de coco:** significa bienestar. **Si el coco estaba verde:** felicidad distante.

COCODRILO * 085

- **Soñó que veía o que cazaba cocodrilos:** disfrutará de unas breves vacaciones.

CÓCTEL * 493

- **Soñó que mezclaba un cóctel usando ron o whisky:** estimulará su vida social. **Si usaba ginebra o vodka:** malas noticias en la familia.

CODORNIZ * 800

▪ **Soñó que comía o cazaba codornices:** su vida será mucho más feliz.

COJO * 096

▪ **Si en el sueño era cojo:** debe tener cuidado al entrar en nuevas empresas. ▪ **Si sintió pena al ver a un cojo y le ofreció ayuda:** disfrutará de una buena salud. ▪ **¿Le hizo daño a una persona coja?:** tendrá mala suerte en la vida.

COL * 208

▪ **Soñó con coles:** significa malas noticias. ▪ **Soñó que cocinaba col:** es señal de enfermedad leve y buena suerte. ▪ **Soñó que plantaba coles:** negocio lucrativo. ▪ **Soñó que comía col:** significa enfermedad estomacal y deudas por grandes gastos.

COLA * 697 (*véase* Pegamento)

COLCHÓN * 680

▪ **Soñó que se acostaba en un colchón cómodo:** no es capaz de pensar con claridad ni de tener nuevas ideas.

COLECCIÓN * 278

▪ **Soñó que hacía una colección de sellos, monedas, antigüedades u otros artículos:** se relacionará con personajes famosos.

CÓLERA (enfermedad) * 054

▪ **Soñó con esta enfermedad:** tendrá tranquilidad financiera si no malgasta el dinero.

CÓLICO * 836

▪ **Soñó que sentía calambres:** un conocido le dejará herencia.

COLIFLOR * 358

▪ **Soñó que veía crecer una coliflor:** urgirán preocupaciones financieras. ▪ **Si comió coliflor:** debe dedicar más tiempo a su trabajo si quiere progresar en él.

COLINA * 531

▪ **Soñó que veía una colina:** tendrá éxito en sus intenciones. ▪ **Si se detuvo o se sentó en una colina:** predice una condición cómoda.

COLISIÓN * 753

▪ **Si choca con el coche:** tendrá molestias leves, pero pronto serán superadas.

COLLAR * 004

▪ **Soñó que alguien le regalaba un collar:** debe pedir disculpas por algo que hizo o dijo. ▪ **Si se ponía un collar al cuello:** significa que se relacionará con gente importante. ▪ **Soñó con un collar de flores alrededor del cuello (803):** tendrá éxito en el amor.

COLLARÍN * 411

▪ **Soñó que llevaba un collarín:** tendrá problemas con el proyecto de su construcción.

COLONIA * 078 (*véase* Perfume)

COMEDIA * 734 (*véase también* Risa)

▪ **Soñó que veía una comedia en el cine o en el teatro:** nuevos caminos le conducirán al éxito.

COMER * 161 (*véase también* Apetito)

▪ **Soñó que comía solo:** tendrá mala suerte en el futuro. ▪ **Si comía con otras personas:** tendrá buena suerte y una vida agradable. ▪ **Si comía algo sin saber lo que era:** asistirá a una celebración.

COMERCIO * 096 (*véase* Tienda)

COMETA * 472

▪ **Soñó que veía un cometa cruzando el cielo:** tendrá buena suerte en el amor y en los negocios. ▪ **Si en el sueño hacía volar una cometa:** tendrá una negociación difícil para vender algo. ▪ **Soñó que el hilo de la cometa se rompía:** tendrá dificultades en los negocios.

COMIDA * 803 (*véanse también* Congelados, Nevera)

▪ **Soñó que comía chop-suey u otra comida china en el sueño:** se encontrará con un extraño plan que será capaz de resolver; sin embargo, debe tener cuidado con personas falsas del sexo opuesto que lo adulan.

COMPAÑÍA * 408

▪ **Soñó que estaba en buena compañía:** se deshará de los falsos amigos.

COMPASIÓN * 741

▪ **Soñó que sentía compasión por alguien:** tendrá una vida larga y feliz.

COMPETICIÓN * 630

▪ **Soñó que asistía con placer a una competición:** tendrá felicidad en el amor.

COMPETIDOR * 917
▪ **Soñó que competía en alguna prueba:** tendrá una responsabilidad seria que no le gustará encarar.

COMPOTA * 165
▪ **Soñó que veía un tarro de compota de melón:** recibirá dinero.

COMPROMISO * 436
▪ **Soñó que adquiría o rompía un compromiso:** no conseguirá animar a alguien del sexo opuesto a quedarse con usted.

COMUNICACIÓN * 444
▪ **Soñó que recibía una llamada telefónica o una carta:** puede significar que recibirá una noticia importante por correo o por teléfono.

COMUNIDAD * 737
▪ **Si era parte de una comunidad religiosa:** disfrutará de una vida tranquila.

COMUNIÓN * 840
▪ **Soñó que participaba en la sagrada comunión:** hará amistades firmes.

CONCIENCIA * 849
▪ **Soñó que obtenía cosas buenas después de seguir el dictado de su conciencia:** obtendrá la admiración de amigos y será honrado por lo que les dio a los demás.

CONCIERTO * 017
▪ **Soñó que asistía a un concierto musical:** tiene la oportunidad de realizarse personal y profesionalmente. ▪ **¿El concierto era aburrido y se cansaba?:** tendrá molestias con un compañero.

CONDECORACIÓN * 618 (*véase* Medallas)

CONDENADO * 337 (*véase* Juicio)

CONDESA * 101
▪ **Soñó con una vieja condesa:** obtendrá prestigio social. ▪ **Si la condesa era joven y hermosa:** tendrá que pedirle perdón a una persona por haberla ofendido.

CONDOLENCIAS * 668
▪ **Si mandó condolencias a alguien:** resolverá problemas difíciles. ▪ **Si recibió condolencias de alguien:** vendrán tiempos mejores.

CONDUCIR * 021
■ **Soñó que conducía un coche tranquilamente:** será feliz y encontrará el éxito promedio. ■ **Si conducía rápido por una carretera:** no tendrá una vida muy feliz.

CONDUCTOR * 012
■ **¿Soñó que discutió con el conductor de un autobús o de un tren?:** hará un viaje largo y emocionante. ■ **Si el conductor era usted:** debe asumir la responsabilidad de una correspondencia.

CONEJO * 239
■ **Soñó que cazaba conejos:** conocerá gente interesante en un viaje. ■ **Si vio conejos saltando a su alrededor:** tendrá una buena vida familiar.

CONFERENCIA * 978
■ **Soñó que asistía a una conferencia política:** trabajará mucho y recibirá poco. ■ **Si la conferencia era en una iglesia:** ascenderá socialmente. ■ **Si la conferencia fue profesional o empresarial:** recibirá una buena noticia.

CONFESIÓN * 690
■ **Soñó que escuchaba la confesión de alguien:** hay personas que hablan mal de usted a sus espaldas. ■ **Soñó que se confesaba:** pronto comprará una hermosa casa. ■ **Soñó que confesaba los pecados en un confesionario:** recibirá una noticia buena e inesperada.

CONFETI * 317
■ **Soñó que alguien lanzaba confeti:** pasará por una experiencia emocionante con una persona encantadora.

CONFIDENCIA * 037
■ **Soñó que alguien le hacía confidencias:** tendrá buena suerte en los negocios, pero no en el amor. ■ **Si era usted el que hacía las confidencias:** tendrá buenos amigos y personas respetables que lo apoyarán.

CONFIRMACIÓN * 238
■ **Soñó que confirmaba un pedido u otra cosa:** tendrá buenas relaciones con los amigos. ■ **Si recibió una confirmación en el sueño:** tendrá días de paz.

CONFUSIÓN * 860
■ **Si sus acciones se confundían en el sueño:** recibirá una carta difícil de entender.

CONGELADOS * 687
▪ **Soñó que cocinaba o comía alimentos congelados:** viajará a un país soleado y cálido.

CONGRESO * 097
▪ **Soñó que era elegido al Congreso:** perderá algunos valores. ▪ **Si se sentó en el Congreso como invitado:** podrá disfrutar de una vida pacífica y agradable.

CONJUNTO * 243
▪ **Soñó que vestía un hermoso conjunto femenino:** se sentirá feliz debido a eventos inesperados.

CONO * 534 (*véase también* Helado)
▪ **Soñó con un objeto cónico:** momentos felices con alguien del sexo opuesto.

CONSERVAS * 642 (*véase* Compota)

CONSPIRACIÓN * 514 (*véase* Trama)

CONTABLE * 140
▪ **Si una mujer joven sueña que se enamora de un contable:** no va será feliz en el matrimonio, pero encontrará una buena estabilidad financiera en la vida.

CONTADOR (de gas o electricidad) * 532
▪ **Soñó que leía un contador de gas o electricidad:** necesita pedirle consejo a alguien acerca de un problema.

CONTENEDOR * 159
▪ **Soñó que veía un contenedor lleno de cajas y mercancías:** tendrá buena salud, felicidad y recompensas financieras. ▪ **Si el contenedor estaba en un barco:** tendrá una feliz sorpresa.

CONTORSIONISTA * 741
▪ **Si en el sueño vio a un contorsionista exhibiéndose:** encontrará dificultades en su trabajo, en sus amistades y en su vida amorosa.

CONTRADICCIÓN * 692
▪ **Soñó que contradecía a alguien:** habrá confusión en una cuestión relacionada con una venta.

CONTRADIRECCIÓN * 009
▪ **Soñó que usted u otra persona entraba en una calle en contradirección:** debe tener cuidado de no cometer delitos en general.

CONTRASEÑA * 695
▪ **Soñó que alguien le pidió una contraseña para dejarle pasar:** hará nuevas amistades.

CONTRATO * 993
▪ **Soñó que firmaba un contrato:** puede conseguir un trabajo en el área civil. ▪ **Si rompió un contrato:** puede ser promovido en su trabajo, superando a otros de su misma categoría.

CONTRIBUCIÓN * 089 (*véase también* Caridad)
▪ **Soñó que recogía contribuciones:** se ganará el respeto de los demás.

CONTROL (de la natalidad) * 606
▪ **Si una persona casada soñó algo relacionado con el control de natalidad:** se sentirá orgulloso de sus hijos.

CONVALECENCIA * 266
▪ **Soñó que superó una enfermedad:** hará un viaje largo y favorable.

CONVENCIÓN * 530
▪ **Soñó que estaba en una convención:** tiene que comprometerse a llevarse bien con los demás.

CONVENTO * 701
▪ **Soñó que visitó un convento o estudió en él:** tendrá buenas amistades y se librará de sus preocupaciones.

CONVERSACIÓN * 789
▪ **Si en el sueño tuvo una buena conversación:** ciertos proyectos y ciertas personas harán que se decepcione. ▪ **Si escuchó una conversación en un idioma incomprensible:** no recibirá de su familia el reconocimiento que se merece.

CONVERSIÓN * 227
▪ **Soñó que se convertía en alguien de otro partido o religión:** no estará seguro de su propio futuro durante algún tiempo. ▪ **Si fue usted quien se convirtió:** conocerá a personas interesantes en los negocios y usará la cabeza de una manera más tranquila.

COÑAC ∗ 987 (*véase* Brandy)

CORAL ∗ 208 (*véase* Piedras preciosas)

CORBATA ∗ 745 (*véase* Cuello)

CORDERO ∗ 319
▪ **Soñó que veía un cordero:** será capaz de redirigir su vida y encontrar la paz consigo mismo.

CORNETA ∗ 261
▪ **Soñó que tocaba la corneta:** debe tener cuidado antes de tomar una nueva decisión.

CORO ∗ 591
▪ **Soñó que escuchaba un coro de iglesia o formaba parte de él:** hará algo por alguien que le llevará a ser respetuoso con los demás. ▪ **Si el coro desafinaba:** alguien de su entorno sufrirá una enfermedad o un accidente mortal. ▪ **Si el coro cantaba con armonía:** encontrará algo que le será muy útil.

CORONA ∗ 676 (*véase también* Tiara)
▪ **Soñó que estaba en un palacio y que llevaba una corona:** se encontrará con una desgracia.

CORONACIÓN ∗ 335
▪ **Soñó que era coronado:** recibirá más dinero, pero tendrá más responsabilidades. ▪ **Si vio que coronaban a alguien:** viajará a un país lejano.

CORONEL ∗ 318
▪ **Si un hombre sueña que es coronel:** medrará en los negocios. ▪ **Si una mujer sueña con un coronel:** muchos novios irán detrás de ella.

COQUETEO ∗ 261
▪ **Si en el sueño coqueteó placenteramente con alguien:** tendrá una relación amorosa intensa pero corta. ▪ **Si el coqueteo no dio buenos resultados:** será capaz de mejorar sus finanzas.

CORRAL ∗ 476
▪ **Soñó con una vaca o con otros animales en un corral:** es señal de actividades estimulantes que tendrán lugar durante su vida en grandes espacios abiertos.

CORREO * 892 (*véanse también* Carta, Tarjeta)
▪ **Soñó que le ponía un sello a una carta:** comprará cosas nuevas para su hogar. ▪ **Si no había cartas para usted:** puede que esté sobrecargado de deudas por culpa de un vendedor astuto.

CORRIDA * 220
▪ **Soñó que disfrutó viendo una corrida de toros:** tendrá algunos problemas en su vida familiar. ▪ **Soñó que lo pasó mal viendo una corrida de toros:** hará un largo viaje.

CORSÉ * 918
▪ **Soñó con una mujer que solo llevaba puesto un corsé y un liguero:** recibirá una carta con malas noticias. ▪ **Soñó que ayudaba a una mujer a ponerse un corsé:** pronto tendrá una serie de problemas financieros.

CORTAR * 940
▪ **Soñó que cortaba carne:** necesita un nuevo puesto de trabajo debido a que el dinero que perdió pone en peligro toda su estabilidad. ▪ **Soñó que cortaba aves:** estará satisfecho con amigos y dinero.

CORTE * 917 (*véase también* Cicatriz)
▪ **Soñó que se cortaba con un cuchillo o una cuchilla:** perderá un amigo cercano o algo de dinero.

CORTEZA * 723
▪ **Soñó que arrancaba a corteza de árbol:** estará muy tenso y preocupado de que alguien le moleste por nada. ▪ **Si comía cortezas:** señal de quiebra o de planes fallidos.

CORTINAS * 842
▪ **Soñó que ponía cortinas en una ventana:** tendrá decepciones. ▪ **Si abría las cortinas:** tendrá éxito en sus planes.

CORZO * 174 (*véanse también* Ciervo, Antílope)
▪ **Si en el sueño vio un corzo:** romperá una relación de amistad.

COSECHA * 371
▪ **Soñó que obtenía una buena cosecha:** tendrá éxito en cuestión de dinero y buenas condiciones generales en su vida. ▪ **Si la cosecha era mala:** le resultará difícil negociar algo con alguna de sus relaciones comerciales.

COSQUILLAS * 830

▪ **Soñó que hacía o que le hacían cosquillas:** significa que usted debe tener cuidado.

COSMÉTICOS * 676 (*véase también* Maquillaje, Pintalabios)

▪ **Soñó que una mujer usaba cosméticos en casa:** tendrá buena suerte en el futuro. ▪ **Si los usaba en público:** sufrirá perturbaciones en su vida amorosa. ▪ **Si era un hombre quien usaba los cosméticos:** sufrirá decepciones en los negocios y descubrirá que sus amigos hablan mal de usted.

COTIZAR * 667

▪ **Soñó que cotizaba en bolsa o vio hacerlo a alguien famoso:** se unirá a tareas intelectuales.

CREENCIAS * 744

▪ **Soñó que dejaba de creer en Dios:** tendrá dificultades en el futuro.

CREMALLERA * 323

▪ **Soñó con una cremallera:** es una señal de que algunos de sus amigos tienen problemas y hay que tener tacto al tratar con ellos.

CREPE * 347

▪ **Si en el sueño vio o cocinó o se comió una crepe:** no ganará el dinero suficiente para satisfacer las necesidades de la familia.

CREPÚSCULO * 818

▪ **Soñó que presenciaba el crepúsculo:** sufrirá decepciones relacionadas con las iniciativas tomadas en el trabajo.

CRESPÓN * 575

▪ **Soñó que vio un crespón negro en señal de duelo:** sufrirá accidentes menores.

CREYENTE * 451 (*véase también* Religión)

▪ **Soñó que veía creyentes en un templo:** progresará en su labor mediante un gran esfuerzo.

CRIADO * 667

▪ **Soñó que era bien servido por un criado atento o por una criada:** reconocerán su trabajo para la comunidad.

CRIADOR * 709
▪ Si en el sueño era criador de caballos, vacas u otros animales: sufrirá un proceso.

CRÍQUET * 843
▪ Soñó que jugaba al críquet: disfrutará de buena salud. ▪ Si vio un partido de críquet: una de sus relaciones sociales lo dejará fascinado, pero esta persona se mostrará completamente indiferente hacia usted.

CRISANTEMOS * 584
▪ Soñó que usted o alguien usaba estas flores: se peleará con su pareja y conocerá gente interesante en el área social.

CRISTAL * 041 (*véase también* Ventana)
▪ Si en el sueño vio un cristal que reflejaba los colores: integrará un grupo social atractivo con personas muy interesantes. ▪ Se rompió un cristal en el sueño: sus planes de vida se irán por el desagüe. ▪ Soñó con vasos rotos en una barra o en una mesa: tendrá un enfrentamiento temperamental con alguien del sexo opuesto. ▪ Vio un biombo o un separador de cristal en el sueño: medrará en el ámbito laboral y ganará más dinero.

CRISTO * 419
▪ Si vio a Jesús en el sueño: tendrá la mente en paz si puede adaptarse a las personas y a las situaciones de su día a día.

CRUCIFIJO * 423 (*véase* Cruz)

CRUZ * 372
▪ Soñó con una cruz: será capaz de superar las dificultades.

CRUZ (Roja) * 939
▪ Si vio a voluntarios de la Cruz Roja atendiendo a accidentados: tendrá que ayudar a alguien cercano.

CUÁQUERO * 176
▪ Soñó que se encontraba con cuáqueros: tendrá una vida más cómoda y pacífica.

CUARENTENA * 035
▪ Soñó que estaba en cuarentena: podrá disfrutar de una buena salud.

CUARTEL * 124

- Soñó con soldados o municiones en un cuartel: tendrá éxito en su trabajo. • Soñó que estaba solo en medio de un cuartel militar: decepciones a la vista.

CUARTETO * 313

- Si en el sueño formaba parte de un cuarteto musical: ya no tendrá la buena vida que tenía antes.

CUARTO (oscuro) * 263

- Soñó que estaba en un laboratorio revelando fotografías: será capaz de aclarar ciertos hechos y acabar con viejos malentendidos.

CUARZO * 404 (véase Piedras preciosas)

CUATÍ * 690

- Soñó con este animal: tendrá buena suerte.

CUBIERTA * 624

- Soñó que estaba solo o acompañado en la cubierta de un barco: tendrá buena suerte en su camino, y eso también le permitirá ayudar a los demás.

CUBO * 150

- Si llevaba un cubo lleno de líquido: disfrutará de gratos recuerdos del pasado. • Si saltaba por encima de un cubo: señal de enfermedad grave.

CUCARACHAS * 334 (véase también Insectos)

- Soñó que mataba cucarachas: victoria sobre personas falsas. • Si vio cucarachas: usted está rodeado de hipócritas. • Si se las comía: vienen enfermedades. • Si corrían por los muebles: recibirá regalos de varias personas. • Si las atrapaba: tendrá nuevos vecinos. • Si le subían por las piernas: se conocerán sus secretos.

CUCHILLA * 501 (véanse también Corte, Cuchillo, Espada)

- Soñó con una cuchilla oxidada: sufrirá una enfermedad leve. • Si la cuchilla estaba afilada y brillaba: alguien desaprobará la forma en que realice las cosas y chismorreará acerca de usted. • Soñó que le daba una cuchilla a alguien: sufrirá reveses y mucha tensión nerviosa.

CUCHILLO * 571

- Soñó con un cuchillo: procure no oponerse a nadie, especialmente a aquéllos en los que no confía todavía. • Soñó con alguien herido por un cuchillo: se ganará enemigos si no tiene cuidado con lo que dice o hace y que puede dar lugar a malentendidos.

CUELLO * 033 (*véase también* Garganta)
▪ **Si en el sueño admiraba un hermoso cuello:** pronto aumentará su prestigio social. ▪ **Soñó que le dolía el cuello:** un amigo que hasta ahora se mostraba indiferente tendrá un repentino interés en usted.

CUENCO * 498
▪ **Soñó con un cuenco lleno de comida:** es una señal de que no será pobre. ▪ **Soñó con un cuenco vacío:** podrá resolver algunos problemas financieros. ▪ **Soñó con un cuenco lleno de agua fría:** tendrá algunas dificultades en su vida familiar. ▪ **Si estaba lleno de agua caliente:** tendrá una vida familiar feliz. ▪ **Si estaba lleno de agua sucia:** señal de disputas familiares graves. ▪ **Si tiró el agua de un cuenco:** disfrutará de éxito financiero.

CUENTAS * 206
▪ **Soñó que recibía la cuenta de unas compras realizadas, o el recibo del alquiler, etc.:** será muy afortunado.

CUENTAS (de un collar) * 797
▪ **Soñó con las cuentas de un collar:** recibirá dinero inesperado. ▪ **Si contó las cuentas:** encontrará paz de mente. ▪ **Si se le caían algunas:** sufrirá alguna decepción y tendrá problemas con cosas pequeñas.

CUERDA * 455
▪ **Soñó que ataba un paquete con una cuerda:** su esfuerzo tendrá compensación. ▪ **Si desataba el nudo de una cuerda:** sufrirá tensiones con el sexo opuesto. ▪ **Soñó que una cuerda se rompía:** corre peligro de tener un accidente.

CUERO * 557
▪ **Soñó que trabajaba el cuero:** tendrá que trabajar duro para pagar las deudas.

CUERPO * 100
▪ **Soñó con el cuerpo de una mujer hermosa:** obtendrá la admiración de los demás. ▪ **Si era el cuerpo de un hombre:** disfrutará de una promoción en su empleo.

CUERVO * 938
▪ **Soñó con un cuervo:** tendrá un revés en su romance. ▪ **Si le disparó a un cuervo:** disfrutará del placer de tener buenas amistades y afectos.

CULO * 123

▪ **Si alguien le dio una patada en el culo:** es posible que sufra un accidente. ▪ **Si usted le pateó el culo a otra persona:** es posible que mejore su posición en el trabajo, aunque tendrá dificultades con sus subordinados.

CUMPLIDOS * 431

▪ **Soñó que recibía cumplidos de alguien:** estará bien en su nuevo trabajo.

CUNA * 052

▪ **Si vio a un niño en una cuna:** tendrá buena suerte en la familia y en los negocios. ▪ **Si vio a dos gemelos en una cuna:** cambiará de residencia. ▪ **Si vio una cuna vacía:** tendrá una enfermedad.

CUNETA * 843

▪ **Soñó que caminaba por el borde de un camino con alguien:** una persona del sexo opuesto le dirá que usted heredará el dinero.

CUÑADO * 213

▪ **Soñó que tenía un cuñado cuando en realidad no lo tiene:** un hombre en quien usted confía querrá ser sincero con usted.

CUPÓN * 308

▪ **Soñó que al comprar algo le daban cupones, o soñó que los cambiaba por productos:** está siendo observado por sus superiores en el trabajo.

DADOS * 629

▪ Soñó que jugaba a los dados: problemas en la familia. ▪ Si ganaba a los datos: su éxito será temporal.

DAMA (de compañía) * 434

▪ Si una chica sueña que es una dama de compañía: puede estar segura de que se casará pronto. ▪ Si vio a una dama de compañía sosteniendo la cola de un vestido de novia: se disgustará con alguien que tiene pruebas en su contra.

DEBUTANTE * 206

▪ Soñó que era un debutante o vio a uno en el sueño: tendrá éxito en sus proyectos empresariales y en su la vida social.

DECEPCIÓN * 032

▪ Soñó que se sentía decepcionado por alguien o por algo: pronto verá sus sueños convertidos en realidad.

DECORACIÓN * 585

▪ Soñó que decoraba la casa o la ropa: participará en algunas fiestas maravillosas y tendrá mucho éxito vendiendo cosas a la gente.

DEDAL * 627

▪ Soñó que le regalaba un dedal a alguien: felicidad en el amor. ▪ Si perdía un dedal: sufrirá un accidente leve.

DEDO * 840 (véase también Pulgar)

▪ Soñó que se cortaba un dedo, o apuntaba con él: estará descontento con los amigos en los que haya confiado. ▪ Si la persona pobre era usted mismo: sufrirá decepciones graves.

DELANTAL * 854
■ Si una mujer sueña que se pone un delantal hermoso: le sucederán cosas buenas. ■ Si un hombre sueña que llevaba uno puesto: una mujer mandará en él.

DELINEADOR (de ojos) * 672
■ Soñó que se pintaba los ojos: conocerá a gente interesante del sexo opuesto.

DENTADURA * 613
■ Soñó que su dentadura estaban suelta: tendrá algunas decepciones con los amigos. ■ Si estaba bien fijada a la boca: tendrá algunas decepciones con amigos debido a su propia culpa.

DENTISTA * 350
■ Soñó que un dentista le sacaba un diente: sufrirá pérdidas financieras. ■ Si el dentista le hacía un tratamiento en los dientes: recibirá una carta que le causará molestias.

DEPÓSITO * 841
■ Si vio un depósito en el sueño: se mudará lejos.

DESAFÍO * 477
■ Soñó que desafiaba a alguien a luchar: debe discutir un tema importante con alguien del sexo opuesto. ■ Si alguien lo desafió a una pelea: debe ser humilde para librarse de sus dificultades.

DESALOJO * 314
■ Soñó que lo desalojaban de su casa: tendrá problemas financieros que podrá superar.

DESARME * 974
■ Soñó que todos los pueblos beligerantes se desarmaban: buena suerte en una cuestión de amor y logros en el trabajo.

DESCARGAR * 325
■ Soñó que descargaba residuos o trastos: tendrá que asumir las responsabilidades de otra persona.

DESCONGESTIONANTE * 793 (*véase también* Estreñimiento)
■ Soñó usaba un descongestionante: será bien tratado por una persona tacaña.

DESCUBRIR * 529
■ Soñó que descubría un lugar o una idea: recibirá una herencia.

DESDÉN * 818 (*véase* Desprecio)

DESEMPLEO * 116 (*véase* Seguro)

DESEO (pedir un deseo) * 873
- **Si en el sueño pedía un deseo:** significa que usted recibirá una herencia.

DESERTOR * 329
- **Soñó que era un desertor del Ejército:** será evitado por personas debido a un error cometido por usted en el pasado. - **Soñó que se enfrentaba a un pelotón de fusilamiento por haber desertado:** debe ser muy cuidadoso diseñando sus próximos planes.

DESHEREDADO * 238
- **Soñó que usted u otra persona era desheredado:** tendrá un matrimonio feliz que puede deshacerse por culpa de pequeñas cosas que causan estrés.

DESHONESTIDAD * 003
- **Si alguien actuó deshonestamente en el sueño:** tiene que cambiar sus nuevos planes. - **Si usted fue deshonesto en el sueño:** sufrirá una enfermedad o un accidente.

DESIERTO * 703 (*véase también* Oasis)
- **Soñó con la arena ardiente de un desierto:** aprenderá mucho de los libros. - **Si vio una caravana cruzando el desierto:** hará un viaje interesante.

DESFILE * 241
- **Soñó que lideraba un desfile:** será elegido, si se presenta. - **Si en el sueño vio desfile:** pronto tendrá bastante dinero. - **Si usted era uno de los que marchaban en el desfile:** lo visitará un pariente que se quedará durante mucho tiempo.

DESINFECTANTE * 765
- **Soñó que usaba desinfectante:** estará con alguien que tiene una enfermedad contagiosa, pero no se infectará si toma precauciones.

DESMAYO * 903
- **Soñó que ayudaba a alguien que se desmayó o si usted fue quien se desmayó:** se mezclará con amigos equivocados.

DESNUDARSE * 579

• **Soñó que alguien del sexo opuesto se desnudaba:** es una señal de que necesita ser más escéptico y no depender tanto de las personas que ha conocido recientemente.

DESNUDEZ * 651

• **Si en el sueño admiraba un hermoso cuerpo desnudo:** tendrá una relación placentera con su amante. • **Si en el sueño se emocionó al ver a alguien desnudo:** sufrirá algunas decepciones. • **Si en el sueño estaba desnudo en un grupo nudista:** puede ser acusado por alguien por algo que hizo o dijo.

DESPEDIDO * 840

• **Soñó que lo despedían:** signo de buena suerte en su empleo si trabaja duro para mantenerlo. • **Si usted despidió a alguien:** discutir con una persona importante para sus planes.

DESPERTADOR * 531

• **Soñó que sonaba un despertador:** puede mirar hacia adelante porque su futuro será bueno. • **Soñó que ponía la alarma del despertador:** complacerá a su jefe con un buen rendimiento.

DESPERTAR * 144

• **Si despertó de repente:** tendrá muy buenas noticias.

DESPILFARRO * 801

• **Soñó que despilfarraba dinero:** será víctima de chismes maliciosos que le perjudicarán.

DESPRECIO * 714

• **Si en el sueño mostró desprecio por alguien:** no será capaz de hacer bien su trabajo. • **Si alguien mostró desprecio por usted:** usted tendrá éxito a través de su trabajo.

DESTILERÍA * 405

• **Soñó que estaba en una destilería:** hará un cambio radical en sus negocios.

DESTINO * 014

• **Soñó que el destino fue el responsable de las cosas buenas o malas que le sucedieron:** será feliz en el amor y obtendrá las cosas que desea.

DETECTIVE * 375
▪ Soñó que era un detective: sufrirá molestias. ▪ Soñó que era un detective y capturaba a un criminal: será capaz de resolver sus problemas.

DETRÁS * 131
▪ Si vio a una persona pobre detrás de usted: no debe prestar dinero a los que se lo piden.

DEUDAS * 102
▪ Soñó que tenía deudas: tendrá dificultades en los negocios. ▪ Soñó que pagaba sus deudas: pronto tendrá buena suerte.

DÍA (del Juicio) * 621
▪ Soñó con el día del Juicio final: sufrirá un robo.

DIAGRAMA * 371 (*véase también* Mapa)
▪ Soñó que dibujaba un diagrama a lápiz: tendrá buena suerte.

DIAMANTE * 113 (*véase* Piedras preciosas)

DIANA * 555
▪ Si acertó una vez en la diana con cualquier tipo de arma: tendrá buena suerte. ▪ Si acertó siempre: tendrá falsos amigos.

DIARIO * 758
▪ Soñó que compraba un diario: recibirá una desagradable sorpresa.

DIBUJO (animado) * 777
▪ Soñó que se divertía viendo dibujos animados: obtendrá ganancias financieras y tendrá unas buenas vacaciones.

DIBUJOS * 064
▪ Soñó que veía dibujos interesantes, de todos los colores y formas: tendrá que tomar nuevas posiciones.

DICCIONARIO * 017
▪ Soñó que consultaba un diccionario: discutirá con una persona obstinada. ▪ Si buscó una palabra en el diccionario: enseñará lo que ha aprendido.

DICTADURA * 895
▪ Soñó que vivía en un país con una dictadura: resolverá sus problemas y tendrá mejores días.

DIENTE (de león) * 910
■ **Soñó con esta planta:** hará el ridículo por culpa de falsos amigos. ■ **Soñó que brotaba un diente de león en una granja:** buena suerte en el amor.

DIENTES * 066 (*véanse también* Dentista, Dentadura)
■ **Soñó que sufría un dolor de muelas:** tendrá trastornos en la familia y en los negocios. ■ **Soñó que le había crecido un diente torcido en la boca:** pesimismo a la vista. ■ **Si vio un diente torcido en la boca de otra persona:** hará un largo viaje.

DINAMITA * 693 (*véase* Explosión)

DINERO * 683 (*véase también* Moneda)
■ **Soñó con dinero:** es señal de deseo de poder, de dominio; de una personalidad muy ambiciosa. ■ **Si en el sueño ganó dinero honestamente:** mejorará su situación financiera. ■ **Si dio o perdió dinero:** podrá disfrutar de su trabajo, pero no ganará mucho. ■ **Si encontró dinero:** deberá pedir prestado. ■ **Si fabricó o pasó dinero falso:** alguien en quien confía demostrará ser falso. ■ **Si en el sueño rompía billetes:** tendrá buena suerte. ■ **Si encontró dinero en la calle, tanto en cantidades pequeñas como grandes:** puede indicar que está siendo guiado por su mente psíquica hacia un negocio que le traerá dinero. Puede ser un nuevo contacto de negocios o una inversión que proporcione dinero en el futuro.

DIOS * 876
■ **Soñó que estuvo en presencia de Dios:** podrá actuar al servicio de terceros y encontrará satisfacción en su nuevo papel.

DIPLOMA * 995
■ **Soñó que recibía un diploma en una graduación:** logrará una posición alta y respetable en su vida.

DIPLOMÁTICO * 492
■ **Soñó que veía a un diplomático en el sueño:** se encontrará en una situación que requerirá mucho tacto al tratar con ciertas personas.

DIRECTOR (de orquesta) 012
■ **Soñó que dirigía una orquesta:** pronto recibirá dinero.

DISCAPACITADO * 240
■ **Si en el sueño estuvo con un discapacitado:** recibirá una carta con buenas noticias.

DISCULPA * 575

■ **Si alguien se disculpó ante usted en el sueño:** tenga cuidado de no ser víctima de un accidente. ■ **Si fue usted quien se disculpó ante alguien:** en breve recibirá disculpas de alguien que le hizo dañó.

DISCUSIÓN * 540

■ **Si discutía defendiendo sus argumentos:** evite tomar decisiones apresuradas. ■ **¿Alguien defendió unos argumentos razonables?:** tendrá buena suerte en su camino.

DISFRAZ * 061

■ **Si usted u otra persona iba disfrazada en el sueño:** alguien puede tratar de traicionarle, un hecho que puede evitar si es completamente honesto en el trato con los demás.

DISPUTA * 360

■ **Soñó que se veía mezclado en una disputa:** tendrá una vida pacífica y feliz.

DISTANCIA * 736

■ **Soñó con cosas que ocurrieron en la distancia:** tardará bastante en lograr lo que quiere.

DISTINTIVO * 475

■ **Soñó que usaba un distintivo:** buena señal, sus preocupaciones desaparecerán pronto.

DIVÁN * 787 (*véase también* Sofá)

■ **Soñó que dormía en un diván:** señal de buena suerte en las transacciones comerciales. ■ **Soñó que se metía debajo de un diván:** sus nuevos planes fracasarán.

DIVERSIÓN * 708 (*véanse también* Comedia, Risa)

■ **Soñó que se divertía:** su futuro será mejor. ■ **Si no se divirtió y más bien se aburrió:** prepárese para un problema. ■ **Si formó parte de una buena y sana diversión:** tendrá buena suerte. ■ **Si su diversión enfadó a alguien:** tendrá problemas relacionados con el dinero y la salud. ■ **Si se divirtió en un alboroto:** vivirá situaciones desagradables en su vida amorosa.

DIVIDENDOS * 161

■ **Soñó que recibía dividendos:** debe tener mucho cuidado y no confiar en todos los que dicen ser sus amigos.

DIVORCIO * 505
▪ **Soñó que se divorciaba:** tendrá desacuerdos con la persona a quien ama.

DIEZMO * 612
▪ **Soñó que alguien pagaba el diezmo:** dirán de usted que es una persona mezquina. ▪ **Si fue usted quien pagó:** recibirá una sorpresa en el correo.

DOBLADILLO * 308
▪ **Soñó que veía el dobladillo de una prenda:** cosechará buenos resultados por ser un buen trabajador.

DOCTOR * 631
▪ **Soñó que consultaba a un médico:** tenga mucho cuidado, puede tener un accidente. ▪ **Si el médico era su amigo:** buena diversión y mejores condiciones financieras.

DOCUMENTO * 814
▪ **Si en el sueño vio un documento:** recibirá malas noticias.

DÓLAR * 329 (*véase también* Dinero)
▪ **Soñó con un dólar de plata:** tendrá buena suerte.

DOLOR * 730
▪ **Si sufría dolores en el sueño:** debe evitar que otra persona hable mal de usted. ▪ **Si le dolía la cabeza:** tendrá éxito en sus nuevos proyectos, siempre que no hable con otros acerca de su trabajo o de su buena situación financiera.

DOMINÓ * 064
▪ **Soñó con un dominó:** tendrá pocas ganancias, que puede revertir si tiene cuidado.

DONACIÓN * 014, 314 (*véanse también* Caridad, Herencia)
▪ **Soñó que alguien hacía una donación a una institución escolar o de otro tipo, o que pedía una donación:** usted hará nuevos proyectos que tienen pocas probabilidades de ser realizados sin ayuda.

DORADO * 333
▪ **Soñó que usaba el color dorado en la decoración de algo:** debe pedir disculpas por algo que hizo, aunque no lo hiciera intencionadamente.

DOTE * 371
▪ **Soñó con la dote de bodas de una chica:** su matrimonio gozará de una buena estabilidad financiera.

DROGADO/A * 995
▪ **Soñó que usted u otra persona se drogaba:** alguien está tratando de obstaculizar sus posibilidades de cara al futuro.

DUELO * 804 (*véase* Espada)

DULCE * 224
▪ **Si un hombre sueña que come dulces:** tendrá problemas y peleas. ▪ **Si una mujer sueña que come dulces o los recibe como regalo:** buenos tiempos y buenas relaciones con el sexo opuesto. ▪ **Si el dulce tenía una crema:** tendrá que ser más cortés con las personas que lo orientan. ▪ **Si se manchó la ropa con la crema de un dulce:** tendrá mil problemas desagradables.

DUQUE * 881
▪ **Si en el sueño vio o habló con un duque:** subirá a una posición más alta y mejorará sus condiciones sociales.

DUQUESA * 974
▪ **Soñó con una duquesa que llevaba una diadema en la cabeza:** experimentará un gran avance social.

ECLIPSE ∗ 707
▪ **Soñó con un eclipse lunar o solar:** alguien sufrirá una enfermedad mortal o un accidente.

ECO ∗ 948
▪ **Soñó que escuchaba el eco de su propia voz:** tendrá algunas dificultades con el objeto de su afecto.

ECUADOR ∗ 538
▪ **Soñó que cruzaba el Ecuador:** tendrá problemas de indecisión con la familia y los negocios, que implican una suma de dinero, que tiene que superar.

EDAD ∗ 175
▪ **Soñó que le preguntaba la edad a una mujer:** tendrá algún problema con alguien del sexo opuesto.

EDIFICIOS ∗ 479
▪ **Soñó con edificios grandes y lujosos:** podrá disfrutar de un viaje feliz. ▪ **Si los edificios eran pequeños pero estaban bien conservados:** se sentirá cómodo en el ámbito familiar y en el laboral. ▪ **Si estaban mal conservados o eran viejos:** se verá mezclado en algunas situaciones desagradables.

EDITOR ∗ 430
▪ **Soñó que firmaba un contrato con un editor:** significa éxito financiero. ▪ **Si se encontraba a un editor:** perderá dinero.

EDUCACIÓN ∗ 159
▪ **Soñó que se esforzaba en los estudios:** tendrá éxito en el trabajo, pero no en el campo de la educación.

EFECTIVO * 198

■ **Soñó que en su empresa le pagaban en efectivo:** tendrá buenos resultados comerciales.

EGOÍSTA * 018

■ **Soñó que hablaba con alguien egoísta:** es una señal de que se jactará ante los demás, mostrando inseguridad y deseo de autoafirmación.

EJECUCIÓN * 541

■ **Si presenció una ejecución en el sueño:** significa que una enfermedad se curará en breve.

EJERCICIOS (militares) * 612

■ **Soñó que hacía ejercicios militares o vio que alguien los hacía:** es hora de pedir mejores condiciones laborales.

EJÉRCITO * 835

■ **Soñó que estaba en una batalla:** mantenga el silencio, evite los escándalos. ■ **Si marchaba entre otros soldados:** posibles eventos anormales a su alrededor.

ELECCIONES * 439

■ **Soñó que era elegido para un cargo en el gobierno:** sufrir una caída en su negocio. ■ **Si asistía a unas elecciones:** pueden ofrecerle un buen trabajo, que puede llegar a ser aún mejor si trabaja duro en ello.

ELECTRICIDAD * 305

■ **Soñó que hacía una reparación eléctrica:** recibirá el reconocimiento de los demás. ■ **Si era testigo del cortocircuito en un cableado:** perderá una propiedad.

ELEFANTE * 730

■ **Soñó con elefantes:** tendrá prosperidad en su trabajo y una vida feliz en el hogar.

ELOCUENCIA * 631

■ **Soñó que hablaba elocuentemente:** no podrá ser influenciado por las personas que le hagan elogios, sino por aquellas que piensan lo contrario que usted.

ELOGIO * 472

■ **Si en el sueño era elogiado:** recibirá noticias y tendrá éxito en sus esfuerzos.

EMBAJADA * 314 (*véase* Embajador)

EMBAJADOR * 458

▪ **Soñó que era embajador en otro país:** debe tener mucho cuidado al hacer inversiones. ▪ **Si habló con un embajador que vino del extranjero:** puede esperar que alguien de confianza le tomará la delantera.

EMBALAJE * 338 (*véase* Paquete)

EMBALSE * 993

▪ **Soñó con un embalse:** significa que se comprará un nuevo armario.

EMBARAZO * 614 (*véanse también* Nacimiento, Partera)

▪ **Si una casada o una viuda soñó que estaba embarazada:** tendrá una vida feliz. ▪ **Si una soltera soñó que estaba embarazada:** tendrá mala reputación a ojos de los demás.

EMBARCADERO * 532 (*véase también* Muelle)

▪ **Si vio barcos atracados en un embarcadero:** hará un viaje a un lugar lejano.

EMBUSTERO * 542

▪ **Soñó que usted era un embustero o alguna otra persona se comportaba de igual modo:** se sentirá confuso y tendrá muchos problemas, pero no debe hablar con nadie que no pueda entenderlos.

EMPERADOR * 013 (*véase* Trono)

EMPLEO * 876

▪ **Soñó que empezaba en un nuevo trabajo o que le ofrecía trabajo a alguien:** pronto le llegará la prosperidad.

ENANO * 134 (*véanse también* Gnomo, Pigmeo)

▪ **Soñar con cualquier tipo de enano:** predice una amistad con una persona inteligente que será valiosa para usted. ▪ **Si vio a uno o a más enanos en su sueño:** será capaz de resolver sus problemas y disfrutar de una buena salud. ▪ **Si el enano tenía una cabeza enorme:** alguien está tratando de hacerle daño.

ENCANTADOR (de serpientes) * 203

▪ **Soñó con un encantador de serpientes:** señal de enfermedad.

ENCICLOPEDIA * 592

▪ **Si en el sueño consultó una enciclopedia:** podrá expresarse fácilmente mediante la escritura.

ENCUENTRO * 540

▪ **Soñó que se encontraba con un amigo o una amiga:** tenga cuidado de que sus secretos no sean descubiertos por los demás.

ENCUESTA * 802

▪ **Soñó que participó en una encuesta:** tendrá que ser más responsable.

ENCURTIDOS * 889

▪ **Soñó que comía encurtidos:** tendrá buena suerte en el dinero y en la salud.

ENCRUCIJADA * 599

▪ **Soñó que pasaba por una encrucijada:** tiene que tomar una grave decisión que cambiará su vida.

ENEMIGO * 339

▪ **Soñó que un amigo se transformaba en enemigo o soñó que usted se volvía enemigo de alguien y lo derrotaba:** su suerte mejorará muy pronto. ▪ **Si el derrotado fue usted y se volvió enemigo de quien lo venció:** puede estar en peligro y debe rechazar todos los riesgos.

ENFERMEDAD * 459

▪ **Soñó que encontraba signos de una enfermedad en compañía de otra persona:** felicidad en el amor y en el matrimonio.

ENFERMERA * 953

▪ **Si en el sueño aparecía una enfermera o un enfermero:** tiene un buen negocio por delante. ▪ **Si usted era la enfermera o el enfermero:** señal de un buen matrimonio.

ENIGMAS * 843 (*véase* Problemas)

ENJAMBRE * 757

▪ **Soñó que veía un enjambre:** sustituirá sus actuales preocupaciones por otras. ▪ **Si derribó una colmena y dejó que las abejas se escaparan:** se fastidiará con nuevas preocupaciones.

ENREDADERA * 514

▪ **Una mujer soñó con enredaderas colgando:** un desconocido con barba la hará feliz. ▪ **Vio esta planta en el sueño:** disfrutará de buena suerte en su vida. ▪ **Vio enredaderas en una pared o vio cómo crecían:** se enfrentará a pequeños problemas.

ENSILLAR * 797
▪ **En el sueño ensillaba un caballo u otro animal:** será capaz de formar parte de nuevas aventuras.

ENTARIMADO * 637
▪ **Si vio un entarimado limpio en el sueño:** se beneficiará de un trabajo mejor. ▪ **Si el entarimado era viejo y sucio:** evite difundir chismes maliciosos.

ENTRETENIMIENTO * 712
▪ **Si en el sueño entretenía a otras personas en su casa o en otro lugar:** señal de demasiada extravagancia por su parte, a la que debe poner freno inmediatamente.

ENTROMETERSE * 497
▪ **Soñó que se entrometía en asuntos de otras personas:** es una señal de que no debe entrar en peleas que no son de su incumbencia.

ENVIDIA * 192 (*véase* Celos)

EPIDEMIA * 089
▪ **Soñó que resultaba contagiado en una epidemia:** tiene que ser examinado por un médico.

EPILEPSIA * 098 (*véase* Ataque)

EPITAFIO * 289
▪ **Si en el sueño leyó un epitafio en una tumba:** estará interesado en desarrollar su cultura a través de los libros y otros canales de conocimiento.

EQUIPAJE * 175 (*véanse también* Maleta, Baúl)
▪ **Soñó que alguien le llevaba el equipaje:** le ocurrirán hechos interesantes. ▪ **Si preparaba su equipaje:** viajará a lugares lejanos. ▪ **Si se le caía o se perdía:** sufrirá decepciones.

ERMITAÑO * 394
▪ **Soñó con un ermitaño:** será capaz de resolver sus problemas y sus molestias. ▪ **Si el ermitaño era usted:** tendrá que superar su tendencia a burlarse de las cosas serias que dicen los demás.

ERROR * 415
▪ **Soñó que alguien cometía un error:** encontrará opiniones contrarias de amigos, si trata de hacer cambios en su vida personal o en los negocios. ▪ **Si cometió**

un error y luego pidió disculpas: tendrá mucha suerte en la vida. ▪ **Si criticó el error cometido por otra persona:** fracasará en sus ambiciones.

ERUCTO * 488
▪ **Si soltó un eructo en una cena elegante:** debe tener mucho cuidado si no quiere perder una compañía íntima.

ESCALADA * 653
▪ **Soñó que escalaba una ladera o una montaña:** tiene la oportunidad de mejorar su vida y sus finanzas.

ESCALERA (mecánica) * 018
▪ **Soñó que subía por una escalera mecánica:** tendrá nuevos amigos y se centrará en cosas nuevas. ▪ **Si la escalera mecánica descendía:** tendrá la oportunidad de convertir un fracaso en un éxito si trabaja duro para ello.

ESCALOFRÍO * 509
▪ **Soñó que sentía escalofríos:** se verá obligado a pagar sus deudas.

ESCARABAJO * 164 (*véase también* Insectos)
▪ **Si vio un escarabajo en su sueño:** ganará dinero. ▪ **Si estaban muertos:** tendrá sufrimiento. ▪ **Si vio muchos escarabajos:** se peleará con los amigos. ▪ **Si mató un escarabajo:** debe corregir sus errores rápidamente.

ESCENARIO * 805 (*véase también* Tarima)
▪ **Si en el sueño estaba encima de un escenario:** encontrará la felicidad trabajando en el teatro. ▪ **Si vio un espectáculo en un escenario:** considerará una nueva oferta de trabajo.

ESCOBA * 070
▪ **Soñó que barría con una escoba nueva:** tendrá buena suerte si es ahorrador. ▪ **Soñó que barría con una escoba vieja:** tendrá pérdidas en sus inversiones.

ESCOBILLA * 085
▪ **Soñó que usaba una escobilla de goma:** tendrá una feliz sorpresa.

ESCOTILLA * 150
▪ **Soñó que miraba por la escotilla de un navío:** se encontrará a un viejo amigo.

ESCRITOR * 858

▪ **Soñó que era escritor:** señal de que irá justo de dinero. ▪ **Si tuvo una buena charla con un escritor:** enriquecerá su mente y mejorará su dignidad. ▪ **Si el escritor le pidió prestado dinero:** usted recibirá dinero en breve.

ESCRITORIO * 404

▪ **Soñó que trabajaba en un hermoso escritorio:** indica satisfacción. ▪ **Soñó que ordenaba un escritorio:** sus nuevos amigos le ayudarán en el trabajo. ▪ **Soñó con el escritorio de su jefe:** juegue al número 811. ▪ **Si estaba sentado frente a uno:** se peleará con el cónyuge. ▪ **Si limpió su escritorio y tiró las cosas en desuso:** conocerá gente nueva e interesante. ▪ **Si metía objetos en el cajón:** pronto tendrá una buena relación. ▪ **Si no encontraba nada en los cajones:** pasará por muchas pequeñas molestias.

ESCRITURA * 100

▪ **Soñó que veía una escritura delicada:** predice una vida matrimonial feliz. ▪ **Si trató de descifrar una escritura a mano:** logrará buenos resultados empresariales.

ESCUDO * 612

▪ **Soñó que llevaba una prenda de ropa con un escudo de armas familiar:** alguien cercano a usted no está siendo muy sincero.

ESCUELA * 018

▪ **Soñó con un niño en la escuela:** encontrará a un viejo amigo. ▪ **Soñó que iba a una escuela superior:** profetiza una estimulante relación amorosa que, sin embargo, no durará mucho.

ESMERALDA * 445 (*véase* Piedras preciosas)

ESPADA * 643

▪ **Soñó que se batía en duelo con espadas:** juzgará mal a un buen amigo y se peleará con él. ▪ **Si se guardó la espada en el cinturón:** será distinguido como oficial o recibirá una posición alta.

ESPANTO * 779 (*véase* Miedo)

ESPÁRRAGOS * 719

▪ **Si comió espárragos:** deberá tomar la iniciativa con la persona con la que quiere tener una relación.

ESPEJISMO * 298

▪ **Soñó que veía a alguien y su imagen era un espejismo:** se sentirá desanimado en sus proyectos, que sin embargo podrá realizar con éxito si se esfuerza más.

ESPEJO * 400

▪ **Soñó que se veía en un espejo:** ejercerá atracción por el sexo opuesto. ▪ **Soñó que rompía un espejo:** no será feliz en su vida amorosa.

ESPINAS * 491

▪ **Soñó que se clavaba una espina:** es una señal de que a usted o a alguien cercano a usted sufrirá una operación de cirugía pronto.

ESPINILLAS * 504

▪ **Soñó que tenía espinillas en la cara:** la persona que le debe dinero no le pagará. ▪ **Si se sacaba una espinilla en el sueño:** tendrá una enfermedad.

ESPUMA * 314

▪ **Soñó con espuma:** encontrará una manera de salir de las dificultades actuales. ▪ **Soñó que tomaba un baño de espuma:** recibirá una carta interesante.

ESQUÍ (acuático) * 804

▪ **Soñó que usted o alguien practicaba el esquí acuático:** se sentirá avergonzado por culpa de una persona a la que no le gusta usted.

ESTABLO * 901

▪ **Si vio un establo en el sueño:** será feliz en el amor y en el matrimonio.

ESTADO * 374

▪ **Soñó que viajaba a otro Estado:** tiene que hacer frente a los hechos y no esconderse detrás de falsos sueños o ilusiones.

ESTANQUE * 333 (*véase también* Lago)

▪ **Vio un estanque en el sueño:** tendrá éxito en el trabajo y se relacionará con personas de posición alta.

ESTANTE * 330

▪ **Soñó con un estante vacío:** corre el peligro de perder su puesto de trabajo. ▪ **Si estaba lleno:** buenos resultados en su trabajo y satisfacción en el tiempo libre.

ESTIBADORES * 019

▪ **Soñó que veía a unos estibadores cargar o descargar un buque:** le ofrecerán un trabajo mejor que el que tiene ahora.

ESTIÉRCOL * 269

■ **Soñó que recogía estiércol con una pala:** alguien extenderá rumores maliciosos sobre usted. ■ **Si vio un jardín o una granja que estaban fertilizando con estiércol:** recibirá la ayuda de alguien para llevar a cabo sus planes.

ESTREÑIMIENTO * 595 (*véase también* Descongestionante)

■ **Soñó que estaba estreñido:** se arrepentirá de una mala acción; también significa que debe evitar comer y beber demasiado.

ESTUCO * 638

■ **Si en el sueño preparaba estuco:** prepárese para ganar la lotería.

ESTUDIO * 502

■ **Soñó que trabajaba en un estudio o visitaba uno:** se asociará a personas interesadas en las artes.

ESTUFA * 793 (*véase* Horno)

ESTUPEFACIENTES * 375

■ **Soñó que tomaba estupefacientes o que le daba este tipo de sustancias a otra persona:** es una advertencia para que tenga el coraje de cambiar radicalmente su vida, de lo contrario se romperá...

ÉTER * 711 (*véase* Anestesia)

ETIQUETA * 959

■ **Soñó que rompía las reglas de la etiqueta:** necesitará más ingenio para conseguir lo que quiere. ■ **Soñó que fue capaz de seguir todas las normas y reglas de la sociedad:** sufrirá decepciones relacionadas con algunas personas a las que considera amigos.

EUNUCO * 182

■ **Soñó que veía a un eunuco en un harén:** romperá la relación con una determinada persona, y esto le provocará desdicha.

EVA * 804 (*véase* Adán y Eva)

EVANGELISTA * 469

■ **Soñó que veía a un evangelista:** signo de enfermedad y probable tensión nerviosa.

EXCEDENCIA * 568

• Si en el sueño habló con alguien que estaba en excedencia: disfrutará de una vida feliz. • Si quien tenía la excedencia era usted: sufrirá molestias debido a una pérdida de dinero.

EXCESOS * 840 (*véase* Bebidas)

EXILIO * 620

• Soñó que se exiliaba en un país extranjero: tendrá dificultades para que la gente entienda sus ideas y tendrá que luchar duro para superar los problemas.

EXPEDICIÓN * 187

• Soñó que formaba parte de una expedición a un país lejano: participará en empresas rentables y viajará lejos.

EXPIACIÓN * 540

• Soñó que hacía una expiación o que pagaba una penitencia: sufrirá pérdidas o se dará un incumplimiento de contrato.

EXPLOSIÓN * 780

• Soñó con explosiones utilizadas para buenos propósitos: su futuro empresarial y su vida amorosa serán felices. • Si la explosión fue con fines destructivos y mató a gente: sufrirá restricciones en cuestiones de dinero y de amor.

EXTRANJERO * 895

• Si sueña que conoce a unos extranjeros: tendrá buena suerte y recibirá un dinero inesperado que le ayudará en sus negocios.

FÁBRICA (de armas) * 585 (*véase* Cuartel)

FACHADA * 402
- Soñó que veía la fachada de una casa o de un edificio: viajará a nuevos lugares.

FACULTAD * 609 (*véanse también* Campus, Universidad)
- Soñó que iba a un colegio mayor: relaciones a la vista. - Soñó que era profesor: valdrá la pena hacer nuevos amigos.

FAGOT * 811
- Soñó que tocaba este instrumento musical: tendrá que trabajar duro y no alcanzará muchos logros.

FAISÁN * 618
- Soñó que comía faisán: significa que tendrá una mayor entrada de dinero. - Soñó que cazaba faisanes: hará más dinero, pero tendrá que enfrentarse a las cosas con mayor sentido de la deportividad.

FALSEDAD * 621 (*véase* Mentira)

FALSETE * 319
- Soñó que hablaba o cantaba en falsete: tendrá una vida familiar tranquila.

FALSIFICACIÓN * 973
- Soñó que alguien falsificaba su nombre en un documento: debe tener cuidado con una persona extranjera.

FAMA * 508
- Soñó que era famoso: sufrirá algunas decepciones en su vida. - Si en el sueño vio a una persona famosa: alguien que no esperaba le dará buena suerte.

FAMILIA * 859

▪ **Soñó que tenía una familia grande y hermosa:** viajará solo de vacaciones. ▪ **Si en el sueño vio a una familia pobre:** tendrá oportunidades en el escenario político.

FANTASMAS * 014

▪ **Soñó con fantasmas o con una casa encantada:** puede indicar que su mente está poblada de fantasmas como el miedo al fracaso, a los accidentes, a las enfermedades, a la pobreza o a la muerte. Pero entonces puede programar el subconsciente para deshacerse de estos estados negativos de la mente, que pueden hacer que enferme, que sea infeliz y que viva asustado.

FARDO * 583 (*véase también* Equipaje)

▪ **Si en el sueño vio fardos de papel, de algodón o de otro material:** será capaz de hacer frente a una situación insatisfactoria.

FARMACÉUTICO * 221 (*véase también* Recetas)

▪ **Si en el sueño usted era farmacéutico:** tendrá que trabajar más duro, pero no ganará más dinero.

FARMACIA * 317

▪ **Soñó que compraba algo en una farmacia:** sus inversiones le darán buenos beneficios.

FAROS * 510

▪ **Soñó que lo deslumbraban los faros de un automóvil:** deberá tener mucho cuidado al tomar decisiones. ▪ **Si evitaba que lo deslumbraran:** podrá disfrutar de todo lo que hasta ahora estaba fuera de su alcance. ▪ **Si vio un faro marítimo en el sueño:** disfrutará de todo lo que ha soñado con hacer en la vida.

FATIGA * 792

▪ **Soñó que estaba cansado:** tendrá buena salud y beneficios económicos.

FE * 541 (*véase también* Religión)

▪ **Soñó que mostraba su fe en público:** realizará plenamente algo que desea.

FEALDAD * 540

▪ **Soñó que se miraba al espejo y se veía feo, y además veía a todo el mundo feo:** tendrá desacuerdos en cuestión de negocios y en su vida social.

FELICITACIONES * 640

▪ **Soñó que felicitaba a alguien:** el éxito le sonreirá. ▪ **Si recibía felicitaciones de alguien:** obtendrá más dinero, pero deberá vender algo que le pertenece.

FIANZA * 192 (*véase también* Juramento)

▪ **Soñó que pagaba la fianza de otra persona:** no deberá firmar ningún contrato si no está seguro. ▪ **Si pagó su propia fianza:** puede sufrir un accidente. ▪ **Si vio a alguien pagar una fianza:** significa que usted tendrá que renunciar a algo para ayudar a un miembro de la familia.

FIEBRE * 807

▪ **Si en el sueño tenía fiebre:** sufrirá decepciones en el amor, aunque sea un amor verdadero.

FIEBRE (del heno) * 103

▪ **Soñó que tenía ese tipo de fiebres:** debe consultar a un analista para salvar su salud mental.

FIEBRE (intermitente) * 122 (*véase* Gripe)

FIESTA (día de) * 395 (*véase también* Celebración)

▪ **Si en el sueño disfrutaba de un día de fiesta:** recibirá más dinero procedente de su esfuerzo laboral.

FIESTA * 592 (*véase* Banquete)

FIESTA * 619 (*véase también* Celebración)

▪ **Soñó que estaba en una fiesta agradable:** tendrá una vida familiar feliz. ▪ **Si la fiesta era aburrida:** sufrirá una desilusión con los amigos.

FIESTA (de aniversario) * 444

▪ **Soñó que estaba en una fiesta de aniversario:** si es joven, tendrá problemas financieros; si es una persona mayor, sufrirá de soledad y se encontrará con obstáculos difíciles de superar.

FIESTA (de graduación) * 306

▪ **Soñó que estaba en una fiesta de graduación:** entrar en el sector de los negocios.

FIDELIDAD * 129

▪ **Soñó con la fidelidad de su amor:** tendrá un futuro agradable y lleno de dinero.

FILETE * 014
▪ **Si se preparaba un filete:** trate de evitar las peleas familiares. ▪ **Si estaba crudo y sangriento:** tenga cuidado de no cortarse y sangrar.

FINANCIAMIENTO * 037 (*véase* Préstamo)

FINANCIERO * 132
▪ **Soñó que era un financiero:** debe tener más cuidado cuando se trate de dinero. ▪ **Si trató con un financiero en términos amistosos:** tendrá buenos resultados en sus transacciones.

FLAMENCO * 419
▪ **Soñó que veía a un flamenco volando:** algo le proporcionará placer y experimentará acontecimientos emocionantes. ▪ **Si vio un flamenco quieto o caminando:** tendrá problemas.

FLASH * 738
▪ **Si en el sueño usó un flash en exteriores:** ampliará su vida social. ▪ **Si lo usó en un interior:** deberá resistir la tentación de hacer cosas que no son muy correctas.

FLAUTA * 124
▪ **Soñó que tocaba una flauta:** participará en una situación desagradable. ▪ **Si oyó a alguien que tocaba una flauta:** tendrá una vida familiar feliz.

FLECHA * 835
▪ **Si en el sueño lanzó una flecha:** su amor le será infiel. ▪ **Si otra persona le lanzó a usted una flecha:** alguien tejerá infamias contra usted.

FLOR (de lis) * 329
▪ **Soñó con esta hermosa flor:** tendrá buena suerte en su vida personal y profesional.

FLOR (de luto) * 844
▪ **Soñó o usó flores de luto:** comprará ropa nueva.

FLORES * 096 (*véanse también* Florista, Jardín, Ramo)
▪ **Si en el sueño aparecía un ramo con un delicioso aroma:** tendrá noticias de un amor lejano. ▪ **Si el ramo estaba roto o era viejo:** sufrirá una enfermedad grave. ▪ **Si las flores eran silvestres:** vivirá acontecimientos estimulantes. ▪ **Si las flores estaban en un jardín:** es un signo de buena suerte. ▪ **Si vio árboles en flor:** tendrá la cabeza fría, buena salud y dinero fácil. ▪ **Si cogió una flor:** es un

signo de alegría. ▪ **Si era blanca:** significa felicidad. ▪ **Si era roja:** pasión amorosa. ▪ **Si era amarilla:** sufrirá un disgusto. ▪ **Si la flor estaba marchita:** ruptura de una amistad o de un amor. ▪ **Si vio muchas flores:** realizará una actividad rentable. ▪ **Si vio un ramillete de flores:** significa matrimonio. ▪ **Si vio flores en una maceta:** es un signo de que derrotará a sus enemigos. ▪ **Si las flores estaban dispersas o en las montañas:** es mal presagio. ▪ **Si era una corona de flores:** recibirá una noticia triste. ▪ **Si vio flores doradas por el sol en un campo:** un nuevo amigo le enseñará muchas cosas útiles. ▪ **Si vio flores floreciendo:** debe evitar interferir en los asuntos de los demás.

FLORISTA * 795 (*véase* Flores)

FLOTAR * 480 (*véase también* Nadar)
▪ Si flotaba en el agua y era rescatado por un barco: significa que una pelea pasada se apaciguará. ▪ Si flotaba llevando un traje de baño: tendrá noticias desagradables.

FOLLAJE * 268
▪ Si en el sueño vio hojas verdes y bellas: obtendrá la felicidad a través de un gran amor. ▪ Si las hojas eran viejas o estaban arrugadas: su amor fracasará y le traerá decepciones.

FONÓGRAFO * 103 (*véase* Tocadiscos)

FORRAJE * 450
▪ Soñó que preparaba el forraje para los animales en un día soleado: sufrirá pérdidas financieras. ▪ Si lo preparaba en un día feo y lluvioso: dinero inesperado. ▪ Si estaba en un granero: tendrá relaciones amorosas placenteras.

FORTUNA * 285 (*véase también* Herencia)

FOTOGRAFÍA * 058 (*véase también* Cámara)
▪ Si en el sueño vio viejas fotos: encuentra viejos amigos cuya vida les ha ido muy bien. ▪ Si vio la foto de alguien a quien amó en el pasado: es una señal de que su vida empezará a ser alegre y feliz.

FRAGANCIA * 431 (*véase* Aroma)

FRAMBUESAS * 201
▪ Soñó que veía o comía frambuesas: tendrá una vida social feliz.

FRATERNIDAD ∗ 239

▪ Si en el sueño era miembro de una fraternidad: se llevará bien con personas de posición alta.

FRAUDE ∗ 143

▪ Soñó que atrapaba a alguien defraudando: tendrá éxito en el comercio. ▪ Si era usted quien defraudaba: pasará por situaciones desagradables por culpa de terceros, o será buscado o detenidos por la policía; también puede significar que perderá amigos. ▪ Si la víctima del fraude fue usted: la suerte le sonreirá, pero no debe ser demasiado crédulo, y no debe no depender de los demás.

FRENTE ∗ 376

▪ En el sueño se vio su propia frente: tendrá que superar algunas dificultades para pensar en positivo. ▪ Soñó que le pasaba la mano por la frente a otra persona: tendrá una vida familiar satisfactoria y mejorarán sus cuestiones de dinero.

FRESAS ∗ 592

▪ Si en el sueño comía fresas: es un signo de tiempos felices con viejos amigos; también de compromiso o matrimonio. ▪ Soñó que veía fresas: tendrá una vida muy larga. ▪ Si recogía fresas de las matas: significa que conocerá a un nuevo amor.

FRICASÉ ∗ 217

▪ Soñó que se comía un fricasé de pollo o de ternera: se topará con dificultades en el camino, pero las cosas mejorarán pronto.

FRIJOLES ∗ 817

▪ Soñó con frijoles crudos: surgirán problemas financieros. ▪ Si en el sueño comía frijoles: deberá tener cuidado con ciertos amigos que hablan mal de usted. También puede verse implicado en una situación perjudicial para usted. ▪ Soñó que recogía frijoles: es señal de buen resultado en un negocio. ▪ Si plantó frijoles: puede verse mezclado en una intriga. ▪ Si los frijoles eran negros: tendrá una vida difícil. ▪ Si eran frijoles pintos: significa satisfacción. ▪ Si eran frijoles pequeños: tendrá preocupaciones inútiles, futilidades. ▪ Si eran frijoles secos: es señal de hambre.

FRÍO ∗ 198

▪ Soñó que sentía frío: se peleará con miembros de su familia.

FRITURA ∗ 053

• **Si comía alimentos fritos:** encontrará actividades estimulantes entre las personas de ambos sexos. • **Si freía alimentos:** tendrá más trabajo, pero los rendimientos no aumentarán.

FRONTERA ∗ 868

• **Soñó que estaba en una frontera entre dos países o Estados:** sus planes le causarán preocupaciones.

FRUTA ∗ 311

• **Si en el sueño aparecía una fruta dulce:** usted ve la vida de una manera dulce. • **Si en el sueño aparecía una fruta ácida:** usted ve la vida de una manera ácida. • **Si vio una compota de frutas:** ganará dinero. • **Si recogía fruta:** es señal de buena situación. • **Si comía fruta:** significa falsedad. • **Si la fruta estaba madura:** significa prosperidad. • **Si la fruta estaba verde:** deberá superar algunos obstáculos en los negocios. • **Si la fruta estaba estropeada:** significa compromiso. • **Si la fruta estaba agusanada:** significa malos amigos.

FUEGO ∗ 291 (*véanse también* Hoguera, Llamas)

• **Soñó que veía un incendio:** tendrá mala suerte. • **Si ayudaba a apagar un incendio:** tendrá una vida agradable. • **Si fue usted quien prendió el fuego:** sufrirá un accidente leve. • **Si apagó un fuego:** será capaz de expulsar a las personas que quieren hacerle daño. También puede significar que sufrirá un accidente leve. • **Si escapó corriendo de un fuego:** será molestado por personas con las que tiene deudas. • **Si jugó con fuego sin quemarse:** tendrá una vida divertida. • **Si evitó cruzarse en la dirección del fuego:** demuestra que usted está en condiciones de evitar a las personas que desean hacerle daño. • **Si el fuego ardía en un bosque o en unos matorrales:** recibirá financiación y su familia será más feliz (también debe jugar al número 665).

FUEGOS (artificiales) ∗ 387

• **Si lidiaba con fuegos artificiales en su sueño:** sufrirá molestias en su vida social, así como en sus nuevos proyectos.

FUELLE ∗ 365

• **Soñó con un fuelle en funcionamiento:** superará los momentos difíciles. • **Si vio uno pero no lo tocó:** un viejo amigo quiere visitarlo.

FUENTE ∗ 318

• **Soñó con una fuente abundante:** significa que tendrá una entrada de dinero, aunque no muy grande.

FUGITIVO * 971
■ Si en el sueño ayudaba a un fugitivo de la justicia: sufrirá dificultades financieras.

FUNDICIÓN * 014 (*véase* Fábrica)

FUNERARIA * 244 (*véase* Entierro)

FURIA * 078 (*véase* Cólera: cap. Pesadillas)

FÚTBOL * 619
■ Soñó que iba a un partido: debe tener cuidado al elegir a sus amigos. ■ Soñó que jugaba: recibirá dinero inesperado.

FUTURO * 239
■ Si en el sueño hizo planes de futuro: recibirá buenas noticias de viejos amigos.

GABÁN * 123

▪ **Soñó que perdía el abrigo:** vienen tiempos difíciles. ▪ **Soñó que llevaba el abrigo en un día de frío:** sufrirá decepciones comerciales.

GABARDINA * 742

▪ **Si en el sueño llevaba puesta una gabardina:** surgirá una oportunidad repentina de mejorar sus condiciones generales de vida. ▪ **Si llevaba una gabardina cuando hacía sol:** tendrá una oportunidad inesperada para cambiar su camino. ▪ **Si llevaba una gabardina abierta:** indica que usted estará protegido ante una situación difícil.

GACHAS * 603

▪ **Si comió gachas en su sueño:** es un signo de vergüenza o también de enfermedad estomacal. ▪ **Si vio a alguien comer gachas:** signo de intriga. ▪ **Si cocinó gachas:** signo de una buena salud. ▪ **Soñó que comía gachas calientes:** tendrá una visita aburrida. ▪ **Si las gachas estaban frías:** sufrirá una enfermedad.

GAFAS * 604

▪ **Si vio que la persona a quien ama llevaba gafas:** significa que usted se separará de esa persona. ▪ **Si era usted quien llevaba gafas:** tendrá buena suerte en un nuevo plan que va a crear.

GAITA * 156

▪ **Si en el sueño escuchaba una gaita:** le ocurrirán cosas buenas. ▪ **Si la gaita estaba desafinada:** le sucederán incidentes desagradables.

GALERÍA * 217 (*véase también* Arte)

▪ **Si en el sueño visitaba una galería de arte:** tendrá éxito en sus proyectos. ▪ **Si vio una hermosa pintura antigua:** verá de nuevo a un viejo y querido amigo. ▪ **Si visitó una galería de arte moderno:** encontrará a nuevos amigos que fueron obstaculizados por los viejos.

GALLETA * 612

▪ **Soñó que comía galletas en la cama:** se peleará con su familia. ▪ **Si vio a alguien hornear galletas:** mucha felicidad y mucho dinero.

GALLINA * 154 (*véase* Gallo)

GALLINA CIEGA * 491

▪ **Soñó que jugaba a la gallina ciega:** alguien lo arrastrará a algunos negocios turbios que pueden ridiculizarle.

GALLO * 390 (*véase también* Aves)

▪ **Si en el sueño dio de comer a unos gallos:** su familia pasará por dificultades que sabrá superar. ▪ **Si vio a un gallo empollando un huevo:** sus finanzas mejorarán. ▪ **Si atrapó un gallo:** tendrá deudas porque malgastó el dinero en tonterías y borracheras. ▪ **Si mató un gallo:** recibirá una visita inesperada. ▪ **Si el gallo, en lugar de la gallina, llevaba a los polluelos:** habrá peleas caseras. ▪ **Si asistió a una pelea de gallos:** cierta persona envidiosa tratará de quitarle algo. ▪ **Soñó que echaba un gallo a la arena para que peleara con otro:** recibirá algunos beneficios adicionales.

GAMO * 109

▪ **Si en el sueño aparecía este elegante animal:** tendrá decepciones con su amante.

GANADO * 225 (*véanse también* Becerro, Vaca)

▪ **Soñó con una res gorda y limpia:** obtendrá placer entre amigos interesantes. ▪ **Si vio una estampida:** recibirá dinero en efectivo.

GANCHILLO * 323

▪ **Soñó que hacía ganchillo:** tendrá mucho atractivo para el sexo opuesto. ▪ **Si cometió un error haciendo ganchillo:** se peleará con el ser amado.

GANGA * 777

▪ **Soñó que conseguía una ganga:** realizará sus planes con éxito.

GANSO * 342

▪ **Soñó con gansos:** debe frenar sus hábitos alimentarios para no engordar demasiado.

GÁNSTER * 179

▪ **Soñó que capturaba a un gánster:** alguien le pagará una deuda. ▪ **Soñó que había dado protección a uno:** obtendrá ventajas de o sobre ciertas personas hipócritas. ▪ **Si en el sueño lo atacó un gánster:** será molestado por alguien a quien usted le debe dinero.

GARDENIA * 114
▪ **Soñó con esta flor:** será feliz con quien ama.

GARGANTA * 411 (*véase también* Cuello)
▪ **Soñó que le curaba la garganta a una persona del sexo opuesto:** sufrirá una decepción por ilusionarse precipitadamente.

GÁRGARAS * 430
▪ **Si en el sueño hacía gárgaras:** deberá aprender sin ayuda a salir de ciertas situaciones desagradables para poder burlarse de ellas más tarde.

GAS * 319
▪ **Si en el sueño olía a gas:** aléjese de los negocios de los demás y cuide de sus propios asuntos. ▪ **Soñó que había fuego en una espita de gas:** tendrá una buena relación con una persona rica. ▪ **Si en el sueño vio a alguien salir de una nube de gas:** alguien lo traicionará y eso provocará un escándalo.

GAS (lacrimógeno) * 833
▪ **Soñó que veía a un grupo de personas ser dispersado con gas lacrimógeno:** será molestado por alguien que pasa necesidades.

GASOLINERA * 417
▪ **Soñó que llenó el depósito del coche en una gasolinera:** ganará más dinero.

GATO * 310
▪ **Si en el sueño vio a un gato maullando:** sus amigos hablan a sus espaldas. ▪ **Soñó que un gato le mordía o arañaba:** se encontrará con un amigo que se mostrará indiferente hacia usted. ▪ **Si el gato estaba tranquilo, sentado o dormido:** tendrá buena suerte con el sexo opuesto.

GÉISER * 137
▪ **Soñó que veía un géiser en plena actividad:** puede encontrar soluciones a sus problemas en una determinada obra literaria, aunque no sea ahora.

GELATINA * 029
▪ **Si en el sueño vio o comió gelatina:** será feliz en la vida, el trabajo y el amor.

GEMAS (en general) * 027
■ **Soñó con hermosas gemas:** tendrá relaciones amorosas agradables e interesantes en su vida.

GEMELOS * 086
■ **Soñó con gemelos:** significa buena fortuna en un asunto de familia y dinero.

GEMIDOS * 387
■ **Soñó que escuchaba a una persona o a un animal emitiendo gemidos:** señal de una enfermedad larga y dolorosa.

GENEALOGÍA * 154
■ **Soñó que estudiaba un árbol genealógico:** su pareja hará que se sienta decepcionado.

GENEROSIDAD * 798
■ **Soñó que era generoso con alguien:** tendrá éxito en su trabajo y ganará prestigio.

GENIO * 148
■ **Soñó con el genio de la lámpara o de cualquier otro tipo:** obtendrá una buena compensación por su trabajo.

GEOGRAFÍA * 690
■ **Si en el sueño consultaba libros o atlas de geografía:** hará interesantes excursiones a lugares distantes.

GÉRMENES * 085 (*véase también* Microbios)
■ **Si en el sueño estudió gérmenes a través del microscopio:** significa que puede progresar sin ayuda en estudios dedicados.

GIGANTE * 298
■ **Soñó con un gigante:** es una señal de que no debe aventurarse a nuevas inversiones. ■ **Soñó que un enorme gigante atormentaba a personas indefensas:** recibirá una buena noticia en relación a sus negocios.

GINEBRA * 114
■ **Si en el sueño bebió ginebra:** tendrá una buena sorpresa. ■ **Si eran otros los que bebían:** pasará por un período de indecisión y preocupaciones.

GIRASOL * 115

■ **Soñó que había un girasol en medio del campo:** es un signo de esperanza o de que tiene ideas sin fundamento. ■ **Si en el sueño vio un girasol silvestre:** será criticado por su jefe. ■ **Si comía pipas de girasol:** significa que renovará viejas amistades.

GLACIAR * 431

■ **Si en el sueño vio un glaciar:** viajará a un lugar de clima frío.

GLADIOLO * 786

■ **Soñó con gladiolos:** significa que pensará aceptar ciertas responsabilidades que le proporcionarán más dinero.

GLÁNDULAS * 391

■ **Si en el sueño tenía las glándulas hinchadas:** sufrirá dificultades.

GLOBO * 554

■ **Si el globo era blanco:** probará nuevos pasatiempos para divertirse. ■ **Si voló en un globo:** tendrá un viaje desagradable. ■ **Si vio un globo sin estar en él:** sufrirá pérdidas en el comercio.

GLOBOS (dirigibles) * 212 (*véase también* Avión: cap. Pesadillas)

■ **Si vio un dirigible en el sueño:** tendrá nuevas tareas, pero pueden ser muy peligrosas.

GLOTONERÍA * 802

■ **Si en el sueño alguien comía en exceso:** recibirá muchas invitaciones sociales. ■ **Si el glotón era usted:** tendrá éxito, pero la gente lo evitará.

GNOMO * 583

■ **Si en el sueño aparecían gnomos:** debe tratar de resolver problemas que le afectan, lo más rápido posible.

GOBERNADOR * 514

■ **Soñó que veía o se comunicaba con el gobernador:** se comprará un coche nuevo.

GOFRE * 613

■ **Soñó que se comía un gofre:** debe cuidar mejor de su hijo enfermo.

GOLF * 418

- **Si en el sueño jugaba a golf:** tendrá la oportunidad de corregir ciertos errores que cometió.

GOLPE * 680

- **Si en el sueño oyó una sucesión de golpes:** encontrará a alguien que le intrigará mucho, pero que nunca llegará a entender.

GOLPEAR * 176

- **Soñó que alguien lo golpeaba:** tendrá una pelea familiar. ▪ **Si un niño era golpeado en su sueño:** tendrá que sacar a alguien de una situación crítica.

GOMA DE MASCAR * 713

- **Soñó que masticaba goma de mascar en casa:** será feliz con la familia y los amigos. ▪ **Si masticó goma de mascar en público:** será despreciado por algunos viejos amigos.

GÓNDOLA * 396

- **Soñó que iba en una góndola deslizándose por un canal:** disfrutará de un buen viaje con una gran compañía.

GONG * 728

- **Soñó que escuchaba un gong:** entrará en un negocio antiguo, exitoso, si quiere cambiar de estilo y de sector.

GORDO * 307 (*véase* Obesidad)

GORGOJO * 866

- **Soñó que veía gorgojos en una plantación de algodón:** sus enemigos murmurarán a sus espaldas, manchando su honor.

GORRA * 083 (*véase también* Sombrero)

- **Si llevaba una gorra en el sueño:** puede superar los problemas si utiliza el sentido común para analizarlos a fondo.

GORRO * 018

- **Soñó que llevaba puesto un gorro:** señal de que uno de sus amigos es un hipócrita.

GOTA * 023

- **Soñó que alguien tenía esta enfermedad:** será bueno para usted relacionarse de nuevo con sus viejos amigos y dejar las bebidas alcohólicas.

GRABADORA * 013 (*véase* Tocadiscos)

GRABADO * 668
▪ Si en el sueño vio un grabado: es señal de progreso en su trabajo y en la vida social, acompañado por personas buenas.

GRADUACIÓN * 387
▪ Soñó que asistía a una graduación: ascenderá social y comercialmente.

GRAMÁTICA * 392
▪ Soñó que le enseñaba gramática a alguien: le esperan varias decepciones. ▪ Si alguien le corrigió a usted su gramática: pronto tendrá buena suerte.

GRANADA * 402
▪ Si en el sueño lanzó una granada: deberá proceder con cautela en las relaciones con las personas en su trabajo y en su cama.

GRANADA (fruta) * 921
▪ Soñó que comía o recogía granadas: significa relaciones sexuales placenteras. ▪ Si las granadas estaban maduras: un amigo lo protegerá. ▪ Si las granadas estaban verdes: es señal de que sus pretensiones se verán perjudicadas.

GRANERO * 343
▪ Soñó con un granero lleno: su estado financiero será bueno. ▪ Si el granero estaba vacío: tendrá problemas financieros.

GRANJA * 998
▪ Soñó con una granja próspera: tendrá buena salud y buena suerte. ▪ Si la granja estaba arruinada: tendrá pérdidas financieras.

GRAPADORA * 210
▪ Si en el sueño aparecía una grapadora: dependerá de ayuda externa para resolver sus problemas.

GRIFO * 330
▪ Soñó con un grifo nuevo: significa felicidad inesperada. ▪ Soñó con un grifo viejo: no debe revelar un secreto, ya que podría traerle mala suerte.

GRILLO * 684 (*véase* Insectos)
▪ Soñó con grillos: se encontrará con charlatanes insoportables. ▪ Si escuchó el canto de un grillo en casa o al aire libre: tendrá una larga vida y buenas relaciones familiares.

GRIPE * 714

▪ Si una mujer soñó que tenía gripe: pronto se quedará embarazada. ▪ Si un hombre soñó que tenía gripe: entrará en un nuevo negocio. ▪ Si una joven soñó que tenía gripe: encontrará un nuevo amor.

GROSELLAS * 789

▪ Soñó que comía grosellas negras: es una buena señal. ▪ Si eran grosellas rojas: tendrá buena suerte.

GUANTES * 419

▪ Soñó con un par de guantes nuevos: llegará a nuevos espacios en su trabajo. ▪ Si los guantes eran viejos: deberá tener cuidado de no hacer nada que pueda avergonzarlo. ▪ Si en el sueño usaba guantes sin dedos: puede tener un accidente de coche.

GUARDACOSTAS * 008

▪ Soñó con una guardacostas: recibirá malas noticias y discutirá con los vecinos.

GUARDIA * 054

▪ Soñó con un guardia: tendrá una enfermedad temporal.

GUARIDA * 127

▪ Si en el sueño vio animales en su guarida: será el invitado de una persona rica durante un viaje vacacional.

GUIÑO * 342

▪ Soñó que le guiñaba el ojo a alguien: deberá ser más discreto cuando hable de los demás.

GUION * 983

▪ Soñó que estudiaba un guion de cine o de televisión: le ofrecerán un puesto mejor en el trabajo.

GUIRNALDA * 108

▪ Soñó con una hermosa corona nupcial: tendrá buenas posibilidades de casarse. ▪ Si en el sueño era Navidad y colgaban guirnaldas de su puerta: será el invitado de honor de una fiesta.

GUISANTES * 223

▪ Soñó que pelaba guisantes: se reunirá con gente interesante. ▪ Si recogía guisantes en un huerto: tendrá que hacer desaparecer la mala impresión que su rudeza causó en alguien. ▪ **Si abrió una lata de guisantes:** habrá un malentendido temporal en la familia. ▪ **Si cocinaba guisantes:** señal de prosperidad. ▪ **Soñó con guisantes crudos:** señal de falta de dinero.

GULASCH * 611
▪ **Si en el sueño comía este plato húngaro:** asistirá a una fiesta estimulante.

GUSANO DE SEDA * 005
▪ **Soñó que veía un gusano de seda:** vendrán amigos caritativos y benefactores.

HABLADURÍAS * 680 (*véase* Chismes)

HACHA * 847

▪ Soñó con un hacha bien afilada: será promocionado en su empleo. ▪ Si el hacha no tenía filo: necesita tener más cuidado con su ropa y con su apariencia en general. ▪ Si en el sueño afilaba un hacha: hará más dinero. ▪ Soñó que cortaba leña con un hacha: la situación familiar será confortable.

HACHUELA * 438

▪ Soñó que un carnicero cortaba carne con una: tendrá buena suerte.

HADA * 693

▪ Soñó que lo llevaban al país de las hadas: debe actuar adecuadamente para que la gente no le critique. ▪ Soñó que estaba feliz entre hadas: encontrará la felicidad en los niños que están a su alrededor.

HALCÓN * 689

▪ Soñó con un halcón volando: tendrá buenas oportunidades en sus negocios. ▪ Si el halcón no volaba: algunos eventos lo decepcionarán profundamente. ▪ Si vio un halcón posado en el brazo de un noble: hay personas que hablan mal de usted.

HAMBRE * 314

▪ Soñó que ayudaba a alguien con hambre: ganará algo de dinero y viajará. ▪ Si era usted el que tenía hambre en el sueño: tendrá buena suerte.

HARAPOS * 681

▪ Soñó que llevaba la ropa hecha harapos: recibirá una herencia. ▪ Si en el sueño vio harapos sucios: sufrirá una enfermedad. ▪ Soñó que vendía harapos: ganará más dinero.

HELADO * 514

■ Soñó que se manchaba con helado: su vida será más feliz con niños.

HELECHO * 109

■ Soñó con helechos colgantes o con que alguien le besaba debajo de un helecho: tendrá una buena relación amorosa.

HEMORRAGIA * 149

■ Soñó que le sangraban las hemorroides: debe tener cuidado y mantenerse alejado de cualquier persona que tenga una enfermedad infecciosa y de todo riesgo físico (juegue también al 315).

HEREDERO * 937 (*véase* Herencia)

HERENCIA * 812 (*véase también* Donación)

■ En el sueño recibió una herencia de alguien que no era un familiar: usted tendrá un buen futuro. ■ Soñó que recibía una herencia de un pariente: vendrán tiempos difíciles.

HERIDA * 995

■ Soñó que tenía una herida en la pierna: tenga cuidado al caminar. ■ Si la herida estaba en otra parte del cuerpo: recibirá premio por su actuación en situaciones de emergencia.

HERMAFRODITA * 032 (*véase* Homosexual)

HERMANO * 858

■ Soñó que unía fuerzas con un hermano o que tenía buena relación con él: tendrá buena suerte en la vida social y comercial.

HÉROE (o heroína) * 226

■ Si en el sueño realizó un acto heroico: escuchará las críticas de otros con respecto a ciertas cosas triviales que dijo o hizo. ■ Si vio a otra persona realizar un acto de heroísmo: usted se beneficiará de nuevas aventuras comerciales.

HERRADURA * 615

■ Soñó que clavaba una herradura en su puerta: tendrá éxito en su vida, pero antes tendrá que sufrir varias decepciones. Soñar con una herradura también es señal de que puede sufrir un robo.

HERRAMIENTAS * 321

▪ Si en el sueño usaba una herramienta: le aumentarán el salario. ▪ Si encontró una herramienta perdida: tendrá un trabajo mejor si aprende a controlar su temperamento.

HERRERO * 334

▪ Soñó con un herrero trabajando: emprenderá nuevos proyectos que alcanzarán el éxito.

HIDROAVIÓN * 809

▪ Si en el sueño amerizó un hidroavión: encontrará una solución inmediata a un problema que le preocupa mucho.

HIDROFOBIA * 445 (véase Rabia)

HIELO * 762

▪ Cuando se sueña con hielo o nieve: hay frío en el alma. ▪ Soñó que se deslizaba o se sentaba en el hielo: tendrá una vida agradable y hará viajes interesantes. ▪ Soñó con cubitos de hielo: debe ser más prudente con sus gastos.

HIERBA * 877

▪ Soñó con hierba verde: será feliz en el amor. ▪ Soñó con hierba seca: será desafortunado en el amor. ▪ Soñó que caminaba por un prado de hierba verde o simplemente lo admiraba: encontrará paz en la vida familiar y en su comunidad. ▪ Si la hierba estaba en malas condiciones: usted enfermará. También puede significar que deberá trabajar duro para obtener resultados. ▪ Si en el sueño la hierba era hermosa y verde: tendrá éxito en las finanzas y en el amor.

HIERBA (mala) * 337

▪ Soñó con un jardín lleno de malas hierbas: deberá protegerse contra los ataques de personas chismosas.

HIERBAS * 679

▪ Soñó que plantaba, olía o comía hierbas: a usted y a las personas a las que ama les pasarán cosas nuevas y estimulantes.

HÍGADO * 672

▪ Soñó que comía hígado o tomaba aceite de hígado de bacalao: disfrutará de una buena salud.

HIGOS ★ 372
■ **Si en el sueño comía higos:** significa que tendrá satisfacciones. ■ **Si los higos eran frescos:** tendrá una vida próspera. ■ **Si los higos eran secos:** señal de decadencia financiera. ■ **Si era mermelada de higos:** tendrá una amistad sincera y ayuda por parte de sus amistades. ■ **Si cogía un higo de una higuera y se lo comía:** se verá mezclado en problemas sociales con personas a las que estima.

HIJA ★ 998
■ **Soñó que tenía una hija:** tenga cuidado de no ofender a una persona que depende de usted.

HILO ★ 432
■ **Si en el sueño enrollaba un hilo:** su círculo social se incrementará. ■ **Soñó que tejía con hilos:** disfrutará de un matrimonio feliz.

HIMNO ★ 943
■ **Si en el sueño cantó y oyó cantar himnos:** hará un buen trabajo por el bien de la comunidad.

HIPNOTISMO ★ 043
■ **Soñó que hipnotizaba a alguien:** le será difícil pagar sus deudas. ■ **Soñó que lo hipnotizaron:** debe tener cuidado de no decir a los demás todo lo que sabe.

HIPO ★ 008
■ **Soñó que tenía hipo:** señal de que debe tener más cuidado con la bebida.

HIPOCRESÍA ★ 761
■ **Soñó que no era franco con los demás:** tendrá fricciones con algunos amigos cercanos.

HIPÓCRITA ★ 327 (*véase también* Mentiroso)
■ **Soñó que era un hipócrita:** tendrá una enfermedad. ■ **Si alguien era hipócrita:** debe ser paciente frente a una nueva situación.

HIPOPÓTAMO ★ 672
■ **Soñó que veía un hipopótamo en el zoológico:** uno de sus amigos le dará la espalda. ■ **Soñó que vio un hipopótamo en un país africano:** deberá tener mucho cuidado con los accidentes.

HIPOTECA * 693

▪ **Soñó que hipotecaba una propiedad suya:** tendrá buenas condiciones financieras por delante. ▪ **Si pagó una hipoteca:** deberá trabajar muy duro. ▪ **Si recibió una hipoteca de alguien:** buena suerte en los negocios.

HISTERIA * 097

▪ **Soñó que alguien se ponía histérico:** tendrá problemas financieros y familiares. ▪ **Soñó que la histeria era colectiva:** habrá un desastre o un accidente grave en el país.

HISTORIA * 406 (*véase también* Escritor)

▪ **Soñó que escribió una historia:** tendrá que hacer frente a varias decepciones. ▪ **Soñó que leía un cuento:** predice días más felices. ▪ **Si en el sueño estudiaba:** tendrá la oportunidad de mejorar, si usa su sentido común, tiene paciencia y espera el momento adecuado para hacer las cosas.

HOCKEY * 311

▪ **Soñó que jugó al hockey o asistió a un partido:** será capaz de tener éxito en su trabajo si le presta más atención.

HOGUERA * 261 (*véanse también* Llamas, Fuego)

▪ **Soñó con una hoguera:** superará las preocupaciones. ▪ **Si salían chispas de una hoguera:** sufrirá molestias.

HOJAS * 583 (*véase* Follaje)

HOMBRE * 585

▪ **Si una mujer sueña con hombre:** será abandonada.

HOMBRERAS * 906

▪ **Si vestía ropa con hombreras:** tendrá relaciones placenteras con un hombre atractivo.

HOMOSEXUAL * 024

▪ **Soñó que era homosexual:** pasará por algunas situaciones embarazosas. ▪ **Soñó con un homosexual o vio a uno en el sueño:** debe actuar con más cautela con el sexo opuesto.

HONESTIDAD * 236

▪ **Soñó que una persona actuó deshonestamente:** la buena suerte está llegando a su encuentro.

HORCA * 660

▪ Soñó que trabajaba con una horca en una granja: tendrá buena salud. ▪ Si era perseguido por una persona o por un demonio armado con una horca: tendrá problemas financieros. ▪ Soñó que recibía una fortuna: tendrá éxito con el sexo opuesto.

HORIZONTE * 983

▪ Soñó con un horizonte lejano: buena suerte en el amor y en los negocios. ▪ Soñó con un horizonte cercano: ciertos problemas lo molestarán durante un tiempo.

HORMIGAS * 818 (véase también Insectos)

▪ Las hormigas simbolizan constancia, futuro garantizado, orden, abundancia, éxito en el trabajo, en la economía y en la familia. Soñar con las hormigas siempre revela que debemos cultivar el sentido económico. Significa diligencia, la actividad, la tentación. ▪ Soñó con hormigas saliendo de un hormiguero: recibirá una gran noticia acerca de sus enemigos. ▪ Soñó que mataba hormigas: no es un buen sueño, puede significar que dilapidará su fortuna, o que algún familiar sufrirá una enfermedad. ▪ Si era mordido por hormigas: indicio seguro de la abundancia. ▪ Si vio un hormiguero: significa temperamento inquieto. ▪ Si vio filas de hormigas: su trabajo será pesado, pero alcanzará su meta. ▪ Si las hormigas eran grandes: pronto se celebrará una boda. ▪ Si vio hormigas por su casa o en la ropa: significa frivolidades en su vida privada. ▪ Si vio cómo caminaban por el sueño: debe regañarse a sí mismo por no estar trabajando tan duro como debería en su trabajo y en su vida. ▪ Soñó con hormigas en general: se trasladará a una gran ciudad y tendrá muchos hijos; también es posible que llegue a ser rico, pero sólo si trabaja duro.

HORNEAR * 947

▪ Si horneaba panes o pasteles: puede contar con una breve mejora financiera.

HORNO (de leña) * 114

▪ Soñó con un horno de leña encendido: es un signo de vida social feliz. ▪ Si el horno estaba frío o apagado: aumentará sus ahorros.

HORNO (de cocina) * 585

▪ Soñó que usaba un horno para cocer algo: llegará a una posición alta en su comunidad. ▪ Si el horno estaba apagado: está mirando al pasado, que nunca volverá.

HORÓSCOPO * 831 (véase también Astrología)

▪ Soñó que alguien le hizo su horóscopo: buena suerte.

HOSTILIDAD * 308 (*véase* Odio)

HOTEL * 814
▪ Soñó que se registraba solo en un hotel: tendrá responsabilidades muy pesadas.

HOYUELOS * 842
▪ Soñó con una persona encantadora que tenía hoyuelos en las mejillas o en la barbilla: sueños de placer.

HUELGA * 967
▪ Soñó que se unía a los huelguistas contra su patrón: significa que alcanzará un puesto más elevado.

HUELLAS (digitales) * 346
▪ Soñó que un oficial de policía le tomaba las huellas digitales en la comisaría: se verá inesperadamente involucrado en problemas serios. ▪ Si le tomaban las huellas a otra persona: usted tendrá preocupaciones financieras.

HUÉRFANO/A * 351
▪ Soñó que encontraba a una criatura huérfana y cuidaba de ella: tendrá paz en su vida.

HUÉRFANOS * 668
▪ Si en el sueño era un niño que estaba en un orfanato: debe dejar de contar sus problemas a personas que se aprovecharán de ello para importunarle.

HUERTA * 066
▪ Si en el sueño vio una huerta floreciente: predice una vida familiar feliz y buenos rendimientos.

HUESOS * 140 (*véase también* Esqueleto: cap. Pesadillas)
▪ Si en el sueño vio un montón de huesos: falsos amigos quieren hacerle daño. ▪ Soñó que veía huesos apuntando fuera de un cuerpo: tenga cuidado y no confíe demasiado en los demás.

HUEVOS * 233 (*véase también* Tortilla)
▪ Soñar con huevos casi siempre tiene un significado positivo. En su forma hermosa, por lo general de un color blanco brillante, el huevo contiene en su interior la maravilla de una vida futura. Quien sueña con huevos blancos o rubios por lo general encuentra algo bueno, aunque no es raro que se sueñe con nidos, cestas o bandejas de huevos. ▪ Si en el sueño comía huevos: podrá disfrutar de

una buena salud. ▪ **Soñó que encontraba huevos frescos en un gallinero:** sus iniciativas le proporcionarán ganancias sustanciales.

HULA-HOP ✶ 933
▪ **Soñó con un hula-hop:** tendrá aventuras placenteras con el sexo opuesto.

HUMILDAD ✶ 248
▪ **Soñó que se sentía incómodo debido a su humildad:** va a pasar por situaciones embarazosas. ▪ **Si en el sueño mostraba humildad:** debe protegerse de cierta indiferencia ajena.

HURACÁN ✶ 496 (*véase* Ciclón: cap. Pesadillas).

IDEAS * 071
▪ **Soñó que tenía una buena:** podrá disfrutar de la buena suerte.

ÍDOLO * 693
▪ **Si en el sueño adoraba a un ídolo:** habrá fricción con un superior de su trabajo. ▪ **Si quien adoraba al ídolo era otra persona:** pronto se incrementará su salario.

IGLESIA * 409
▪ **Soñó que estaba en una iglesia:** será capaz de lidiar con el sexo opuesto. ▪ **Soñó que participaba en un trabajo social en una iglesia:** pesimismo y problemas a la vista. ▪ **Si vio una iglesia en construcción en el sueño:** amará a alguien, pero lejos de la familia. ▪ **Si en el sueño vio una iglesia en llamas:** perderá a un amigo de confianza.

IGNORANCIA * 212
▪ **Soñó que alguien demostró ser un ignorante:** tendrá un aumento de sueldo. ▪ **Soñó que se veía involucrado con una persona ignorante:** será reprendido por algo que hizo o dijo.

IMÁN * 313
▪ **Soñó con un imán:** podrá disfrutar de momentos felices con alguien del sexo opuesto.

IMITACIÓN * 024
▪ **Si en el sueño vio a una persona imitando a otra:** alguien en quien confía hará que se sienta decepcionado.

IMPACIENCIA * 039
▪ **Soñó que estaba impaciente:** deberá frenar sus impulsos y su entusiasmo y llevar una vida más tranquila. ▪ **Soñó que era impaciente con alguien:** algunos amigos cercanos lo decepcionarán.

IMPRESOR/A * 948
▪ **Soñó que tenía esta profesión:** se le admira por su inteligencia.

IMPRUDENCIA * 880
▪ **Soñó que era imprudente con alguien muy querido:** puede mirar hacia adelante porque logrará una posición muy alta.

IMPUREZA * 786
▪ **Soñó que encontraba alguna impureza en la comida, en la bebida o en cualquier otra cosa:** se sentirá decepcionado por un ser querido.

INAUGURACIÓN * 315
▪ **Soñó que asistía a una inauguración gubernamental:** signo de buena suerte.

INCENDIO * 954 (*véase* Fuego)

INCIENSO * 435
▪ **Soñó que quemaba u olía incienso:** disfrutará de buenos momentos en el amor y en los viajes.

INCISIÓN * 134 (*véase también* Operación)
▪ **Soñó que le mostraba su incisión quirúrgica a alguien:** será promovido en su trabajo debido a su eficiencia.

INCOMPATIBILIDAD * 285
▪ **Soñó que era incompatible en el matrimonio o en otras relaciones personales:** no debe permitir que su temperamento perjudique y haga infelices a otras personas.

INCUBADORA * 316
▪ **Soñó con un bebé en una incubadora:** tendrá buena salud y será feliz en su matrimonio. ▪ **Si vio polluelos en una incubadora:** será capaz de cumplir sus promesas.

INCUMPLIMIENTO (de promesas) * 514
▪ **Soñó que incumplía la promesa de boda:** debe comportarse de manera que las personas no lo ridiculicen.

ÍNDICE * 348
▪ **Soñó que compilaba un índice:** significa que alcanzará una mejor posición en su vida. ▪ **Soñó que buscaba una referencia en un índice:** deberá ser más amable con las demás personas.

INDIFERENCIA * 411

■ Soñó que era indiferente en el sueño: sufrirá dificultades financieras. ■ Soñó que su amor actuó con indiferencia hacia usted: tendrá que mejorar su tacto en el trato con los demás.

INDIGESTIÓN * 261 (*véase* Estreñimiento)

INFANTERÍA * 432

■ Soñó con soldados marchando: tendrá aventuras emocionantes y relaciones amorosas bastante volubles.

INFECCIÓN * 893

■ Soñó que se infectó con algo: significa que se arriesga por nada.

INFERIORIDAD * 609

■ Si en el sueño sufría de complejo de inferioridad: si coopera con sus amigos obtendrá mejores resultados.

INFIDELIDAD * 237

■ Soñó que traicionó a alguien ama: tendrá dificultades con el sexo opuesto, si no pone más cuidado en su comportamiento.

INGENIERO * 086

■ Soñó que era ingeniero: significa que si trabaja duro obtendrá éxito personal y financiero.

INICIACIÓN * 513

■ Soñó que se preparaba para una ceremonia de iniciación: señal de que tendrá buenos amigos y una vida social agradable.

INMIGRANTE * 139 (*véase* Migrante)

INMODESTIA * 317

■ Soñó que usted u otra persona se vestía o actuaba de forma inmodesta: puede cometer errores embarazosos.

INMORALIDAD * 894

■ Soñó que usted u otra persona actuó de manera inmoral: no debe juzgar mal a todo el mundo y debe tener cuidado con su propio comportamiento.

INMUNDICIA * 351 (*véase* Suciedad)

INSECTOS * 214
- En general, soñar con insectos trae malos augurios. ■ **Soñó que veía insectos en un espacio interior:** tendrá alguna enfermedad leve de la piel.

INSIGNIA * 714
- **Si vio o llevó una insignia en el sueño:** le espera un viaje largo.

INSOLACIÓN * 286
- **Soñó que sufría un golpe de calor:** significa que tendrá que hacer frente a responsabilidades familiares.

INSOLENCIA * 097
- **Soñó que alguien más joven o un subordinado se comportó insolentemente con usted:** deberá defenderse de alguien de mayor rango.

INTEMPERANCIA * 840 (*véase* Beber)

INTÉRPRETE * 402
- **Soñó que un intérprete lo ayudaba a comunicarse con un extranjero:** es una advertencia para que tenga cuidado con sus inversiones.

INTOLERANCIA * 271
- **Soñó que se mostraba intolerante en discusiones políticas, raciales o religiosas:** sufrirá la humillación de una persona mucho más inteligente que usted.

INTOXICACIÓN * 842 (*véase* Beber)

INTOXICACIÓN (alimentaria) * 225
- **Soñó que enfermaba por intoxicación alimentaria:** debe seguir una dieta estricta.

INTRIGA * 808 (*véase* Chisme)

INVASIÓN * 714
- **Soñó que invadía un lugar:** recibirá un dinero extra en su salario. ■ **Si en el sueño vio una invasión aérea:** perderá algo de valor.

INVENCIÓN * 206
- **Soñó que había inventado algo nuevo:** conseguirá aquello con lo que sueña.

INVERNADERO * 384

■ **Si en el sueño estaba en un invernadero:** su futuro se llenará de gente agradable y tendrá aventuras interesantes.

INVERSIÓN * 587

■ **Soñó que hacía una inversión:** existirá buena cooperación entre personas del sector de la construcción.

INVITACIÓN * 671

■ **Soñó que recibía una invitación a un espectáculo:** tendrá que hacer frente a pérdidas financieras.

INYECCIÓN * 043

■ **Soñó que le ponían una inyección:** perderá dinero y sufrirá grandes daños.

IRRITARSE * 790

■ **Soñó que se irritaba con pequeñas cosas:** significa que puede superar problemas en el futuro si trabaja duro para lograrlo.

ISLA * 614

■ **Soñó que estaba con alguien del sexo opuesto en una isla desierta:** experimentará algunos eventos emocionantes.

JABALÍ ★ 133

▪ **Soñó que alguien perseguía a un jabalí:** alguien provocará problemas entre usted y un amigo suyo. ▪ **Si vio un jabalí:** debe ser discreto en los negocios. ▪ **Soñó que se unía a un safari a la caza de un jabalí:** tendrá mejor suerte en su trabajo.

JABUTICABA ★ 619

▪ **Soñó con esta fruta brasileña:** sufrirá una enfermedad de corta duración.

JACINTO ★ 296

▪ **Soñó que veía jacintos creciendo en un campo:** su situación financiera mejorará. ▪ **Si la flor estaba en un jardín:** recibirá visitas desagradables.

JACTARSE ★ 644

▪ **Soñó que se jactaba ante alguien:** realizará acciones tan audaces que pueden llevarlo a la ruina. ▪ **Si el que se jactaba era otro:** usted será capaz de superar las dificultades.

JADE ★ 343 (*véase* Piedras preciosas)

JAGUAR ★ 899

▪ **Soñó con este depredador:** un falso amigo está difundiendo chismes maliciosos sobre usted.

JALEA ★ 303

▪ **Soñó que abría un frasco de jalea:** encontrará amigos interesantes en su nuevo entorno.

JARDÍN ★ 306 (*véase también* Flores)

▪ **Soñó con un jardín lleno de flores:** encontrará la felicidad física y espiritual. ▪ **Si el jardín estaba lleno de flores marchitas o muertas:** tendrá preocupaciones sociales y financieras.

JARDÍN (de infancia) * 791
▪ Soñó que veía a unos niños en un jardín de infancia: señal de buen crecimiento.

JAULA * 331 (*véase también* Pájaro)
▪ Soñó con una jaula que contenía pajarillos: señal de dinero y novedades en la familia.

JAZZ * 290
▪ Soñó que escuchaba jazz o vio que alguien bailaba jazz: sufrirá dificultades financieras debido a su despilfarro.

JENGIBRE * 409
▪ Soñó que olía a jengibre o que comía esta raíz: tendrá algunas relaciones estimulantes con personas del sexo opuesto.

JEROGLÍFICO * 487
▪ Soñó que descifró un jeroglífico egipcio: sus nuevas ideas harán que despunte y le brindarán el merecido reconocimiento.

JERSEY * 440
▪ Si en el sueño llevaba un jersey: significa que será culpado por algo que hizo involuntariamente.

JESÚS * 708 (*véase* Cristo)

JINETE * 613
▪ Soñó con un jinete en una carrera de caballos: progresará en su trabajo o encontrará otro mejor.

JIRAFA * 201
▪ Si en el sueño aparecía una jirafa: se está entrometiendo inconvenientemente en las vidas de otras personas.

JIUJITSU * 537 (*véase* Karate)

JOROBADO * 832
▪ Si en el sueño vio a un jorobado: tendrá buena suerte en una cuestión de dinero.

JOYERÍA * 315
▪ **Si en el sueño veía un escaparate con joyas hermosas:** significa una vida feliz en su comunidad. ▪ **Soñó que compraba joyas o bisutería:** enfermedad leve a la vista.

JUANETE * 453
▪ **Soñó que tenía un juanete en el pie:** encontrará la paz y la seguridad en sus últimos días.

JUDÍAS (pintas) * 601
▪ **Soñó que cocinaba judía pintas:** conocerá a gente interesante y sin prejuicios.

JUDÍAS * 727
▪ **Soñó con judías verdes:** es señal de decepción. ▪ **Si en el sueño comía judías:** es señal de situación peligrosa. ▪ **Si recogía judías en un huerto:** realizará sus deseos amorosos. ▪ **Si las judías eran blancas:** es señal de buen apetito. ▪ **Si compraba judías:** significa enfermedad leve.

JUEGO (de azar) * 053
▪ **Soñó que perdía dinero en el juego:** será capaz de cambiar su forma de vida y mejorar su situación. ▪ **Soñó que ganaba en el juego:** debe tener cuidado de no arriesgar su dinero en el juego innecesariamente.

JUEGOS (en general) * 531 (*véase* Diversión)

JUEZ * 801
▪ **Soñó que estaba en un juicio frente a un juez o si el juez era usted:** puede pasar por ciertas situaciones embarazosas en el hogar y en el trabajo. ▪ **Soñó que había una disputa y que alguien debía juzgar quién era el culpable:** tendrá nuevos planes en su vida.

JUGLAR * 671
▪ **Soñó que asistía a espectáculo callejero o que lo escuchaba:** renovará sus relaciones y conocerá a un buen amigo.

JUGUETES * 620
▪ **Soñó que le regalaba un juguete a un niño:** tendrá la admiración de amigos y parientes. ▪ **Si usted jugaba con ellos:** conocerá nuevos amigos.

JUICIO * 214
▪ **Soñó que estaba en un juicio:** debe considerar la mejor manera de resolver esos problemas que empeoran cada día.

JUNCO * 043

▪ **Soñó con juncos:** significa que encontrará obstáculos a la hora de tomar decisiones serias.

JUNQUILLOS * 439

▪ **Si en el sueño aparecía esta flor:** recibirá una carta de amor que lo emocionará.

JURAMENTO * 054

▪ **Soñó que hizo un juramento para salvar a una persona inocente:** tendrá buena suerte.

JUSTICIA * 502

▪ **Si en el sueño era detenido por la justicia:** necesitará aclarar ciertas cosas que dijo y que otros no interpretaron correctamente.

JUVENTUD * 668

▪ **Soñó que era joven de nuevo:** predice una vida larga y buena.

KÁRATE * 683

▪ **Soñó que luchaba usando kárate:** tendrá éxito en un viaje de negocios. ▪ **Si vio a otros luchando:** sus planes funcionarán.

KÉTCHUP * 389

▪ **Soñó que ponía kétchup en un alimento:** significa que sentirá indecisión respecto a alguien al que admira.

LABIOS * 336 (*véanse también* Beso, Bigote)

▪ **Soñó con alguien que tenía los labios gruesos:** se peleará con su amor. ▪ **Si en el sueño vio a alguien que leía los labios:** tendrá que superar malos momentos. ▪ **Si vio unos labios muy rojos:** puede sufrir una enfermedad y una decepción en el trabajo. ▪ **Soñó con unos labios de viejo/a:** se enfrentará a problemas inesperados.

LABORATORIO * 380

▪ **Soñó que trabajaba en un laboratorio:** será capaz de resolver un viejo problema.

LADRILLO * 319

▪ **Soñó con ladrillos:** es señal de prosperidad, seguridad y comprensión.

LADRONES * 189

▪ **Si en el sueño vio que aparecían ladrones:** sus ingresos financieros mejorarán.

LAGARTO * 793

▪ **Soñó con un lagarto:** no debe cometer imprudencias que lo perjudiquen a usted a sus allegados.

LAGO * 124 (*véase también* Embalse)

▪ **Soñó que estaba remando en un bote en un lago de aguas tranquilas:** su situación en la vida será tranquila. ▪ **Soñó que un barco se hundía en un lago:** se peleará con su pareja. ▪ **Si en medio del lago se desataba una tormenta, pero se las arregló para llevar el barco a tierra con todos sanos y salvos:** tendrá éxito en sus ambiciones.

LAMENTOS * 067 (*véase* Gemidos)

▪ **Soñó que se lamentaba:** tendrá que asumir obligaciones financieras. ▪ **Si se lamentaba otra persona:** habrá enfermedades en la familia.

LÁMPARA * 580 (véase también Linterna)

▪ **Si en el sueño encendía una lámpara:** encontrará la cooperación de una persona a quien ayudó en el pasado. ▪ **Soñó que desenroscaba una bombilla:** hará un viaje tranquilo. ▪ **Soñó que rompía una lámpara:** tendrá conversaciones con amigos.

LÁMPARA (bronceadora) * 066

▪ **Soñó que usaba una lámpara bronceadora:** será mejor que posponga sus vacaciones programadas.

LANGOSTA (Marisco) * 159

▪ **Soñó que comía langosta para el almuerzo:** le pagarán lo que le deben. ▪ **Si en el sueño vio langostas vivas:** tendrá pequeños problemas y preocupaciones.

LANGOSTAS (véase también Insectos) * 071

▪ Las langostas simbolizan miserias; también hacen referencia a personas insoportablemente charlatanas. ▪ **Soñó que veía langostas:** deberá buscar el asesoramiento de personas mayores y con más experiencia, ya que no será capaz de hacer frente a sus extraños negocios. También puede significar que tendrá pérdidas económicas. ▪ **Si vio un enjambre de langostas:** sufrirá alguna enfermedad leve o en breve ocurrirá una desgracia. ▪ **Si las mataba:** vencerá a los enemigos crueles y feroces; también puede significar que sufrirá una dolencia leve. ▪ **Si vio nubes de langostas:** sufrirá una desgracia a la que le seguirá la miseria. ▪ **Soñó que atrapaba a una langosta:** alguien lo está engañando.

LÁPICES DE COLORES * 618

▪ **Soñó que dibujaba con lápices de colores:** tendrá que pedir disculpas por no cumplir con las promesas hechas.

LÁPIDA * 322

▪ **Si en el sueño aparecía una lápida en un cementerio:** tendrá éxito en el trabajo y en el amor.

LAPISLÁZULI * 581 (véase Piedras preciosas)

LÁPIZ * 814

▪ **Soñó que escribía a lápiz:** es una mala señal, tendrá que prestar más atención a su vestimenta y a su higiene personal. ▪ **Si en el sueño vio a alguien dibujando a lápiz:** significa que usted está a punto de ganar el apoyo de una persona influyente.

LARINGITIS * 015

▪ **Soñó que alguien, ya fuera niño o adulto, sufría de laringitis:** tendrá que encontrar dinero rápidamente si quiere que sus ideas no fracasen.

LATA * 439

▪ **Soñó que abría una lata de comida o de bebida:** tendrá un conflicto con alguien de confianza.

LATÓN * 256

▪ **Soñó con objetos de latón:** se acabarán sus preocupaciones financieras y se convertirá en una persona de éxito.

LAÚD * 913

▪ **Si tocó este instrumento medieval en el sueño:** su vida amorosa será feliz.

LAVA * 705 (*véase* Volcán)

LAVADERO * 236 (*véase también* Baño)

▪ **Soñó que estaba en un lavadero:** hablará con un vendedor. ▪ **Si en el sueño dormía en el suelo de un lavadero:** debe centrarse más en los detalles.

LAVAR * 690

▪ **Soñó que lavaba ropa en una lavadora:** hará un largo viaje. ▪ **Si en el sueño lavaba en un lavadero:** apaciguará la pelea de una pareja. ▪ **Soñó que enviaba la ropa sucia a la lavandería:** será víctima de rumores maliciosos.

LAZO (de cuerda) * 520

▪ **Si en el sueño le echaba el lazo a un animal:** será feliz en su matrimonio. ▪ **Si le lanzaron el lazo a usted:** tendrá que pasar por cierta vergüenza ante sus amigos. ▪ **Si en el sueño simplemente hacía girar el lazo:** puede contar con su trabajo para siempre.

LAZO (corbata) * 911

▪ **Si en el sueño tenía dificultades para atarse el lazo:** se peleará con alguien del sexo opuesto.

LAZO (adorno) * 583

▪ **Si en el sueño aparecía un lazo decorando un complemento femenino:** tendrá una relación interesante con alguien del sexo opuesto. ▪ **Si el lazo decoraba un complemento masculino:** es una advertencia para que no participe en empresas que fracasarán y lo perjudicarán.

LECHERÍA * 939
■ **Soñó que estaba en una lechería:** tendrá una vida familiar feliz que hará que se sienta orgulloso.

LECHUGA * 943
■ **Si comió lechuga en el sueño:** señal de buena salud. ■ **Si plantó lechugas:** tendrá que dar cuenta de las fechorías o del mal comportamiento de un amigo cercano.

LECTURA * 204
■ **Soñó que disfrutaba de una buena lectura:** realizará un largo viaje. ■ **Soñó que veía a un conocido leyendo:** será afortunado en el amor.

LEER * 184 (*véanse* Libro, Librería)
■ **Si en el sueño leyó las solapas de un libro:** tendrá seguridad y serenidad en su larga vida.

LEGUMBRES * 709
■ **Si en el sueño vio legumbres:** significa que tendrá dificultades en la vida.

LENCERÍA * 533
■ **Soñó con una hermosa prenda de lencería en un cuerpo bello:** significa buena vida social con alguien del sexo opuesto, pero debe evitar conductas inconvenientes.

LENGUA * 934
■ **Soñó que alguien le sacaba la lengua:** usted será el centro de todos los chismes. ■ **Soñó que comía lengua de ternera:** se unirá a un pícnic agradable.

LENGUADO * 539
■ **Soñó que pescaba o que comía un lenguado:** algunos planes recientes que tiene en mente lo decepcionarán.

LENIN * 107 (*véase* Tumba)

LENTEJAS * 702
■ **Soñó con lentejas:** tendrá una vida familiar feliz.

LEÑA * 010
■ **Soñó que cortaba leña y la apilaba:** tendrá buena suerte.

LEÓN * 409
▪ Soñó que le tenía miedo a un león: será admirado por otras personas. ▪ Si en el sueño era atacado por un león, pero fue capaz de huir: subirá hasta una mejor posición en sus actividades.

LEOPARDO * 267
▪ Si en el sueño escapó de un leopardo o mató a uno: significa que verá sus ambiciones cumplidas.

LESBIANA * 937 (véase Homosexual)

LESIÓN * 620 (véase Accidente)

LEVANTAR * 442
▪ Si en el sueño levantaba a alguien del sexo opuesto, o fue usted quien era levantado: tendrá algunos problemas con su jefe y sus familiares.

LEY * 077 (véase también Juez)
▪ Soñó que tenía problemas con la ley: tendrá que trabajar duro. ▪ Si en el sueño ganó un caso legal: sufrirá pérdidas financieras.

LIBÉLULA * 991 (véase también Insectos)
▪ Soñó con una libélula: hará un viaje largo por mar.

LIBRERÍA * 415
▪ Si en el sueño trabajaba en una librería: tendrá una buena amistad con personas inteligentes. ▪ Soñó que estaba en una librería comprando libros: tendrá la satisfacción de escribir como un hobby; será aplaudido por su trabajo o rendimiento.

LIBRO * 602
▪ Soñó que leía un libro: tendrá felicidad y dinero a través de estudios superiores. ▪ Si en el sueño había niños leyendo: estará satisfecho con el comportamiento de los más jóvenes de su familia.

LICENCIA (para poseer un perro) * 096
▪ Si en el sueño se sacaba una licencia para tener un perro: tendrá una vida familiar tranquila.

LICENCIA (de habilitación) * 219
▪ Soñó que un policía le pedía su licencia: significa que tendrá una relación exitosa. ▪ Si no le concedieron la licencia: participará en disputas familiares.

LICOR * 537 (*véase también* Bebida, Whisky, Vino)
■ Si en el sueño tomaba licor: debe mantenerse alejado de la bebida para no hacer un mal papel.

LIEBRE * 268 (*véase* Conejo)

LIGAS * 078
■ Si en el sueño aparecían unas ligas (de hombre o de mujer): no debe arriesgarse inútilmente con posibilidades ilusorias.

LIMA * 094 (*véase* Limón)

LIMÓN * 165
■ Soñó que exprimía un limón: debe tener tacto para tratar con personas en puestos altos. ■ Si en el sueño veía un limón: es un signo de buena salud. ■ Soñó que exprimía un limón: encontrará una solución favorable para un caso difícil. ■ Soñó que chupaba un limón: significa que una mujer será falsa con usted.

LIMONADA * 454
■ Soñó que hacía limonada: tendrá amigos respetables. ■ Soñó que bebía limonada: significa que tendrá prosperidad en los negocios. ■ Si en el sueño ofrecía limonada a alguien: rechazarán su propuesta.

LINCHAMIENTO * 555
■ Soñó que presenciaba un linchamiento: puede ser despreciado por culpa de cosas que debería haber dicho o hecho. ■ Si se unía al linchamiento: puede sufrir una enfermedad fatal.

LINIMENTO * 568
■ Soñó que se ponía linimento en el cuerpo: puede recibir una herencia.

LINTERNA * 939 (*véase también* Lámpara)
■ Soñó que iluminaba con una linterna para evitar que alguien corriera peligro: deberá lidiar con una persona del sexo opuesto. ■ Si en el sueño una linterna de aceite se apagó con el viento: tendrá que huir de la policía.

LIRIOS * 448
■ Soñó con lirios: tendrá éxito en el amor.

LITERA * 141
■ Soñó que dormía en una litera en un barco o en casa: sufrirá pérdidas financieras.

LLAMAS * 021 (*véase también* Hoguera, Fuego)

■ **Soñó que apagaba las llamas de una casa:** tendrá problemas para convencer a sus amigos de que confíen en usted. ■ **Soñó con llamas en una chimenea:** disfrutará de una buena vida familiar, de un hogar lleno de paz.

LLAVE * 309

■ **Soñó que llevaba una llave en la mano:** encontrará a alguien que coqueteará con usted. ■ **Soñó que metía una llave en su cerradura:** significa que será reprendido por alguien que le importa.

LLUVIA * 885 (*véanse también* Rayo, Trueno: cap. Pesadillas)

■ **Soñó que se mojaba bajo la lluvia o vio gotas golpeando su ventana:** sufrirá decepciones en los negocios y en el amor.

LOBO * 608

■ **Soñó que le perseguían lobos:** tendrá que pedir dinero prestado. ■ **Soñó que mataba o ahuyentaba a un lobo:** tendrá mejor suerte que hasta ahora.

LOCOMOTORA * 043

■ **Soñó que conducía una locomotora o viajaba en una:** será promovido en su empleo.

LODO * 891 (*véase* Fango)

LOGRO * 540

■ **Soñó que alcanzaba sus logros en cualquier campo:** tendrá paz y felicidad en su vida. ■ **Soñó que se burlaba del logro de alguien:** tendrá que pedir disculpas a alguien por algo muy desagradable que hizo o dijo.

LORO * 667

■ **Si en el sueño había un loro que hablaba:** predice que las malas lenguas están maquinando calumnias contra usted.

LOSA (tumba) * 095 (*véase* Lápida)

LOTERÍA * 908

■ **Soñó que compraba un billete y ganaba la lotería:** tendrá que superar situaciones de tensión con la familia.

LUCHA * 217

■ **Soñó con una pelea:** hará cosas que le granjearán el respeto de los demás.

LUCHADOR * 416 (*véase* Boxeo)

LUCES (foco) * 521 (*véase también* Palco)

▪ **Soñó con una fila de luces en el escenario de un teatro:** debe tener cuidado y no creer a alguien al que acaba de conocer. ▪ **Si las luces estaban apagadas:** sucederá una desgracia en su vida.

LUCIÉRNAGA * 518 (*véase también* Insectos)

▪ **Soñó con varias luciérnagas parpadeando en la oscuridad:** superará todas sus dificultades. ▪ **Soñó que mataba a una luciérnaga:** entrará en decadencia. ▪ **Soñó que una luciérnaga se le posaba en el cuerpo:** recibirá noticias desagradables. Una luz en la oscuridad es el refugio de la esperanza. ▪ **Vio luciérnagas en el sueño:** deberá comportarse mejor para que no lo critiquen.

LUCIO * 631

▪ **Soñó que pescaba un lucio:** se reunirá con gente encantadora del sexo opuesto. ▪ **Soñó que un lucio lo mordía:** se deshará de un amigo que no tuvo una buena relación con usted.

LUNA * 041

▪ **Si soñó con la luna llena:** disfrutará de la vida al máximo, tendrá éxito en el amor y buena suerte. ▪ **Soñó con una luna creciente con una fecha dentro:** a partir de ese día tendrá un nuevo amor. Espere. ▪ **Soñó con la luna en un cielo nublado:** tendrá buena suerte en su camino. ▪ **Si en el sueño la luna se reflejaba en el agua:** tendrá relaciones amorosas placenteras.

LUNA (de miel) * 291

▪ **Soñó con su propia luna de miel:** tendrá un buen matrimonio.

LUPA * 068

▪ **Si en el sueño miraba a través de una lupa:** recibirá más dinero.

MACARRONES * 809

• **Soñó con macarrones:** participará en actividades sociales y tendrá buenas relaciones familiares. • **Si en el sueño comía macarrones suaves:** realizará sus ambiciones. • **Si los macarrones estaban duros o malos:** cambiará su residencia.

MADERA * 202

• **Soñó que cortaba madera:** señal de daños. • **Si en el sueño vendía madera:** tendrá pequeños beneficios. • **Si serraba madera:** tendrá pérdidas. • **Si la madera era de lentisco:** significa situación segura. • **Si era de palo rosa:** significa comodidad en el hogar. • **Si era de palo hierro:** significa monotonía. • **Si era de jacarandá:** es un signo de prosperidad. • **Si era de pino:** significa situación insegura. • **De caoba:** significa éxito en un negocio. • **De teca:** es una buena señal de coexistencia. • **De cedro:** sus planes tendrán éxito a través del esfuerzo.

MADRE * 888

• **Soñó que su madre, que ya falleció, cobró vida:** puede mirar hacia adelante y disfrutar de los momentos felices con sus amigos de confianza. • **Si en el sueño usted era una niña que abrazaba a su madre:** encontrará apoyo amigo en los momentos difíciles. • **Soñó con una madre joven que sostenía a su bebé:** será capaz de relajarse y hacer las cosas con más facilidad.

MADRESELVA * 680

• **Soñó con esta flor:** tendrá una vida feliz con su familia y sus vecinos.

MADRIGUERA * 742

• **En el sueño encontró una madriguera vacía:** pasará por malos momentos. • **Soñó con un animal en su madriguera:** sus preocupaciones desaparecerán pronto.

MAGIA * 144 (*véase también* Truco)

• **Si en el sueño aparecía la magia:** renovará sus amistades, incluyendo las del pasado.

MAGISTRADO * 444 (véase Juez)

MAHARAJÁ * 732
▪ Soñó con un maharajá: debe ser discreto cuando se trata del sexo opuesto.

MAÍZ * 493
▪ Soñó que veía un maizal: significa abundancia, dinero. ▪ Si en el sueño plantó maíz: obtendrá buenos frutos. ▪ Si cosechó mazorcas de maíz: tendrá mucho trabajo con buenos resultados. ▪ Si el maíz estaba verde: significa dinero. ▪ Si las espigas de maíz estaban secas: una seria amenaza se cierne sobre la situación con la que sueña.

MALARIA * 297
▪ Soñó con esta enfermedad: pronto estará en una mejor posición en la vida.

MALESTAR * 453
▪ Una soltera soñó que se sentía mal: debe tener cuidado de no relacionarse con ciertos hombres. ▪ Una casada soñó que se sentía mal: la pérdida de dinero le causará preocupaciones.

MALETA * 017
▪ Si en el sueño llevaba una maleta de cuero: pronto realizará un viaje. ▪ Soñó con una maleta llena de ropa: tendrá éxito en el trabajo y en otros planos. ▪ Soñó que era usted quien llenaba de ropa la maleta: recibirá una visita molesta.

MALETÍN * 096
▪ Si en el sueño aparecía un maletín de ejecutivo: tenga cuidado, existen peligros inminentes.

MALEZA * 339
▪ Soñó que se escondía detrás de la maleza: se verá en un aprieto. ▪ Si en el sueño la maleza se incendiaba: recibirá una noticia impactante.

MALLA * 187 (véase Telaraña)

MANCHA * 241 (véase también Marca)
▪ Soñó que tenía una mancha en la piel de la pierna: puede ser víctima de chismes. ▪ Si la mancha estaba en el rostro: alguien del sexo opuesto se siente atraído por usted.

MANCO * 432 (véase Cojo)

MANDAMIENTOS * 549
■ Si en el sueño estaba Moisés sosteniendo los Diez Mandamientos: debe evitar cometer cualquier acto inmoral.

MANGA (de camisa) * 567
■ Soñó que metía los brazos en las mangas equivocadas: alguien trata de dañar su reputación con el sexo opuesto.

MANGUERA * 335
■ Soñó que utilizaba una manguera para regar plantas: hará nuevos amigos. ■ Si en el sueño usaba una manguera para apagar un incendio: hará un viaje emocionante a lugares lejanos.

MANÍACO * 291 (véase también Camisa de fuerza: cap. Pesadillas)
■ Si en el sueño aparecía un maníaco, o soñó que usted era un maníaco: puede ser víctima de falsas acusaciones.

MANICURA * 990 (véase Uñas)

MANIOBRA (aérea) * 712 (véase Piloto)

MANO * 204
■ Soñar con las manos tiene que ver con nuestros manejos, que pueden ser ilícitos si lo que se ve en el sueño es una mano sucia.

MANSIÓN * 451
■ Soñó que vivía en una hermosa mansión: viajará con sus seres queridos.

MANTA * 341
■ Soñó que se tapaba con una manta: predice una relación amorosa y mucho más ingresos. ■ Si la manta estaba limpia o era nueva: superará los obstáculos y evitará una enfermedad grave. ■ Si estaba sucia o muy desgastada: alguien traicionero quiere hacerle daño.

MANTEQUILLA * 058
■ Si en el sueño había o comía mantequilla: será capaz de curarse a sí mismo y tener de nuevo una buena salud.

MANUFACTURADOS * 350
■ Soñó con objetos fabricados a mano: puede encontrar placer fabricando cosas.

MANUSCRITO * 755 (*véase también* Escritor)

▪ Soñó que escribía o publicaba un manuscrito: formará parte de un jurado o de una junta. ▪ Si en el sueño usted presentaba el manuscrito a una editorial: significa que puede sufrir alguna decepción.

MANZANA * 118

▪ Soñó que comía una manzana: es señal de buena voluntad. ▪ Si compró una manzana: se irá de vacaciones; derrotará a sus enemigos. ▪ Si en el sueño vendía manzanas: sufrirá pérdidas en breve. ▪ Si horneaba una manzana: sufrirá una convalecencia. ▪ Si vio manzanas verdes: es probable que reciba una mala noticia. ▪ Si las manzanas estaban maduras: pronto hará algo que le hará feliz. ▪ Si las manzanas estaban cocidas o frescas: puede esperar que aprecien sus méritos.

MANZANO * 052

▪ Soñó con un manzano en flor: es signo de boda. ▪ Si el manzano estaba cargado de frutos: significa satisfacción. ▪ Si en el sueño cortó un manzano: significa que sufrirá retrasos en la vida.

MAÑANA * 712

▪ Soñó que era por la mañana: participará en algunos eventos felices. ▪ Si en el sueño vio la ciudad invadida por el sol de la mañana: le ocurrirá algo malo, pero desaparecerá después de un poco de esfuerzo.

MAPA * 459 (*véase* Diagrama)

▪ Soñó que consultaba un mapa en un atlas o un globo terráqueo: se casará con alguien de un país lejano.

MAQUILLAJE * 714 (*véanse también* Cosméticos, Pintalabios)

▪ Soñó que maquillaba a alguien: debe tener cuidado de no quemarse. ▪ Soñó que se maquillaba para entrar en escena: ayudará a recaudar fondos para un fin benéfico. ▪ Si se manchaba la ropa con el maquillaje: se sentirá decepcionado en un acto social.

MÁQUINA (comercial) * 148

▪ Soñó que operaba ese tipo de maquinaria: progresará en su trabajo. ▪ Si la máquina se rompió y dejó de funcionar: alguien tratará de evitar que alcance sus ambiciones.

MÁQUINA (de escribir) * 550

▪ Si en el sueño escribía sin dificultades en una máquina de escribir: dará un gran paso profesional: sin embargo, si la máquina se atascó, lo despedirán de su puesto de trabajo. ▪ Soñó que escribía cartas de amor a máquina: es un signo de pequeños problemas desagradables. ▪ **Si la máquina no funcionaba:** recibirá malas noticias. ▪ **Si usaba una máquina de escribir:** pasará a tener una posición más elevada.

MAQUINARIA * 048

▪ **Si en el sueño lidiaba con maquinaria industrial:** progresará en los negocios. ▪ **Si la maquina se rompía o se atascaba:** tendrá dificultades para alcanzar sus ambiciones. ▪ **Soñó que las máquinas funcionaban bien:** tendrá éxito en su trabajo. ▪ **Si las máquinas estaban paradas u oxidadas:** se peleará con la familia y con su jefe.

MAR * 313

▪ Soñar con el mar siempre es un buen augurio, incluso si se sueña con naufragio, siempre que el buque no se hunda del todo. Por lo general, soñar con el mar es un buen anuncio que revela prosperidad, buenos amigos o un viaje feliz.

MARCA (de nacimiento) * 566

▪ **Soñó que tenía una marca de nacimiento en el cuerpo:** encontrará a personas que pueden resultarle interesantes y útiles.

MARCO * 632

▪ **Si en el sueño ponía una fotografía en un marco:** predice que será capaz de negociar un nuevo trabajo o la creación de un proyecto.

MAREA * 314

▪ **Si en el sueño vio una marea baja:** atención, sufrirá pérdidas comerciales. ▪ **Si era una marea alta:** tenga cuidado o tendrá problemas financieros.

MAREO * 620 (véase también Vértigo)

▪ **Soñó que se sentía mareado:** hará un feliz viaje en avión.

MARFIL * 296

▪ **Soñó que esculpía hermosas piezas de marfil:** significa que lo respetarán por ciertas hazañas realizadas. ▪ **Soñó que buscaba marfil en la selva africana:** recibirá ayuda de un pariente rico.

MARGARITA * 557

▪ **Si en el sueño había una margarita:** pronto se irá de viaje. ▪ **Soñó que recogía margaritas:** significa decepción. ▪ **Si vio un campo de margaritas:** recibirá un regalo inesperado. ▪ **Si las margaritas eran blancas:** señal de que usted tiene o tendrá un/a amante fiel. ▪ **Si las margaritas eran amarillas:** puede tener un rival en el amor.

MARIDO * 714
▪ Si una soltera soñó que tenía relaciones sexuales con su marido: disfrutará de una buena boda.

MARINA * 311
▪ Soñó que pertenecía a la Armada: significa que será capaz de seducir ampliamente al sexo opuesto.

MARIONETAS * 403
▪ Soñó que manipulaba una marioneta: usted y su familia serán muy felices.

MARISCO * 531
▪ Soñó que comía marisco: se darán cambios repentinos en su forma de vida.

MARIPOSAS * 642 (*véase también* Insectos)
▪ Soñó con mariposas blancas: significa pureza. ▪ Si la mariposa era negra: ganará dinero en el juego. ▪ Si vio mariposas volando alrededor de una luz: significa amores falsos. ▪ Soñó con polillas: revela una transformación psíquica profunda y una evolución espiritual. ▪ Soñó con una mariposa: señal de buena suerte y felicidad en el matrimonio. ▪ Si volaba: significa inconstancia. ▪ Si vio volar a una bandada de mariposas multicolores: separación triste y melancólica de un gran amor inolvidable. ▪ Si estaba parada: señal de que una enfermedad se curará. ▪ Si estaba muerta: significa muerte de un ser querido, envejecimiento del alma, fin de las ilusiones de una vida.

MARTE * 931
▪ Soñó que observaba este planeta a través de un telescopio: se peleará con sus socios.

MARTES (de Carnaval) * 113
▪ Soñó que ese día se corría una gran juerga: es una señal de que firmará un papel que le traerá buena suerte.

MASAJE * 311
▪ Si en el sueño le hizo un masaje a una persona que sentía dolores: tendrá buena suerte. ▪ Soñó que masajeaba un cuerpo o un rostro: perderá algo de valor en una fiesta.

MÁSCARA * 609
▪ Si en el sueño vio a alguien con una máscara: se dará cuenta de que uno de sus amigos es falso. ▪ Si estuvo en un baile de máscaras: hará cosas buenas y disfrutará en compañía del sexo opuesto.

MÁSCARA (de gas) * 813
▪ **Soñó que alguien llevaba puesta una máscara de gas:** las personas a las que les debe dinero lo molestarán mucho.

MASCARILLA (de oxígeno) * 077
▪ **Soñó que usaba una mascarilla de oxígeno:** significa que será capaz de poner sus planes en acción.

MASCOTA * 285
▪ **Si en el sueño vio que alguien alardeaba de su mascota en un juego deportivo:** una persona le dirá palabras groseras.

MASILLA * 067
▪ **Soñó que usaba masilla para colocar un vidrio en una ventana, o para hacer una pequeña escultura:** tendrá éxito en su trabajo.

MATADERO * 608
▪ **Si usted trabajaba en uno en su sueño:** tiene que esforzarse más para alcanzar sus metas.

MATAR * 847 (véase Asesinato)

MATE * 789
▪ **Soñó que bebía mate:** se encontrará en una buena situación. ▪ **Si en el sueño ofreció mate a alguien:** es una buena señal de amistad. ▪ **Si en el sueño vendía mate:** verá sus deseos satisfechos.

MATEMÁTICAS * 804
▪ **Soñó que resolvía problemas matemáticos:** llevará a cabo sus planes. ▪ **Si no obtenía las respuestas correctas:** no tendrá éxito en sus nuevos proyectos.

MATORRAL * 335
▪ **Soñó con matorrales de color verde:** tendrá disposición para el trabajo. ▪ **Si los matorrales estaban secos:** sus esfuerzos serán inútiles. ▪ **Soñó que cortaba arbustos:** señal de buena cosecha. ▪ **Si los arbustos se incendiaban:** hará un duro viaje.

MATZÁ * 123
▪ **Soñó que comía este delicioso pan ácimo judío:** sacrificará su propia comodidad para ayudar a otras personas necesitadas usted.

MAYONESA * 830
▪ Soñó que hacía mayonesa o que la servía en la comida: es una señal de que puede entrar en el negocio alimentario.

MAYORDOMO * 584
▪ Si en el sueño usted era un mayordomo: pronto superará las dificultades financieras. ▪ Soñó que lo recibía un mayordomo: deberá tener cuidado cuando realice transacciones comerciales.

MAZO * 818
▪ Soñó con un mazo de madera golpeando para imponer el orden: debe tener paciencia, y todas sus pequeñas preocupaciones desaparecerán.

MEDALLAS * 620
▪ Soñó con alguien que llevaba medallas en el pecho: debe proteger sus joyas. ▪ Si era usted quien llevaba las medallas: recibirá honores por algo bueno que ha hecho.

MEDICAMENTO * 318
▪ Soñó que se tomaba una píldora: cambiará de residencia. ▪ Si se tomó un jarabe o un medicamento líquido: tendrá buena suerte. ▪ Si le daba una medicina a otra persona: sufrirá decepciones amargas.

MÉDICO * 054 (*véase* Doctor)

MÉDIUM * 575 (*véase* Ocultismo)

MELANCOLÍA * 378 (*véase también* Pesimista)
▪ Soñó que estaba melancólico, triste o desanimado: es señal de paz y felicidad. ▪ Si en el sueño alguien cercano a usted estaba triste: tendrá que pasar por algunos problemas en los negocios.

MELAZA * 297
▪ Si en el sueño comía melaza: sentirá vergüenza por algo que dijo apresuradamente.

MELÓN * 377
▪ Soñó que comía melón: es signo de suerte en el juego o en lotería. ▪ Si en el sueño comía mucho melón: tendrá una indigestión. ▪ Si cortaba melón: significa buenas expectativas. ▪ Si vio melones crecer en el campo o vendiéndose en el mercado: se darán algunos cambios en su trabajo.

MELISA * 041
- Si en el sueño aparecía una infusión de melisa: sufrirá alguna enfermedad.

MELOCOTÓN * 090
- Soñó que se comía un melocotón: debe pedir disculpas por algo dicho o hecho. - Si el melocotón era muy sabroso: tendrá unas vacaciones placenteras. - Si estaba maduro: se le presentará una oportunidad favorable. - Si estaba verde: señal de aburrimiento. - Si recogía melocotones: significa dinero. - Si en el sueño vendía o compraba melocotones: le resultará difícil implementar su proyecto.

MEMORIA * 149
- Si en el sueño recordó algo que había olvidado: le ofrecerán un trabajo mejor.

MENDIGO * 474 (véase también Pobre)
- Soñó que le daba dinero a un mendigo: tendrá buena fortuna. - Si se negaba a darle dinero: no tendrá buenas relaciones sociales ni financieras.

MENSAJE * 813 (véase Carta)

MENSAJE (codificado) * 575
- Si en el sueño envió un mensaje codificado: evite utilizar artimañas para engañar a la gente. - Soñó que recibía un mensaje codificado: tendrá dificultades para entender ciertas acciones de un amigo íntimo.

MENSAJERO * 604
- Si en el sueño enviaba correspondencia o paquetes por mensajero: significa que usted llevará a cabo sus planes. - Si el mensajero era usted: ganará mucho dinero. - Si en el sueño alguien le envió un mensaje: su amor puede abandonarlo si usted no se presenta más generoso e indulgente con él. - Soñó que alguien venía a usted y se ofrecía a ser su mensajero: tiene buenas posibilidades de meterse en política.

MENTA * 512
- Soñó que comía o chupaba menta: usted no será incluido en una herencia.

MENTIRA * 926 (véase también Mentiroso)
- Si en el sueño decía una mentira: disfrutará de ganancias financieras y estatus social.

MENTIROSO * 561 (véanse también Mentira, Hipócrita)
- Soñó que lo llamaban mentiroso: discutirá con alguien. - Si en el sueño usted llamó mentiroso a alguien: será víctima de rumores maliciosos.

MENÚ * 312
▪ Soñó que escogía un plato del menú de un restaurante: no habrá mejora en sus finanzas.

MENUDILLOS * 402
▪ Soñó que comía menudillos: será advertido por personas con más experiencia que usted en el tipo de problema que le preocupa hoy.

MERCADO * 818
▪ Si en el sueño fue de compras a un concurrido mercado de alimentos frescos: significa que va a hacer más dinero. ▪ Si en el mercado los alimentos eran viejos y malolientes: prepárese para enfrentase a tiempos difíciles.

MERMELADA * 356
▪ Soñó que comía mermelada: será invitado a visitar a alguien que le gusta. ▪ Soñó que comía una tostada con mermelada: no convencerá a algunas personas acerca de su inteligencia. ▪ Si en el sueño había un tarro de mermelada: significa que conocerá a personas misteriosas.

MESA * 362
▪ Soñó que se sentaba frente a un escritorio: pronto le pasarán cosas buenas.

METEORO * 937
▪ Si en el sueño vio un meteoro cruzar a través del cielo: tendrá buena suerte durante un tiempo.

METRO * 244 (*véase también* Tren)
▪ Soñó que viajaba en metro: puede que sufra un accidente. ▪ Soñó que viajaba en un vagón de metro repleto: tendrá que enfrentarse solo a nuevas situaciones.

MICROBIOS * 412 (*véase también* Gérmenes)
▪ Si en el sueño vio microbios: debe tener mucho cuidado cuando viaje en coche por la carretera.

MICRÓFONO * 588 (*véase* Altavoz)

MICROSCOPIO * 699
▪ Si en el sueño observaba a través de un microscopio: puede chocar con el comportamiento de alguien de confianza.

MIEDO * 386

■ **Soñó que tenía miedo o calmó a quien lo había sufrido:** tendrá que decidir con quién quedarse, para no tener que sufrir durante toda la vida.

MIEL * 801

■ **Si en el sueño había miel:** le será difícil superar las barreras y ser capaz de alcanzar cualquier meta con éxito. ■ **Soñó que comía miel:** es señal de tranquilidad. ■ **Si cogía miel de una colmena:** es señal de dificultades y malevolencia. ■ **Si vendía miel:** sufrirá una decepción. ■ **Si empaquetaba tarros de miel:** será bien tratado por alguien; disfrutará de abundancia en general.

MIGRANTE * 795

■ **Soñó que veía migrantes que llegaban:** se mudará a un nuevo lugar y tendrá por delante una vida mejor. ■ **Si fue usted el que migró:** puede tener estrés debido a problemas con las finanzas.

MILAGRO * 015 (*véase también* Visión)

■ **Si en el sueño fue testigo de un milagro:** tendrá buena suerte en el futuro.

MILICIA * 940

■ **Soñó que servía en una milicia:** significa que no verá avances en su vida social ni en sus negocios.

MILLONARIO/A * 571

■ **Soñó que era rico y que gastaba demasiado dinero:** en breve recibirá una fuerte suma de dinero por algo que hizo hace mucho tiempo. ■ **Soñó que era millonario y que ayudaba a un amigo dándole dinero:** tendrá buena suerte.

MIMO * 065

■ **Soñó que alguien hacía mímica:** será perjudicado en su trabajo o en la relación con los amigos.

MINA * 811

■ **Si en el sueño vio una mina de carbón:** recibirá un salario más alto (también debe jugar al número 379).

MINA * 580 (*véase también* Torpedo)

■ **Soñó que su barco estallaba al chocar contra una mina:** es una advertencia de que debe tener cuidado al tener relaciones sexuales con un/a extraño/a. ■ **Si en el sueño estaba en una zona minada y asustado:** puede tener algunos desacuerdos en una discusión con los demás.

MINERO * 065
■ **Soñó que era minero en una mina de carbón:** obtendrá un sueldo más alto (también debe jugar al número 379).

MINISTRO * 931
■ **Soñó que hablaba con un ministro de Dios:** puede estar interesado en realizar una labor de misionero.

MIRLO * 977
■ **Si en el sueño vio un mirlo volando:** traerá mala fortuna para sí mismo.

MISERIA * 412
■ **Soñó que un miserable le pedía dinero:** obtendrá más dinero, pero pasará apuros para conseguirlo.

MISIONERO * 011
■ **Si en el sueño vio a un misionero convirtiendo a la gente:** tendrá éxito en sus negocios. ■ **Si el misionero era usted:** sus planes no se llevarán a cabo ni obtendrá satisfacción alguna de ellos.

MISTERIO * 784
■ **Soñó que se veía implicado en un misterio:** tendrá algunos problemas frívolos que luego desaparecerán.

MITIN * 914 (*véase* Asamblea)

MOCASINES * 708
■ **Soñó que usaba ese tipo de calzado:** trabajará como gerente o supervisor. ■ **Si en el sueño vio a un indio con mocasines:** debe tener cuidado con amigos que no son de confianza.

MODA * 575
■ **Soñó que sus ropas no estaban a la moda:** tendrá que trabajar muy duro. ■ **Soñó que sus ropas estaban a la última moda:** recibirá invitaciones sociales de personas interesantes.

MODALES * 672
■ **Si en el sueño tenía buenos modales:** su situación general mejorará. ■ **Soñó que tenía malos modales:** tendrá algunas dificultades.

MODELO * 222 (*véase también* Artista)
■ **Soñó que era modelo:** se peleará con alguien del sexo opuesto.

MODESTIA * 034
▪ **Si en el sueño usted o alguien actuó modestamente:** encontrará maneras fáciles de hacer realidad sus proyectos.

MOLINO (de viento) * 056
▪ **Soñó con un molino de viento:** significa que tendrá que ser diplomático con personas a quien usted no gusta.

MONASTERIO * 126 (*véase* Monja)

MONDADIENTES * 271
▪ **Soñó que se hurgaba con un mondadientes:** se verá perjudicado por malas amistades.

MONEDA * 019 (*véase también* Efectivo)
▪ **Soñó que pagaba una compra con monedas:** experimentará placeres con alguien del sexo opuesto. ▪ **Si recibe monedas como forma de pago:** alguien extenderá rumores maliciosos contra usted. ▪ **Soñó con monedas falsas:** significa mala salud. ▪ **Si en el sueño le daba monedas a alguien:** tendrá buenas distracciones fuera de casa.

MONJA * 521
▪ **Soñó que veía a una monja o hablaba con ella:** significa que será capaz de resolver un problema.

MONO * 134
▪ **Si en el sueño vio monos:** predice problemas con los falsos amigos y quiebras de empresas.

MONÓCULO * 467
▪ **Si en el sueño usaba un monóculo:** disfrutará de un buen entretenimiento con los demás. ▪ **Soñó que se reía al ver alguien con monóculo:** será avergonzado debido a algunos errores estúpidos que cometió en el pasado.

MONTAÑA * 692
▪ **Soñó que escalaba una montaña:** será promovido en su trabajo, pero tendrá que trabajar duro para lograr el éxito.

MORDER * 809
▪ **Soñó que era mordido por una persona, animal o insecto:** una persona le causará dificultades por alguna razón del pasado.

MORFINA ⋆ 096 (*véase* Anestesia)

MOSCAS ⋆ 309 (*véase también* Insectos)
▪ Simbolizan el parasitismo o la intrusión de un hombre quien le cerraron la puerta; líos de mujeres; enemigos. ▪ **Si en el sueño espantaba moscas:** tendrá éxito y su suerte aumentará. ▪ **Soñó que tenía una mosca en la cara:** recibirá noticias inmediatamente. ▪ **Soñó que tenía una mosca en la cabeza:** tendrá pasión en su vida. ▪ **Soñó que tenía una mosca en la boca:** significa blasfemia. ▪ **Soñó que veía moscas en el campo:** sufrirá una decepción. ▪ **Soñó que había una mosca en la leche:** significa dejadez. ▪ **Soñó que veía volar una mosca:** significa envidia. ▪ **Si las moscas estaban posadas:** sufrirá pérdidas debido a la imprudencia. ▪ **Si en el sueño mataba moscas:** tendrá una vida próspera y buena suerte. ▪ **Si era perseguido por un enjambre de moscas:** será atacado por sus enemigos. ▪ **Soñó que le molestaban las moscas o trataba de exterminarlas con un insecticida:** deberá tener paciencia y superar las molestias causadas por otros.

MOSQUITOS ⋆ 310 (*véase también* Insectos)
▪ **Soñó que a su alrededor zumbaban los mosquitos o picaban a las personas:** pronto recibirá malas noticias. ▪ **Si en el sueño mató mosquitos:** encontrará paz de espíritu. ▪ **Si en el sueño vio un mosquito chupando sangre:** señal de que usted debe cumplir con las obligaciones familiares.

MOSTAZA ⋆ 183
▪ **Si en sueño había mostaza:** su vida amorosa será bastante satisfactoria.

MOTEL ⋆ 015 (*véase* Hotel)

MOTÍN ⋆ 216
▪ **Si en el sueño era el oficial de un buque cuya tripulación se amotinó:** es una advertencia para que desmienta lo que otros dicen acerca de usted.

MOTOCICLETA ⋆ 583
▪ **Si en el sueño se sentó detrás del conductor en una motocicleta:** es una advertencia para que tenga más cuidado en su comportamiento.

MOTOR ⋆ 411 (*véase* Aparato)

MOVILIZACIÓN ⋆ 312
▪ **Si en el sueño vio una movilización de tropas:** significa que tendrá dinero para gastar, pero que más adelante tendrá dificultades financieras.

MUJER * 092

▪ Si en el sueño vio a una mujer: tendrá seguridad en el amor. ▪ Soñó con una mujer blanca: usted será libre. ▪ Soñó con una mujer morena: sufrirá una enfermedad contagiosa. ▪ Si la mujer era negra: sufrirá una molestia pasajera. ▪ Si la mujer estaba bailando: sufrirá una enfermedad. ▪ Si la mujer estaba desnuda: será infeliz. ▪ Si la mujer estaba muerta: se casará con una mujer rica.

MULA * 931

▪ Soñó que conducía mulas o que era coceado por una: significa que sufrirá molestias en los negocios y en su vida social. ▪ Soñó que la mula coceaba a otra persona: de ahora en adelante llevará a cabo negocios más satisfactorios.

MULTITUD * 251

▪ Soñó que estaba entre una multitud pacífica: será capaz, sin ayuda, de adaptarse a personas nuevas.

MUNICIÓN * 945

▪ Si en el sueño compraba o se abastecía de municiones para una partida de caza: tendrá que explicar por qué fracasó en ciertas cosas. ▪ Soñó que perdía munición: encontrará argumentos para lidiar con el sexo opuesto.

MURCIÉLAGO * 780

▪ Si en el sueño vio un murciélago que volaba sin asustar a nadie: recibirá buenas noticias en su vida que le traerán recompensas satisfactorias.

MUSEO * 319

▪ Si en el sueño visitó un museo y paseó por sus pasillos: le sucederán cosas buenas y tendrá buenos amigos.

MUSGO * 931

▪ Soñó que veía musgo: pronostica un romance encantador. ▪ Si el musgo era oscuro y arrugado: sufrirá decepciones en algunas de sus esperanzas.

MÚSICA * 732 (véase también Orquesta)

▪ Soñó que escuchaba música agradable: disfrutará de buena suerte en su vida. ▪ Si en el sueño se escuchaba música desagradable o ininteligible: sufrirá grandes decepciones.

NABO * 344

■ **Si en el sueño comía nabos:** debe tener cuidado en confiar en quien usted considera un amigo. También tendrá peleas domésticas. ■ **Soñó que plantaba nabos:** es señal de lucro. ■ **Si vendía o compraba nabos:** significa que una persona a la que conoce acabará siendo un falso amigo.

NACIMIENTO * 241 (*véanse también* Obstetricia, Partera)

■ **Si una chica casada soñó que daba a luz a una criatura:** tendrá nuevas amistades y también disfrutará de ciertas satisfacciones. ■ **Si una chica soltera soñó que daba a luz a una criatura:** recibirá la propuesta de un hombre nuevo; también pueden sufrir calumnias. ■ **Si en el sueño vio nacer a una criatura:** tendrá éxito financiero. ■ **Si un hombre soñó que tenía un hijo:** deberá pasar por momentos difíciles en su vida laboral y social.

NAPOLEÓN * 938

■ **Si en el sueño vio a Napoleón:** significa que usted no será capaz de sentirse a gusto con sus nuevos planes.

NARANJA * 914

■ **Soñó con naranjas:** predice un éxito lento pero seguro en su trabajo y en su vida amorosa. ■ **Si la naranja estaba madura:** es un signo de buena salud. ■ **Si en el sueño chupaba una naranja:** experimentará placeres. ■ **Si le ofrecía una naranja a alguien:** pronto se celebrará una boda. ■ **Si usted vendía naranjas en el sueño:** progresará comercialmente.

NARANJO * 380

■ **Soñó con un naranjo en flor:** es signo de matrimonio. ■ **Si el árbol tenía naranjas:** cambiará a un trabajo mejor. ■ **Si en el sueño se arrancaba un naranjo:** sus esfuerzos no verán recompensa.

NARCÓTICOS * 405 (*véase* Estupefacientes)

NARIZ * 672

■ Si en el sueño se sonaba la nariz: a partir de ahora ya no tendrá problemas financieros. ■ Si le dio un beso en la nariz a alguien: tendrá peleas y discusiones con la familia. ■ Soñó que le pellizcaba la nariz a una persona en broma: tendrá un matrimonio feliz.

NATA * 339

■ Soñó que tomaba nata: a partir de ahora le resultará más atractivo al sexo opuesto. ■ Si le quitó la nata a la leche: sufrirá decepciones en su nuevo proyecto.

NATACIÓN * 451

■ Si en el sueño enseñaba a nadar a alguien: las condiciones de sus asuntos financieros mejorarán. ■ Si nadaba desnudo/a: tendrá buena suerte con el dinero y en la vida social. ■ Si nadaba llevando traje de baño: tendrá que explicar por qué le hizo un desaire a alguien.

NÁUSEAS * 677

■ Si en el sueño tenía náuseas: alguien tratará de avergonzarlo por el dinero que ha malgastado; además, debe evitar cometer cualquier extravagancia.

NAVAJA * 840 (véase Cuchillo)

NAVEGACIÓN * 885

■ Soñó que navegaba por mar o por aire: resolverá con éxito los problemas que ahora le complican la vida.

NAVIDAD * 194

■ Soñó que era Navidad: tendrá más trabajo y más dinero.

NEGOCIO * 487

■ Soñó con sus propios negocios: se verá mezclado en serias discusiones con otras personas.

NEÓN * 054

■ Si en el sueño había lámparas de neón de colores: se encontrará con ciertos amigos estúpidos y aburridos.

NEUMÁTICOS * 685

■ Soñó con neumáticos pinchados o recauchutados: sufrirá ciertas irritaciones relacionadas con la familia y dinero. ■ Soñó que cambiaba un neumático viejo por uno nuevo: disfrutará de una mente en paz.

NEUMONÍA * 634

■ **Soñó que sufría esta enfermedad:** es necesario que cuide su salud y que no corra riesgos innecesarios.

NEURALGIA * 367

■ **Soñó que sufría de neuralgia:** se peleará con sus familiares.

NEUTRALIDAD * 713

■ **Si se mostró neutral en el sueño:** tendrá que dejar de ser arrogante en el trato con los demás.

NEVERA * 023

■ **Soñó que metía alimentos en una nevera:** será anfitrión en varias fiestas. ■ **Si en el sueño sacaba alimentos de una nevera:** tendrá un visita agradable y larga en su casa.

NIDO * 348

■ **Si en el sueño había un nido con huevos:** tendrá éxito entre las personas. ■ **Soñó con un nido vacío:** es una señal de quiebra comercial y de pesimismo. ■ **Si en el nido había pajarillos recién nacidos:** se dispone a hacer un buen viaje. ■ **Si en el nido había polluelos solos que lloraban:** se preocupará de un pariente.

NIEBLA * 079

■ **Si en el sueño estuvo rodeado de niebla en tierra o en alta mar:** tendrá que superar momentos difíciles. ■ **Si la niebla pasó:** será feliz realizando nuevos proyectos.

NINFA * 045 (*véase* Hada)

NIÑA/O * 757

■ **Si un hombre soñó que era niño:** indica el deseo íntimo de empezar de nuevo. ■ **Si una mujer soñó con una niña:** se está volviendo muy protectora. ■ **Soñó que era el padre o la madre de un niño:** puede estar seguro de que tendrá una familia feliz.

NIÑERA * 432

■ **Ver a una niñera dar de mamar en el sueño:** predice buena suerte en el matrimonio y en la vida social.

NÍSPERO * 322

▪ Si en el sueño comía nísperos: predice un feliz viaje de placer. ▪ Soñó con nísperos que todavía estaban verdes: no encontrará buenos amigos.

NOCHE * 604

▪ Si en el sueño estaba a la luz de la luna en una noche hermosa: será feliz y alguien le regalará su amor. ▪ Soñó que miraba el cielo estrellado y soñaba con un amor: el futuro que le espera será satisfactorio.

NOCHEVIEJA * 898

▪ Soñó que iba a una fiesta de Nochevieja: tendrá un gran éxito en sus proyectos.

NOMBRE * 179

▪ Soñó que no recordaba el nombre de alguien que usted conoce bien: debe deshacer un error que su familia rechazará.

NORIA * 998

▪ Soñó que estaba en una noria: debe tener cuidado de no hacer daño a una persona que depende de usted. ▪ Soñó que se subía con niños a una noria: predice oportunidades felices en su vida.

NOSTALGIA * 038

▪ Si en el sueño sentía nostalgia: escuchará noticias alentadoras de amigos.

NOTA * 580

▪ Soñó que enviaba o recibía una nota: se encontrará con alguien que le demostrará fidelidad. ▪ Si la nota era una broma: tendrá un fuerte dolor de cabeza.

NOTARIO * 408

▪ Soñó que visitaba a un notario para autentificar un documento o un registro: pasará por un período de inseguridad.

NOTICIAS * 333

▪ Soñó que recibía una buena noticia: tendrá buena suerte. ▪ Soñó que recibía una mala noticia: sufrirá alguna decepción.

NOVIA * 945 (véase también Boda)

▪ Si una chica sueña que es una novia: es posible que reciba una herencia en dinero en efectivo. ▪ Si una chica soñó que le resultaba indiferente al novio: no encontrará el marido ideal. ▪ Soñó que besaba a la novia: se mezclará con amistades extrañas.

NOVIAZGO * 618
▪ Si en el sueño vio a una pareja de novios: tratará de hacer algo nuevo que le ha venido a la mente.

NOVIO * 200
▪ Si un hombre soñó que era el novio de una boda: encontrará algo de dinero. ▪ Soñó que era el novio y estaba nervioso durante la ceremonia: deberá tomar ciertas decisiones en la vida, pero no será capaz de hacerlo.

NUBES * 676
▪ Si en el sueño no podía ver el sol porque lo tapaban las nubes: tendrá éxito en sus proyectos.

NUDO * 197
▪ Soñó que hacía un nudo en una cuerda o que ataba una cadena: puede sufrir un accidente leve, caerse de un caballo o de cierta altura.

NUEZ * 492
▪ Si en el sueño había nueces: en breve sufrirá molestias. ▪ Soñó que comía nueces: se verá influido por alguien que tiene una personalidad dominante. ▪ Si en el sueño cascaba nueces y tiraba la cáscara: tendrá éxito en sus planes.

NUEZ (moscada) * 915
▪ Soñó que sazonaba alimentos con nuez moscada: será mal visto en sociedad si rompe un compromiso importante. ▪ Soñó que molía nuez moscada: será admirado por otros invitados en una fiesta.

NÚMEROS * 406
▪ Si en el sueño se repetían ciertos números: tendrá buena suerte en todos los tipos de apuestas.

NUPCIAS * 509 (véase Boda)

ÑAME ★ 884

■ **Soñó que comía ñame:** significa que ganará peso, y eso significa que debe ponerse a dieta.

OASIS * 114 (*véase también* Desierto)
▪ Si en el sueño llegaba a un oasis en medio de un desierto **ardiente:** logrará el éxito en algo nuevo e inusual que está planeando.

OBEDIENCIA * 049
▪ Si en el sueño **obedecía a alguien poderoso:** se asociará con alguien en quien no confiaba antes.

OBESIDAD * 515
▪ **Soñó que sufría de obesidad:** tendrá muchos amigos y pocos enemigos. Es una advertencia para que no coma ni beba demasiado.

OBISPO * 387
▪ **Si se encuentra con un obispo en el sueño:** tendrá que trabajar muy duro para lograr sus objetivos.

OBOE * 933
▪ **Si en el sueño alguien tocaba el oboe:** es una señal de que necesita protegerse los ojos y los oídos porque si de lo contrario puede sufrir enfermedades.

OBSERVATORIO * 441
▪ **Si en el sueño contempló un hermoso cielo estrellado a través de un telescopio:** tendrá éxito con los amigos y llevará a cabo negocios satisfactorios.

OBSTETRICIA * 441 (*véase* Nacimiento)

OBSTRUCCIÓN * 176
▪ **Soñó que estaba en una zona bloqueada:** puede sufrir pérdidas financieras. ▪ **Si en el sueño bloqueó a un enemigo:** algunas personas no dan crédito a su inteligencia.

OCÉANO * 118
▪ Si en el sueño estaba en un océano en calma: sus negocios financieros tendrán éxito. ▪ Si las aguas del océano estaban tempestuosas: sufrirá decepciones en el trabajo. ▪ Si usted nadaba en el océano: tendrá la mente en paz. ▪ Si en el sueño viajaba por el océano: podrá deshacerse de amigos aburridos.

OCIO * 008
▪ Soñó que en descansaba en su tiempo de ocio: recibirá dinero y placer de sus vecinos.

OCRA * 061
▪ Si en el sueño vio ocra: obtendrá ganancias sustanciales. ▪ Soñó que vendía o compraba ocra: significa que sus ganancias serán insignificantes. ▪ Soñó que comía ocra: padecerá una enfermedad.

OCULISTA * 732
▪ Soñó que un oculista le examinaba los ojos para ponerse gafas: tendrá dificultades en su trabajo, pero será capaz de remediar la situación.

OCULTISMO * 833
▪ Si en el sueño formaba parte de una sesión de espiritismo: escuchará críticas de los amigos por ser demasiado sensible.

ODIO * 329
▪ Soñó que alguien sentía odio por usted: obtendrá mejores resultados en su trabajo y con sus contactos sociales. ▪ Si en el sueño era usted quien odiaba a otra persona: pasará por una situación depresiva.

OJOS * 480
▪ Soñó que unos ojos giraban alrededor de sus órbitas: puede invertir en la bolsa de valores o en otro tipo de fondos, ya que tendrá éxito, aunque pequeño. ▪ Si en el sueño alguien llevaba los ojos pintados: hará un viaje a un país extranjero (también debe jugar al número 614).

OLA * 610
▪ Si en el sueño había olas agitadas que lo asustaron: puede ser una advertencia de que su vida pasará por situaciones difíciles que pueden alterar su estado de ánimo, a menos que tenga cuidado.

OLLA * 334
▪ Soñó que usaba una olla o se le caía: un amigo lo mezclará en una situación muy aburrida.

OMBLIGO ⋆ 792
■ **En el sueño le vio el ombligo a alguien:** será gratificado en una empresa estimulante. ■ **Soñó que se miraba su propio ombligo:** será agasajado por sus colegas. ■ **Soñó que sentía dolor en el ombligo:** significa que volverá al lugar donde pasó su infancia.

ÓNIX ⋆ 177 (*véase* Piedras preciosas)

ÓPALO ⋆ 080 (*véase* Piedras preciosas)

ÓPERA ⋆ 306
■ **Si en el sueño asistió a una ópera:** será influenciado por alguien para que actúe perjudicialmente contra un amigo.

OPERACIÓN ⋆ 015 (*véanse también* Incisión, Cirujano)
■ **Soñó que era operado:** estará sujeto a estrés mental y espiritual debido a una serie de problemas. ■ **Si en el sueño fue testigo de la operación de otra persona:** tendrá éxito en un trabajo importante.

OPIO ⋆ 812 (*véase* Narcóticos)

ORADOR ⋆ 132
■ **Soñó que usted o algún otro era un orador:** tendrá una existencia pacífica y un futuro exitoso.

ORDENADOR ⋆ 637
■ **Soñó que estaba trabajando en un ordenador:** significa promoción a la vista. ■ **Si tenía problemas:** no debe darle tanta importancia a su vida profesional.

ÓRDENES ⋆ 611
■ **Si en el sueño daba órdenes y era obedecido:** promoción a la vista. ■ **Soñó que obedecía órdenes:** sufrirá pérdidas financieras.

ORDEÑAR ⋆ 913 (*véase* Vaca)

OREJAS ⋆ 040
■ **Si en el sueño vio a alguien que tenía unas orejas muy grandes:** recibirá una carta con noticias sorprendentes. ■ **Soñó que alguien le tiró de las orejas:** discutirá con su jefe.

ORINAL * 468

▪ Si en el sueño vio orinal: tendrá buena suerte.

ORGANILLO * 679

▪ Soñó que tocaba un organillo: conocerá a personas interesantes. ▪ Soñó que otro tocaba el organillo: encontrará nuevas formas de conseguir el éxito.

ÓRGANO * 444

▪ Si en el sueño usted o alguien tocaba el órgano: será invitado a la fiesta de una boda.

ORGULLO * 429

▪ Si en el sueño se sintió orgulloso de estar con alguien: tendrá mala suerte temporalmente. ▪ Si alguien se mostró orgulloso de usted: pronto disfrutará de momentos buenos y alegres. ▪ Soñó que dio muestra de su orgullo frente a alguien: sufrirá molestias que podrá superar si tiene paciencia.

ORO * 385

▪ Soñar con oro tiene el mismo significado que soñar con dinero, pero de manera más exagerada. En este caso la ambición cumple la máxima de «quien todo quiere, todo pierde». ▪ Si en el sueño excavó en busca de oro: se aburrirá con ciertas situaciones familiares. ▪ Soñó que veía a alguien comprando oro: puede perder amigos por ser muy tacaño.

ORQUESTA * 978 (véase también Música)

▪ Soñó que escuchaba una música de baile interpretada por una orquesta: tendrá una vida social muy agradable. ▪ Si en el sueño había una orquesta sinfónica: será invitado a una hermosa casa.

ORQUÍDEA * 676

▪ Si en el sueño había orquídeas: es una señal de que su conducta extravagante lo ahogará en deudas.

ORTIGA * 023

▪ Soñó con hojas de ortiga: hará buenos negocios. ▪ Soñó que sufría picazón producida por una ortiga: significa que pasará por un período de dificultades.

ORUGA * 088 (véase también Insectos)

▪ Si en el sueño vio una oruga: recibirá noticias de una persona ausente. ▪ Soñó que mataba una oruga: pronto se iniciará un noviazgo o se celebrará una boda.

OSO * 170

■ **Soñó con un oso:** señal de litigios relacionados con el dinero. ■ **Soñó que mató un oso:** puede darse el lujo de deshacerse de las personas que no quiere tener en su círculo de relaciones. ■ **Una mujer vio un oso en el sueño:** debe protegerse de las «amigas» que hablan mal de usted.

OSTRAS * 722

■ **Si en el sueño comía ostras ya preparados con limón:** tendrá que mejorar sus argumentos para que las personas le hagan caso. ■ **Soñó que abría ostras y se las comía crudas, sin limón:** es una advertencia de que alguien de su confianza le está preparando una trampa y lo traicionará.

OTOÑO * 134

■ **Si en el sueño paseó entre árboles llenos de hermosas hojas de otoño:** recibirá un regalo inesperado de alguien lejano.

OVEJAS * 411

■ **Soñó que era embestido o perseguido por una oveja:** será manipulado por un «amigo» inteligente.

PADRE * 139

■ **Soñó con su padre:** su vida cambiará de dirección. ■ **Soñó que engendraba a un hijo:** habrá cambios para mejor en su trabajo y sus ingresos. ■ **Si en el sueño alguien le acusó de ser el padre de alguien:** habrá peleas familiares.

PADRE NUESTRO * 791

■ **SI soñó que rezaba el padrenuestro:** será introducido en un círculo de personas muy interesantes.

PADRINO * 140

■ **Si un soltero soñó que era el padrino de una boda:** se casará antes de que finalice el año.

PÁJARO * 400 (*véase también* Jaula)

■ **Si en el sueño vio un pájaro con una cola en forma de tijeras:** significa que tiene un enemigo desconocido; debe tener cuidado con las personas de baja estatura y pelo moreno. ■ **Soñó que escuchaba el canto de un pájaro:** pronto se sentirá tranquilo y relajado. ■ **Si en el sueño vio pájaros con hermosas plumas:** su matrimonio será enriquecedor y dará buenos frutos. ■ **Soñó que el pájaro no tenía un gran plumaje o no cantaba:** será dominado por alguien más rico o más influyente que usted. ■ **Si el pájaro estaba volando:** significa que vienen tiempos de prosperidad. ■ **Soñó que cogía un pájaro:** tendrá buena fortuna. ■ **Si disparó a los pájaros:** sufrirá pérdidas comerciales o una mala cosecha, si es usted un agricultor. ■ **Soñó con un pájaro con una cola gigante:** pronto se verá mezclado en un escándalo.

PALACIO * 760

■ **Soñó que vivía en un palacio:** significa que alguien se casará con una persona vieja y rica que no está lejos de usted.

PALILLOS (chinos) ★ 504

▪ **Si en el sueño alguien comía con palillos chinos:** podrá aclarar cualquier confusión en su vida empresarial. ▪ **Si era usted quien comía con palillos:** discutirá con un amigo íntimo.

PALIO ★ 565

▪ **Si en el sueño vio un palio o caminó bajo palio:** su matrimonio será feliz.

PALMA ★ 799

▪ **Si en el sueño el viento zarandeaba una palmera:** sufrirá decepciones en los negocios y en sus relaciones de amistad. ▪ **Si un hombre soñó con una palmera:** significa que medrará en su carrera. ▪ **Si una mujer soñó con una palmera:** tendrá un hijo. ▪ **Si una muchacha soltera soñó con una palmera:** se casará pronto. ▪ **Si en el sueño estaba cerca de una palmera:** tendrá éxito en su vida.

PALMITO ★ 047

▪ **Si en el sueño vio palmitos:** es señal de éxito.

PALOMA ★ 094

▪ **Si en el sueño vio muchas palomas:** tendrá dificultades familiares. ▪ **Soñó que daba de comer a las palomas:** superará sus problemas comerciales. ▪ **Si en el sueño recibió un mensaje traído por una paloma:** tendrá buenas noticias de un viejo amigo. ▪ **Si vio una paloma blanca:** tendrá una vida familiar tranquila y los negocios le irán bien. ▪ **Si vio una bandada de palomas:** hará un viaje en avión.

PALOMITAS ★ 017

▪ **Si en el sueño comía palomitas recién hechas:** señal de prosperidad económica y de que está pasando buenos momentos. ▪ **Si las palomitas eran viejas:** recibirá una carta desagradable.

PAN ★ 033

▪ **Soñó con pan:** es un sueño instintivo, lo que refleja necesidades muy apremiantes y soluciones a menudo complicadas. ▪ **Si en el sueño comía pan:** puede estar seguro de que sus amigos son buenas personas y de que tendrá una vida cómoda. ▪ **Soñó con pan viejo:** puede sufrir una enfermedad; también puede ocurrirle algo a su noviazgo. ▪ **Soñó con pan de centeno:** conseguirá dinero suficiente como para empezar algo nuevo.

PANADERÍA ★ 585

▪ **Si soñó que veía panes o pasteles cociéndose en un horno:** una joven pareja tendrá un bebé pronto.

PANDERETA * 732

▪ **Soñó que tocaba la pandereta:** oirá habladurías desagradables. ▪ **Soñó que el componente de una escuela de samba tocaba la pandereta:** es una señal de que no debe olvidar sus responsabilidades para con su familia en caso de que tenga que viajar.

PANTANO * 267

▪ **Si en el sueño se perdió en un pantano:** predice pérdida de dinero y peleas familiares. ▪ **Soñó que avanzaba caminando a través de un pantano:** pasará por una fase vital difícil, que puede evitar si se implica a fondo.

PANTERA * 997

▪ **Soñó con una pantera:** significa que tendrá problemas debido a los chismes y las habladurías. ▪ **Si en el sueño mató una pantera:** dentro de poco obtendrá una gran cantidad de dinero.

PANTOMIMA * 314

▪ **Soñó que alguien hacía pantomimas:** se librará de alguien para poder trabajar en el teatro.

PAÑO * 535

▪ **Soñó con un hermoso paño bordado decorando una mesita en su habitación:** puede esperar a una mejor remuneración o mejores beneficios.

PAÑUELO * 538

▪ **Soñó que agitaba un pañuelo en dirección a alguien:** tendrá relaciones amorosas satisfactorias con alguien que le alegrarán el corazón. ▪ **Si en el sueño lavaba un pañuelo:** puede sufrir pérdida de dinero. ▪ **Si se sonaba la nariz con un pañuelo:** recibirá más dinero.

PAÑUELO (estampado) * 146

▪ **Soñó que llevaba un pañuelo estampado en la cabeza:** será pesimista debido a sus muchas y muy duras tareas. ▪ **Si vio a una vieja usando un pañuelo en la cabeza:** tendrá una vida familiar satisfactoria.

PAPEL * 280

▪ **Soñó con un papel en blanco:** significa que deberá trabajar duro, pero que alcanzará el éxito. ▪ **Soñó con papel de colores:** es una señal de que sus esfuerzos no tendrán éxito. ▪ **Si el papel era viejo y estaba arrugado:** significa que en breve se le presentarán buenas oportunidades. ▪ **Soñó con papel de seda:** tendrá buena suerte en sus inversiones (también debe jugar al número 812).

PAPEL (carbón) * 937
■ Soñó con papel carbón: amigos o compañeros desleales querrán perjudicarle.

PAPEL (de carta) * 091
■ Si en el sueño vio papel de carta: es un presagio de nuevos avances en su carrera. ■ Si el papel era timbrado: su empresa ganará un nuevo impulso.

PAPEL (de pared) * 014
■ Si en el sueño empapelaba mal una pared: pronto recibirá una visita. ■ Si en el sueño un profesional le empapelaba la pared: asistirá a un evento teatral.

PAPELERÍA * 227
■ Soñó con objetos de papelería: recibirá buenos consejos profesionales.

PAPERAS * 911
■ Soñó que tenía paperas: alguien le regalará unas hermosas vacaciones con todos los gastos pagados.

PAQUETE * 338
■ Si en el sueño envolvía un paquete: tendrá éxito en su trabajo. ■ Soñó que llevaba un paquete a algún sitio: tendrá que asumir responsabilidades familiares.

PARACAÍDAS * 117
■ Soñó que saltaba desde un avión pero no podía abrir el paracaídas: escuchará duras palabras de una persona a la que ama. ■ Si en el sueño se abrió el paracaídas y llegó sano y salvo al suelo: disfrutará de una vida amorosa pacífica.

PARAÍSO * 502
■ Soñó que moría y entraba en el paraíso: tendrá que trabajar duro una vez más, pero esta vez será muy bien remunerado.

PARÁLISIS * 014
■ Si en el sueño vio a alguien con esa enfermedad: es una señal de que tendrá una larga vida útil. ■ Soñó que estaba paralizado: es un aviso para que cuide de su salud.

PARARRAYOS * 930
■ Soñó que veía un pararrayos en el tejado de un edificio: le ocurrirán cosas malas provocadas por una causa ajena.

PARIENTE * 995 (véase Padre, Madre)

PARQUE * 261
■ **Si en el sueño había un parque:** tendrá buena suerte en el amor y en el matrimonio.

PARQUE (infantil) * 699
■ **Si en el sueño vio niños felices jugando en un parque infantil:** significa que tendrá una larga visita de un viejo compañero de clase.

PARTERA * 743 (*véase también* Nacimiento)
■ **Si en el sueño una partera asistía a un parto:** pasará por dificultades financieras debido a su tendencia a malgastar el dinero. ■ **Si la partera era usted:** tendrá peleas familiares.

PASADOR (para los cabellos) * 828
■ **Si en el sueño vio o utilizó un pasador para los cabellos:** será invitado a participar en un trabajo comunitario o religioso.

PASAMANERÍA * 308
■ **Si en el sueño aparecían artículos de pasamanería:** trabajará duro, pero no recibirá el pago apropiado.

PASAMANOS * 058
■ **Soñó que se deslizaba por un pasamanos:** tendrá pequeños problemas en las finanzas.

PASAPORTE * 802
■ **Soñó que cogía el pasaporte para viajar:** se le presentarán buenas oportunidades financieras. ■ **Soñó que perdía el pasaporte:** recibirá una crítica sarcástica de alguien.

PASCUA * 742
■ **Si en el sueño era Pascua:** sería bueno para usted cambiar de trabajo.

PASEO * 443
■ **Soñó que daba un paseo:** se ganará el desprecio de los demás, si usted no puede tomar iniciativas propias. ■ **Si paseó con alguien:** tiene que pagar sus deudas para evitar problemas.

PASTEL * 443
■ **Si en el sueño vio un pastel:** discutirá con algún familiar y le ocurrirá algo desagradable con algún amigo. ■ **Soñó que se comía un pastel:** no podrá asistir a una reunión importante.

PASTEL (de bodas) * 454

▪ Si una chica sueña que come un trozo de su pastel de bodas: tendrá buena suerte por un tiempo. ▪ Si un hombre sueña que come un trozo de su pastel de bodas: tendrá buena suerte en todas las áreas de su vida.

PASTELITOS (rellenos de crema) * 454

▪ Soñó que comía o servía pastelitos rellenos de crema: tendrá buenas relaciones familiares y probablemente recibirá una herencia.

PATADA * 688

▪ Si en el sueño una persona le dio una patada o un animal una coz: tendrá que prestar más atención a su trabajo para evitar pérdidas.

PATATAS * 062

▪ Soñó con patatas: tendrá buena suerte en una cuestión de dinero y en los asuntos personales. ▪ Si la estaba pelando: señal de intriga. ▪ Si las cocía: señal de enfermedad. ▪ Si las freía: señal de alegría.

PATENTE * 617

▪ Si en el sueño patentó algo que inventó: tendrá buena suerte en las carreras y en las cartas.

PATINAJE * 015

▪ Soñó que patinaba en una pista de hielo: en breve saldrá de fiesta y se divertirá con los amigos. ▪ Soñó que patinaba en una pista para patines de ruedas: pronto se verá mezclado en pequeños problemas.

PATIO * 931

▪ Si en el sueño vio un patio limpio: tendrá una vida familiar pacífica. ▪ SI el patio estaba lleno de trastos viejos: deberá convencer a la gente de que es sincero. ▪ Si en el sueño comía o bebía con alguien sentado en un patio: pronto asistirá a una fiesta en la que se reunirá personas glamurosas.

PATO * 310

▪ Soñó que veía graznar a un pato: pasará buenos momentos con amigos casados y disfrutará de pasatiempos agradables.

PATRÓN * 963

▪ Soñó que confabulaba con su patrón: será feliz en su trabajo y tendrá éxito.

PAVO * 518 (véase Acción de Gracias)

■ **Soñó que mataba y preparaba un pavo:** tendrá buena suerte en los asuntos financieros. ■ **Si en el sueño había varios pavos juntos:** será invitado a hablar en una reunión o en un mitin.

PAVO (real) * 059

■ **Si en el sueño vio un pavo real caminando orgulloso:** una persona está molesta con usted por haberla llamado orgullosa.

PAZ * 077

■ **Si soñó que el mundo estaba en paz:** revela que tiene un poder espiritual para ayudar a los demás a través de medios sencillos.

PECAS * 402

■ **Soñó que tenía pecas:** tendrá una relación amorosa feliz con alguien del sexo opuesto.

PECECILLO (dorado) * 498

■ **Si vio un pececillo dorado nadando:** es una advertencia de que ciertas personas están tratando de inmiscuirse en sus negocios.

PECHO * 985

■ **Si una chica soñó que veía a un hombre de pelo en pecho:** es señal de crítica porque ella nunca camina en compañía del sexo opuesto.

PEDICURA * 534

■ **Si en el sueño le hacían la pedicura:** sentirá una gran satisfacción en el trabajo y recibirá dinero.

PEGAMENTO * 312

■ **Soñó que usaba pegamento:** Muchos de sus planes y esfuerzos serán temporales. ■ **Si el pegamento se derramaba:** perderá algo; y puede ser víctima de un robo.

PEINE * 536

■ **Si un chico soñó que le peinaba el cabello a una chica:** una joven atractiva hará el ridículo. ■ **Soñó que se peinaba a sí mismo:** encontrará respuestas fáciles a sus problemas. ■ **Si en el sueño alguien cepillaba a un caballo:** tendrá éxito en una nueva empresa (también debe jugar al número 360).

PELÍCULA * 101 (*véanse* Cámara, Fotografía, Pintura)

▪ **Soñó que se divertía viendo una película:** superará las situaciones que le causan depresión. ▪ **Si se encontró una película desenrollada:** perderá un objeto de valor.

PELLAS * 415

▪ **Soñó que se saltaba las clases:** se encontrará un nuevo amigo que será fiel y sincero.

PELUCA * 330

▪ **Si en el sueño llevaba peluca:** tendrá un mejor empleo. ▪ **Soñó que se le caía la peluca o se la quitaban de la cabeza en público:** tendrá que responder a preguntas que les gustaría evitar.

PELUQUERO * 363

▪ **Si vio a un peluquero o una peluquería:** obtendrá éxito en su trabajo si se empeña con esfuerzo.

PENDIENTES * 283

▪ **Si usaba aretes en el sueño:** será feliz jugando a la lotería. ▪ **Si los llevaba otra persona:** optimas relaciones con el sexo opuesto.

PENITENCIA * 677 (*véase* Expiación)

PENSAMIENTOS * 558

▪ **Si vio estas flores en el sueño:** desacuerdos y disputas con otros.

PENSIÓN * 213

▪ **Soñó que le pagaba la pensión a su exesposa:** ciertas deudas de ella serán perdonadas. ▪ **Si usted era quien recibía la pensión:** sufrirá una enfermedad leve. ▪ **Si otro recibía una pensión:** tendrá un nuevo trabajo, en el que podrá utilizar sus manos y su inteligencia.

PEPINO * 626

▪ **Soñó con pepinos cortados:** tenga cuidado de no cometer errores en su trabajo.

PERA * 336

▪ **Soñó que comía peras verdes:** alguien está difundiendo habladurías maliciosas sobre usted. ▪ **Soñó que comía peras maduras o que las veía junto a otras frutas apetecibles:** significa que irá a la fiesta de un vecino.

PÉRDIDA * 706 (véase también Muerte: cap. Pesadillas)

▪ Soñó que perdía algo: es un signo de problemas y preocupaciones. ▪ Si en el sueño buscó un objeto perdido: tendrá buena suerte.

PEREGRINACIÓN * 540

▪ Soñó que usted u otros hacían una peregrinación a un santuario u otro lugar sagrado: será feliz con los amigos y disfrutará de más dinero.

PEREJIL * 512

▪ Soñó que comía perejil: se sentirá feliz participando en la vida de su comunidad.

PEREZA * 813

▪ Soñó que era perezoso: tendrá buena suerte. ▪ En el sueño alguien le reprendió por ser perezoso: habrá discusiones en el hogar.

PERFUME * 945

▪ Si una mujer sueña que se perfuma: conocerá a un hombre muy atractivo. ▪ Si en el sueño olía a perfume: encontrará compañía estimulante o alguien del sexo opuesto. ▪ Si un hombre sueña que se perfuma: encontrará oposición entre sus amigos.

PERILLA * 211 (véase también Barba)

▪ Soñó que llevaba perilla: puede que participe en situaciones escandalosas. ▪ Si vio a alguien con perilla: tenga cuidado con su salud.

PERISCOPIO * 086 (véase Submarino)

PERLAS * 918

▪ Soñó que llevaba perlas: se encontrará con personas de noble cuna.

PERMANENTE * 199

▪ Soñó que se hacía una permanente en el cabello y le quedaba muy bien: en breve recibirá algo de dinero.

PERRITO CALIENTE * 043

▪ Soñó que se comía un perrito caliente en un pícnic: tendrá éxito en la solución de problemas. ▪ Si se lo comía en un *fast-food car*: discutirá con personas que le importan.

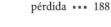

PERRO * 091

- **Soñó que paseaba un perro:** podrá disfrutar de muchas horas de ocio. - **Si bañó a un perro:** tendrá buenos amigos entre las personas en las que no confiaba. - **Si un perro le mordió los pies:** se peleará con su amor. - **Si fue mordido por un perro rabioso:** se enamorará de alguien muy importante. - **Si acariciaba a un perro:** tendrá buena suerte. - **Si el perro era cariñoso:** tendrá éxito en el trabajo y en su vida amorosa. - **Si vio a un Boston terrier (149):** obtendrá más dinero si es descuidado o extravagante. - **Soñó con un cocker spaniel (237):** tendrá una vida fácil y disfrutará de buena compañía. - **Si era un perro salchicha (391):** tendrá buena suerte en todas las áreas de su vida. - **Si vio un perro de caza de pura raza (492):** tendrá buenas noticias de un amigo lejano. - **Si el perro es amable con usted:** señal de que sus amigos son sinceros. - **Si vio un Fox terrier en el sueño (514):** recibirá dinero, pero tendrá una preocupación malsana. - **Soñó con un pequinés (568):** uno de sus vecinos se quejará de que usted hace mucho ruido. - **Soñó con un pointer (708):** recibirá una buena noticia. - **Soñó con un perro policía amigable (733):** hará ejercicio fuera casa. - **Si fue atacado por un perro en su sueño:** se le pedirá que contribuya a una causa caritativa. - **Soñó con un caniche (682):** vivirá experiencias buenas y estimulantes. - **Soñó con un terrier (806):** puede encontrarse con problemas bastante tensos.

PERSIANAS * 173

- **Si en el sueño bajó unas persianas para reducir la luz ambiental:** su proyecto fracasará. - **Si levantó las persianas para aumentar la luz ambiental:** pronto tendrá buena suerte. - **Si en el sueño vio una persiana enrollada:** tendrá una feliz sorpresa.

PESCADO (ahumado) * 198

- **Si en el sueño compró pescado ahumado:** algunos amigos maquinarán contra usted. - **Soñó que comía pescado ahumado:** cometerá algunos errores por beber demasiado.

PESCAR * 724

- **Soñó que pescaba caballas:** significa que realizará un viaje placentero.

PESIMISTA * 540 (*véase también* Melancolía)

- **Soñó que era pesimista:** asume demasiadas responsabilidades de otras personas.

PÉTALOS * 966

- **Soñó que arrancaba los pétalos de una flor:** romperá una amistad o un compromiso.

PETRÓLEO * 778

■ **Si vio una factoría de extracción de petróleo con las bombas en pleno funcionamiento:** será bien pagado y tendrá mejores rendimientos en su trabajo. ■ **Soñó que repostaba en una gasolinera:** recibirá una llamada telefónica agradable. ■ **Si en el sueño usted era el encargado de la gasolinera:** alguien deshonesto tratará de influir en usted.

PETUNIA * 291

■ **Soñó que veía esta flor:** será invitado a una fiesta emocionante. ■ **Si usted llevaba una petunia:** no será feliz con la persona amada.

PEZ * 876 (*véase también* Acuario)

■ **Soñó que pescaba un pez, o que lo veía o que se lo comía:** un familiar o un amigo cercano sufrirá un accidente o una enfermedad fatal. ■ **Soñó que comía o que pescaba lampreas:** significa que pronto disfrutará de buena fortuna. ■ **Soñó con carpas:** juegue al número 180.

PEZ ESPADA * 957

■ **Soñó que comía pez espada:** disfrutará de unas vacaciones en la costa.

PEZUÑA * 614

■ **Soñó con la pezuña de un animal:** será engañado en sus negocios y también en el amor.

PIANO * 408

■ **Soñó que alguien tocaba el piano:** realizará sus aspiraciones. ■ **Si en el sueño el piano estaba desafinado:** su trabajo no durará mucho tiempo. ■ **Soñó que afinaba un piano:** trabajará en el teatro.

PÍCNIC * 518

■ **Soñó que pasaba un día de pícnic en el campo:** pasará buenos momentos con los amigos.

PICOR * 031

■ **Soñó que le picaba el cuerpo:** es un signo de que sufrirá pequeñas molestias.

PIEDAD * 177

■ **Soñó que alguien se apiadaba de usted:** hará un buen negocio. ■ **Si era usted quien se apiadaba de otra persona:** tendrá que echar de su casa a un familiar no deseado.

PIEDRA * 220

- **Si en el sueño caminaba sobre piedras o le lanzó una piedra a alguien:** tendrá complicaciones en las relaciones con los amigos o en las finanzas.

PIEDRAS PRECIOSAS * 307

- **Jade:** contribución y visitas. - **Ónix:** cambio de planes. - **Lapislázuli:** mente en paz y viajes. - **Cuarzo:** cuidado con alguien. - **Berilio:** mente en paz. - **Diamante:** alegría, vida en común feliz. - **Ópalo:** fatalidad. - **Brillante:** miseria. - **Esmeralda:** inteligencia y éxito social. - **Rubí:** desastres. - **Topacio:** victoria sobre la adversidad. - **Granate:** trabajará mucho, pero ganará poco. - **Coral:** - **Si en el sueño vio o se puso una joya con coral:** se sentirá satisfecho con el sexo opuesto. También significa que puede hacer un viaje accidentado. - **Si en el sueño el coral era blanco:** deberá trabajar más duro y más cuidadosamente para lograr resultados.

PIEDRAS (en el riñón) * 672

- **Soñó que sufría un cólico nefrítico:** padecerá una enfermedad que perturbará su vida.

PIEDRAS (en la vesícula) * 089

- **Soñó que tenía piedras en la vesícula:** tendrá un futuro feliz, aunque pueden surgir algunos problemas.

PIERNAS * 011

- **Si en el sueño veía unas piernas o alguien se rompía una:** se sentirá desanimado en un nuevo proyecto. - **Soñó que veía unas piernas hermosas:** tendrá éxito social. - **Soñó que veía unas piernas feas:** necesitará una base financiera para llevar a cabo sus proyectos. - **Si vio a alguien patizambo:** pronto recibirá una herencia. - **Si en el sueño se burló de las piernas de otra persona:** será ridiculizado por personas cercanas.

PIES * 077

- **Soñó que veía unos pies caminando:** tendrá muchas decepciones antes de alcanzar lo que quiere. - **Soñó que se lavaba los pies:** superará la ansiedad.

PÍFANO * 451

- **Soñó que tocaba este instrumento:** discutirá con la persona amada. - **Tocarlo acompañando a alguien cantaba:** Usted será bendecido con la conciencia tranquila.

PIGMEO * 556 (véase también Enano)
▪ Si en el sueño se encontró con un pigmeo: tendrá decepciones con amigos de su confianza.

PIJAMA * 197
▪ Soñó que dormía con pijama: tendrá una aventura amorosa muy voluble.

PÍLDORA * 386
▪ Si en el sueño se tomó cualquier tipo de píldora: significa que empezará un nuevo proyecto.

PILOTO * 823
▪ Soñó que pilotaba un barco o un avión: su opinión será respetada incluso por las personas mayores y con más experiencia que usted.

PIMENTÓN * 367
▪ Si en el sueño sazonó alimentos con pimentón: se peleará con alguien con un temperamento más acalorado que el de usted.

PIMIENTA * 482
▪ Soñó que echó pimienta en la comida y estornudó: deberá tener cuidado de no perder la cabeza y causar problemas y malentendidos. ▪ Si sazonó la comida con pimienta: tendrá un ligero desacuerdo con un amigo. ▪ Si la comida estaba picante: significa que sufrirá una enfermedad leve.

PINCHAZO * 104
▪ Soñó que le se pinchaba un neumático de su coche: usted puede tener un accidente. ▪ Si se pinchó con una espina: peleas en la familia (también debe jugar al número 411).

PING-PONG * 206
▪ Si en el sueño jugaba al ping-pong: recibirá más dinero, pero tendrá que asumir más responsabilidades.

PINTALABIOS * 014 (véase también Maquillaje)
▪ Soñó que una chica se pintaba los labios en público: no conseguirá inmediatamente todo lo que quiere, sino más adelante.

PINTAR * 314 (véase también Barniz)
▪ Soñó que pintaba el retrato de otra persona: trata de mantener un asunto en secreto frente a sus amigos más cercanos. ▪ Soñó que estaban pitando una casa: sus amigos cercanos le esconden secretos.

PINTURA * 669 (véase también Arte)

▪ **Soñó con hermosas pinturas que colgaban de la pared:** no debe ser tan orgulloso. ▪ **Si en el sueño aparecían los retratos de sus antepasados:** recibirá una herencia por sorpresa.

PINZAS * 412

▪ **Si usaba unas pinzas en el sueño:** disfrutará de mejores condiciones comerciales.

PIÑA * 691

▪ **Soñar con esta fruta:** buen indicio de éxito en el amor. ▪ **Si es amarga:** aflicciones. ▪ **Si está pelada:** satisfacción.

PIÑAS (de pino) * 378

▪ **Soñó que arrancaba piñas de un pino:** tendrá una vida larga. ▪ **Soñó que quemaba piñas en una chimenea:** alguien que usted conoce tendrá un bebé. ▪ **Soñó que vio piñas en el sueño:** verá realizados sus planes.

PIOJO * 341 (véase también Insectos)

▪ Simbolizan suciedad y los malos tratos.
▪ **Soñó con piojos:** significa dinero. ▪ **Si vio en el sueño piojos:** es una señal de pobreza. ▪ **Soñó que tenía piojos en la cabeza:** significa fecundidad. ▪ **Si tenía piojos en el cuerpo:** enfermedades. ▪ **Si tenía piojos en la ropa:** fatalidad. ▪ **Soñó que veía muchos piojos:** es un signo seguro de que su familia aumentará. ▪ **Si en el sueño le picaban los piojos:** durante tres días le sonreirá la suerte en el juego. ▪ **Soñó que le quitaba los piojos a alguien:** saldrá victorioso frente a todos sus enemigos. ▪ **Si en el sueño vio que usted u otra persona tenía piojos:** significa que tendrá que discutir con una persona desagradable.

PIPA * 373

▪ **Si una mujer soñó que fumaba en una pipa:** tendrá que evitar ser indiscreta en público. ▪ **Si un hombre fumaba en una pipa:** tendrá oportunidades para que le aumenten el sueldo.

PIRÁMIDE * 953

▪ **Si en el sueño vio una pirámide:** en breve hará un largo viaje. ▪ **Si la pirámide estaba invertida, al revés:** sufrirá pérdidas financieras.

PIRATAS * 912

▪ **Soñó con piratas:** deberá conducir con más cuidado si quiere evitar un accidente.

PIRUETAS ∗ 933
▪ **Si en el sueño había personas haciendo piruetas:** predice momentos felices con viejos amigos.

PIRULETA ∗ 146
▪ **Soñó que le daba una piruleta a alguien:** tendrá la oportunidad de dirigir a un grupo de personas. ▪ **Si en el sueño chupaba una piruleta en un lugar público:** puede ser puesto en una situación embarazosa.

PISCINA ∗ 459
▪ **Soñó que tenía una piscina en su casa:** tendrá buena suerte en sus relaciones sexuales.

PISTACHO ∗ 604
▪ **Soñó con estos frutos secos:** predice buenas amistades y actividades sociales felices.

PISTOLA ∗ 724 (*véase* Arma)

PIZARRA ∗ 426
▪ **Si en el sueño escribía con tiza en una pizarra:** prepárese para recibir malas noticias acerca de inversiones de riesgo.

PLAGA ∗ 403
▪ **Soñó que le deseaba una plaga a alguien, que le deseaba algún mal:** señal de malas relaciones sociales. ▪ **Si en el sueño la ciudad era invadida por una terrible plaga:** debe pedirle consejo a un psiquiatra.

PLANEADOR ∗ 077
▪ **Soñó que volaba en un aeroplano sin motor, o en un ultraligero, o en un ala delta:** debe tratar de enterarse de ciertas confidencias relacionadas con su negocio que le ayudarán a seguir adelante.

PLANO ∗ 414
▪ **Soñó que analizaba los planos de construcción de una casa:** se hará cargo de todos los detalles en un asunto de compra de tierras. ▪ **Si discutió sobre los planos con el arquitecto o el constructor:** pronto comprará muchas prendas de ropa.

PLANOS ∗ 092 (*véase* Arquitecto)

PLANTA * 017

▪ **Soñó que veía una planta verde:** es buen augurio. ▪ **Si la planta estaba seca:** es signo de perjuicio. ▪ **Si las plantas estaban en un jardín:** significa diversiones. ▪ **Si eran plantas medicinales:** alcanzará una buena solución empresarial. ▪ **Si las plantas tenían flores:** alegría. ▪ **Si las plantas estaban en macetas:** trabajo complicado. ▪ **Si las plantas eran de menta:** es una señal de intenso deseo amoroso. ▪ **Si eran flores de calabaza:** significa embarazo. ▪ **Si eran rosales:** su relación amorosa requiere paciencia. ▪ **Si eran jazmines:** significa fantasías. ▪ **Si eran plantas de caladio:** tranquilidad en el hogar. ▪ **Si eran helechos:** esperanzas frustradas. ▪ **Si en el sueño arrancaba una planta:** es un mal presagio. ▪ **Soñó que cortaba una planta:** tomará una resolución valiente. ▪ **SI en el sueño podaba una planta:** deberá reducir sus gastos.

PLATANERO * 225

▪ **Soñó con un platanero:** significa felicidad modesta. ▪ **Si vio un platanero:** alguna persona a la que admira lo decepcionará.

PLÁTANO * 224

▪ **Soñó con un plátano verde:** significa que su proyecto es irrealizable. ▪ **Si estaba maduro:** signo de alegría. ▪ **Si era un manojo de plátanos:** buena situación. ▪ **Soñó con la cáscara de un plátano:** se cumplirán sus deseos. ▪ **Soñó con plátanos sueltos:** sufrirá contratiempos. ▪ **Si eran plátanos fritos:** señal de que sufrirá alguna decepción. ▪ **Si se comía un plátano:** usted sufrirá una enfermedad.

PLATILLOS * 603

▪ **Si oyó como alguien tocaba los platillos en el sueño:** se divertirá mucho con el sexo opuesto.

PLATINO * 313

▪ **Soñó que alguien le regalaba una joya de platino:** predice un feliz romance. ▪ **Soñó que perdía un anillo de platino:** tendrá que esforzarse mucho para superar el error que cometió.

PLATOS * 449

▪ **Soñó con nuevos platos culinarios:** será afortunado en el amor. ▪ **Soñó con platos de una vajilla:** significa que su vida cambiará para mejor.

PLAYA * 472

▪ **Soñó que estaba tumbado desnudo en una playa:** en breve formará parte de un proyecto nuevo e interesante. ▪ **Soñó que iba a una playa en bañador o en pantalones cortos:** deberá resarcir a alguien por algo que hizo o provocó. ▪ **Si** en el sueño estaba en una hamaca o debajo de una sombrilla: tendrá que pedir ayuda financiera a alguien.

PLAZA * 488
▪ **Soñó que caminaba o que conducía por una gran plaza:** viajará por diversos lugares. ▪ **Si la plaza era pequeña y estaba oscura:** se sentirá frustrado en un nuevo proyecto.

POBRE * 109 (*véase también* Mendigo)
▪ **Si en el sueño mendigaba dinero como un pobre:** es una advertencia para que evite llegar a una situación económica de bancarrota.

PLOMO * 850
▪ **Soñó que cargaba un arma con plomo:** problemas a la vista si no reprime su genio, que siempre lo hace estallar de ira.

PLUMA * 032
▪ **Si en el sueño alguien le arrancaba las plumas a un ave:** tendrá una vida próspera. ▪ **Soñó que veía plumas en el aire o en las aves:** se realizarán sus aspiraciones, e incluso puede que se haga rico. ▪ **Si en el sueño escribía con una pluma:** tendrá éxito en la literatura. ▪ **Soñó que la pluma fallaba y emborronaba el papel:** deberá elegir a sus amigos con más cuidado.

POBREZA * 504
▪ **Soñó que hurgaba en la basura para comer:** se enfrentará a algunos problemas serios. ▪ **Soñó con la pobreza e general:** tendrá buena suerte. ▪ **Si en el sueño había suciedad por todas partes:** no conseguirá hacer realidad sus planes.

POESÍA * 043
▪ **Soñó que leía o escuchaba poesía:** significa que será honrado en su comunidad. ▪ **Si en el sueño tenía un amigo poeta:** agredirá a un vecino.

PÓKER * 043
▪ **Soñó que ganaba o que perdía al póker:** disfrutará de actividades sociales.

POLICÍA * 691
▪ **Si en el sueño habló con un agente de policía:** será visitado por buenos amigos.

POLIGAMIA * 772 (*véase* Bigamia)

POLKA * 512
• Soñó que bailaba o veía a los demás a bailar una polka: encontrará nuevos buenos amigos.

POLILLAS * 407 (*véase* Insectos)
• Soñó con polillas: obtendrá riqueza por medios cuestionables. • Soñó que la ropa del armario tenía polillas: sufrirá algunas decepciones familiares.

POLÍTICA * 231
• Soñó que hablaba de política con alguien de su mismo género: obtendrá mejores condiciones financieras. • Si en el sueño hablaba de política con alguien del sexo opuesto: se darán venganzas familiares.

POLTRONA * 198
• Soñó que alguien estaba sentado en una poltrona: hará un viaje feliz. • Si la poltrona estaba vacía: pasará por una situación embarazosa y que le costará resolver, pero que finalmente será satisfactoria.

POLO * 112
• Si en el sueño vio un partido de polo: recibirá una herencia.

POLO NORTE * 550 (*véase* Ártico)

POLVERA * 618 (*véase también* Maquillaje)
• Soñó que usaba una polvera: se meterá en un embrollo con sus amistades. • Si usó la polvera en la calle: le resultará difícil entender a su hombre amado.

POLVO * 353
• Si en el sueño veía polvo: es una mala señal; tendrá varias decepciones con los amigos, con el sexo opuesto y, probablemente, en la cama.

POMADA * 902
• Soñó que se ponía pomada en el cuerpo o que se la ponía a otra persona: alguien del sexo opuesto le mostrará desprecio.

PONCHO * 460
• Si en el sueño usó esta prenda de ropa: sus buenos amigos lo ayudarán.

PONY * 093 (*véase* Caballo)

PORCELANA * 515
▪ **Si en el sueño vio hermosas piezas de porcelana o rompió una:** significa que hará nuevos amigos.

PORCHE * 680
▪ **Si estaba sentado en un porche:** cuidado con el sexo opuesto. ▪ **Si dormía en una hamaca sujeta a un porche:** debe pedir disculpas por algo que hizo.

PORTAL * 690
▪ **Si en el sueño no era capaz de abrir un portal:** verá frustrados sus nuevos planes. ▪ **Si el portal estaba abierto:** tendrá buena suerte en nuevas empresas.

PORTERO * 601 (*véase también* Trabajador)
▪ **Soñó que era el portero de un edificio:** deberá encontrar un trabajo más compatible con usted.

POSTE * 336
▪ **Soñó que bailaba alrededor de un poste engalanado con guirnaldas:** es pronóstico de un matrimonio feliz.

POSTRE * 370
▪ **Soñó que comía un postre:** disfrutará de una vida pacífica. ▪ **Era un postre muy placentero:** tiene expectativas lujuriosas.

POTRO * 102
▪ **Si en el sueño vio un potro:** puede tener un pasatiempo agradable y tal vez incluso ganar algo de dinero con él.

POZO * 747
▪ **Si en el sueño aparecía un pozo:** superará las dificultades y aumentará sus ganancias. ▪ **Si estuvo en un pozo:** tendrá una relación desagradable con alguien del sexo opuesto.

PRADO * 064
▪ **Si estaba solo en un prado:** tendrá problemas de conciencia. ▪ **Si vio un prado verde:** tendrá buena suerte y la oportunidad de proveer su futuro.

PREGUNTA * 523
▪ **Si en el sueño alguien le hizo una pregunta y usted no pudo responder:** tendrá mala suerte. ▪ **Si fue usted quien preguntaba a otra persona:** tendrá buena suerte.

PREMIO * 820

▪ Soñó que le daba un premio a alguien: recibirá una herencia. ▪ Si en el sueño usted recibía un premio: prosperará en su trabajo.

PRESBITERIO * 137 (*véase* Ministro)

PRESIDENTE * 261

▪ Soñó que era el presidente de un país: recibirá honores. ▪ Si en el sueño era elegido presidente: recibirá las bendiciones del cielo. ▪ Si perdió el cargo de presidente: recibirá buenas noticias. ▪ Si era elegido presidente de una organización: obtendrá el respeto de otras personas por su actitud. ▪ Si en el sueño escuchó hablar al presidente de una compañía: tiene posibilidades de conseguir un trabajo mejor remunerado. ▪ Soñó que era presidente de un jurado: recibirá una buena noticia que significará mucho de dinero.

PRESO * 542

▪ Si en el sueño le prestó ayuda a un preso: significa que conseguirá un buen trabajo, tal vez en un periódico.

PRÉSTAMO * 696

▪ Soñó que alguien le habían dado un préstamo: tendrá algunas pérdidas financieras. ▪ Si usted le dio un préstamo a alguien: tiene amigos sinceros. ▪ Si le dio un préstamo un banco o un usurero: trabajará duro, pero podrá superar sus dificultades financieras.

PRESUPUESTO * 759 (*véase también* Ahorro)

▪ Si un hombre soñó que estaba haciendo un presupuesto: tendrá una buena oportunidad para progresar en los negocios. ▪ Si una mujer soñó que estaba haciendo un presupuesto: no encontrará a un hombre lo suficientemente atento con ella.

PRIMO * 616

▪ Si en el sueño se lo pasaba bien con uno o varios primos suyos: su vida estará libre de problemas.

PRÍNCIPE / PRINCESA * 627

▪ Soñó con príncipes o princesas: será honrado en su círculo, pero algunas personas sentirán envidia.

PRISIÓN * 011

▪ Si en el sueño vio a personas dentro de una prisión: debe tener cuidado de no enfermar.

PRODIGIO * 118
- **Si en el sueño era un joven prodigio:** se encontrará con personas molestas.

PROFESOR * 019
- **Soñó que era un profesor o que estudiaba para serlo:** tendrá diversos problemas físicos y psicológicos que resolver.

PROHIBICIÓN * 504 (*véase también* Abstemio)
- **Si en el sueño se le prohibía beber:** tendrá problemas con la policía.

PROMESA * 994 (*véase* Fianza)

PROMOCIÓN * 045
- **Soñó que era promovido en la empresa o recompensado en la escuela:** a partir de ahora tendrá una vida más fácil.

PROPIEDAD * 016 (*véase también* Casa)
- **Soñó que compró o vendió una propiedad:** significa que usted recibirá una herencia.

PROPIETARIO * 217
- **Soñó que consultaba con un arrendador para alquilar un piso o que usted era el arrendador:** ganará dinero suficiente para comprar una casa.

PROPUESTA * 184
- **Soñó que hizo o que recibió una propuesta de matrimonio:** predice la atención del sexo opuesto, y dinero malgastado. ■ **Soñó con una buena propuesta laboral o un buen contrato comercial:** buena suerte en su camino.

PROSTITUTA * 472 (*véase también* Burdel)
- **Soñó con una prostituta:** significa que sufrirá una enfermedad leve. ■ **Si en el sueño aparecía una prostituta fea y ajada:** será capaz de ayudar a alguien que está pasando por serias necesidades.

PUBLICIDAD * 409
- **Soñó que leía un artículo o vio una foto publicitaria:** mejorará su situación financiera. ■ **Si no había ninguna ilustración:** tendrá que trabajar duro para pagar sus deudas. ■ **Soñó que la publicidad influía en la opinión pública:** algunas personas no creen en usted.

PUENTE * 148

■ En los sueños, el puente en un símbolo de suerte, y significa la conexión entre los extremos de un problema (río) que se interpone en nuestro camino. Al despertar, el soñador debe meditar bien qué puede haber en el otro lado del puente porque «llegar al otro lado» será una de las cosas más importantes para su futuro. ■ **Si en el sueño el puente era muy antiguo o peligroso:** perderá bienes comerciales. ■ **Soñó que el puente se derrumbaba:** evite a los falsos admiradores. ■ **Soñó con un puente dental** (*véase* **Dentadura**).

PUERTA * 820

■ **Si en el sueño vio una puerta abierta:** verá realizadas sus esperanzas. ■ **Si la puerta estaba cerrada:** examine bien la nueva oportunidad que le ha surgido.

PULGAR * 731 (*véase también* Dedo)

■ **Soñó que le dolía el pulgar:** recibirá dinero. ■ **Si levantó el pulgar en señal positiva:** debe tener cuidado con su jefe.

PULGAS * 092 (*véase también* Insectos)

■ Simbolizan la ansiedad, la angustia, molestia, decepción, incomodidad. ■ **Soñó que tenía una pulga en el oído:** perderá los nervios. ■ **Si tenía pulgas en la ropa:** usted experimentará vergüenza. ■ **Si tenía pulgas en el cuerpo:** será importunado por una persona irritante y malvada. ■ **Si en el sueño le picaban las pulgas:** debe tener cuidado de no asumir deudas. ■ **Soñó que usted era una pulga que saltaba de un lado a otro:** tenga cuidado con los nuevos negocios. ■ **Si en el sueño mató una pulga:** tendrá buena suerte. ■ **Si tenía pulgas en la cama:** recibirá malas noticias.

PULMONES * 724

■ **Soñó que tenía dificultades para respirar debido a problemas pulmonares:** indica que debe tener más cuidado con su salud y con su comportamiento.

PÚLPITO * 508

■ **Si en el sueño pronunció un sermón en un púlpito:** lo acusarán de haber engañado a alguien.

PULSERA * 666

■ **Soñó que encontraba una pulsera:** usted recibirá una citación. ■ **Si perdió un brazalete de compromiso:** tendrá pequeños problemas. ■ **Soñó que llevaba una pulsera en la muñeca:** recibirá regalos y tendrá un feliz matrimonio. ■ **Si llevaba una pulsera en el tobillo:** le traicionarán falsos amigos.

PULSO * 774

▪ **Soñó que le tomaba el pulso a una persona enferma:** debe tener cuidado con los nuevos amigos.

▪ **Soñó que tenía el pulso muy acelerado:** se le presentarán actividades nuevas y estimulantes.

PUS * 149

▪ **Soñó que tenía una herida infectada y con pus:** sufrirá un accidente que le dejará cicatrices.

PÚSTULAS (ampollas) * 654

▪ **Soñó que tenía pústulas o ampollas en el cuerpo:** sufrirá algunas molestias estúpidas.

PUTA * 417 (*véase* Prostituta)

QUEJA * 737
▪ **Soñó que reprimía una queja:** tendrá conflictos con la familia. ▪ **Si en el sueño se quejaba de algo con razón:** hará amigos nuevos e importantes.

QUEMADURA * 640
▪ **Soñó que se hacía una quemadura en el cuerpo:** tendrá éxito en pequeños proyectos y debe ser cuidadoso con algunos trabajos de responsabilidad (también debe jugar al número 954).

QUERUBÍN * 812
▪ **Si en el sueño aparecían querubines:** encontrará la felicidad en presencia de niños.

QUEROSENO * 286
▪ **Soñó con una estufa o una lámpara de queroseno:** disfrutará de largos paseos junto a un amigo interesante.

QUESO * 505
▪ **Soñó con quesos:** le resultará fácil obtener dinero. ▪ **Si el queso tenía un olor fuerte:** pasará por situaciones embarazosas.

QUIEBRA * 627
▪ **Soñó con alguien que iba a la quiebra:** buena señal de que usted ganará dinero a través de una herencia.

QUINTILLIZOS * 721
▪ **Soñó que tenía quintillizos:** predice felicidad en el amor y en el matrimonio.

QUIROMÁNTICO * 433
▪ **Si en el sueño consultó con un quiromántico:** tendrá preocupaciones familiares y económicas.

RÁBANOS * 097

▪ **Soñó con los rábanos:** conocerá a una persona estafadora del sexo opuesto.

RABIA * 758

▪ **Soñó que estaba enfadado consigo mismo:** sufrirá vergüenza en su vida amorosa. ▪ **Soñó que sentía rabia contra una injusticia sufrida:** sufrirá grandes dificultades con el sexo opuesto.

RABINO * 012

▪ **Soñó con un rabino:** hará un nuevo amigo que le ayudará a realizar sus aspiraciones.

RABO * 119

▪ **Soñó que tenía rabo:** deberá solucionar un malentendido entre usted y sus familiares. ▪ **Si en el sueño le tiraba del rabo a un animal:** pronto sufrirá una enfermedad.

RADIADOR * 803

▪ **Soñó con un radiador que necesitaba ser reparado:** significa que algunas personas malas tratarán de chantajearlo, pero podrá evitar dicha situación mediante el uso de su buen juicio.

RADIO * 539 (*véase también* Transmisión)

▪ **Soñó que le molestaba el ruido estático de una radio:** tendrá artritis. ▪ **Soñó que escuchaba una radio bien sintonizada:** significa que tendrá una vida familiar agradable y buenas distracciones.

RADIO (mineral) * 402

▪ **Soñó que manipulaba este mineral radiactivo:** obtendrá una gran cantidad de dinero, pero no tendrá mucha paz. ▪ **Soñó que se quemaba con radio:** tenga cuidado de no conducir imprudentemente.

RAMA * 137
▪ **Soñó con floridas ramas de árbol:** su vida será más despreocupada y feliz. ▪ **Si las ramas se sacudían debido al fuerte viento:** sufrir decepciones temporales.

RAMO * 924
▪ **Soñó con un hermoso ramo de flores:** asistirá a fiestas entre amigos, y puede recibir una herencia de una persona rica.

RANA * 513
▪ **Si en el sueño vio, oyó o comió ranas:** tendrá una vida llena de paz y comodidad, y también éxito en la vida social y comercial.

RANCHO * 501
▪ **Soñó que estaba o que vivía en un rancho:** conocerá a gente en un teatro y probablemente trabajará en un periódico. ▪ **Soñó que era invitado a pasar un fin de semana en un rancho:** recibirá críticas por ayudar a otras personas a extender habladurías.

RAQUETA * 743
▪ **En el sueño había una raqueta, de cualquier tipo:** ha tomado una mala decisión; también puede significar que padecerá una enfermedad breve.

RASPADO * 813 (*véase* Aborto)

RATÓN * 490
▪ **Soñó que veía a un ratón atrapado en una ratonera:** obtendrá una carta desagradable de un amigo aburrido. ▪ **Soñó que mataba un ratón:** adquirirá un nuevo ajuar.

RAVIOLIS * 060
▪ **Soñó que comía raviolis:** es una señal de que se encontrará a personas graduadas en el exterior.

RAYOS X * 191
▪ **Soñó que le hacían una radiografía de una parte del cuerpo o que un médico examinaba una placa:** tendrá que echar atrás una resolución o su actitud.

RECEPCIÓN * 293
▪ **Soñó que daba o que asistía a una recepción:** será aceptado en un grupo o en un club.

RECEPCIONISTA * 958
▪ **Soñó que era un recepcionista:** debe guardar bien lo que alguien tratará de quitarle.

RECETA (médica) * 431
▪ **Soñó que iba a una farmacia a comprar con una receta:** debe tener cuidado con su salud.

RECETA (gastronomía) * 003
▪ **Si en el sueño intercambiaba recetas de cocina con alguien:** puede esperar un buen desempeño en aquello en lo que se comprometió.

RECLUTA * 880
▪ **Soñó que era reclutado por el Ejército:** estará satisfecho de poder realizar su trabajo en casa.

RECTO * 370 (*véase* Culo)

REDACCIÓN * 244
▪ **Soñó que escribía una redacción escolar:** renovará una vieja amistad.

REFORMATORIO * 541
▪ **Soñó que era internado en un reformatorio:** es una advertencia para que elija a sus amistades con más cuidado.

REFUGIADOS * 281
▪ **Soñó que veía refugiados que huían de un país en guerra:** problemas sociales o revueltas en su país o localidad. ▪ **Soñó que daba cobijo en su casa a los refugiados:** será malinterpretado por algunos amigos por algo que hizo o dijo.

REFUGIO (antiaéreo) * 910
▪ **Estar dentro de uno durante un bombardeo:** tendrá un futuro sin preocupaciones.

REGALIZ * 876
▪ **Comer algo hecho con regaliz:** sus deseos progresarán satisfactoriamente.

REGALOS * 934
▪ **Soñó que recibía regalos de alguien:** tendrá una vida social feliz y buena suerte con el dinero. ▪ **Soñó con un regalo:** refleja un sentido calculador y frío de la amistad y de las relaciones sociales. ▪ **Si recibió un regalo de cumpleaños:** será invitado a un evento importante.

REGALOS (de boda) * 444

■ **Soñó que hacía un regalo de boda:** si usted es joven, sufrirá dificultades en sus finanzas. Si es mayor, sufrirá soledad y obstáculos difíciles de ser superados. También significa que deberá asumir responsabilidades que se le darán bien.

REGIMIENTO * 369

■ **Soñó que veía un regimiento que marchaba:** participará con éxito en los eventos o los comités de su comunidad.

REINA / REY * 671 (*véase también* Trono)

■ **Soñó que era un rey o una reina:** será importunado debido a una deuda de dinero. ■ **Soñó que se arrodillaba ante un monarca:** tendrá un trabajo mejor. ■ **En el sueño vio a un monarca en un coche o en un coche abierto:** tendrá éxito en su vida. ■ Los símbolos reales, como una corona, un trono o un vestido real pueden ser un *flashback* de una época de una encarnación pasada en la que usted formó parte de la nobleza. Por otro lado, puede indicar que usted desea recibir el amor y la lealtad de los que lo rodean, algo que ahora no ocurre.

REÍR * 096 (*véase también* Comedia)

■ **Soñó que se reía:** tendrá buena suerte en una cuestión de dinero.

RELÁMPAGO * 664 (*véanse también* Lluvia, Trueno [Este último en: cap. Pesadillas])

■ **Soñó que veía un relámpago:** se verá mezclado en eventos desafortunados. ■ **Soñó que un relámpago cortaba el cielo horizontalmente:** vivirá tiempos felices en su entorno social.

RELIGIÓN * 314 (*véase también* Creyente)

■ **Soñó que era una persona religiosa:** se dedicará a ayudar a las personas necesitadas. ■ **Soñó que era una persona antirreligiosa:** será criticado por algunos amigos por haberse mostrado indiferente a ellos.

RELOJ * 692

■ **Soñó que le daba cuerda a un reloj:** tendrá felicidad en el amor. ■ **Soñó que comprobaba que funcionase:** no debe perder el tiempo y tomar una decisión inmediatamente. ■ **Si en el sueño vio un reloj de sol:** es una señal de que realizará sus ambiciones. ■ **Soñó que llevaba puesto un reloj:** una persona importante lo ayudará.

RELOJ (de arena) * 706

■ **Soñó con arena cayendo dentro de un reloj de arena:** sufrirá una gran decepción por haber perdido una oportunidad.

REMO * 579 (*véase también* Canoa)
▪ **Soñó que había roto un remo:** significa que tendrá algunas dificultades y que su rápida capacidad de raciocinio hará que pueda superarlas (también debe jugar al número 443).

RENO * 247
▪ **Soñó que veía renos tirando del trineo de Santa Claus:** tendrá éxito en sus inversiones.

REPORTERO * 977
▪ **Soñó que era el reportero de un periódico:** tendrá buena suerte en los negocios. ▪ **Soñó que era entrevistado por un reportero:** pasará por algunas decepciones comunes.

RESCATE * 232
▪ **Soñó que era secuestrado y que exigían un rescate:** recibirá dinero de alguien que le hizo daño.

RESOLUCIÓN * 530
▪ **Soñó que se echaba atrás en una decisión:** deberá tener cuidado con alguien que quiere hundirlo.

RESORT * 079
▪ **Soñó que pasaba unas vacaciones en un resort:** coqueteará con alguien del sexo opuesto que después se enfadará con usted.

RESTABLECIMIENTO * 780 (*véase también* Convalecencia)
▪ **Soñó que se restablecía de una enfermedad:** vendrán tiempos mejores.

RESTAURANTE * 612
▪ **Soñó que comía mal en un restaurante barato:** disfrutará de una vida familiar feliz. ▪ **Soñó que comía con alguien y usted pagaba la factura:** se sentirá incómodo ante cierta crítica.

RETRATO * 096
▪ **Soñó que alguien fotografiaba o pintaba su retrato:** sufrirá decepciones. ▪ **Soñó que alguien posaba para una fotografía:** disfrutará de un evento importante.

REVISTA * 811

■ **Soñó que veía revistas en un quiosco:** se enamorará de una persona que no vive en su ciudad. ■ **Si en el sueño escribía para una revista:** tendrá buena suerte en su trabajo.

RIDÍCULO * 224

■ **Soñó que usted era puesto en ridículo:** encontrará a amigos interesantes. ■ **¿Otra persona hizo el ridículo?:** usted tendrá éxito en su trabajo. ■ **Si alguien que hizo el ridículo era criticado:** usted no será popular entre los demás.

RIFA * 065

■ **Soñó que ganaba en una rifa:** tendrá buena suerte en el juego.

RIÑA * 670

■ **Soñó con una disputa:** significa que deberá trabajar duro y ganará poco.

RIÑÓN * 412

■ **Soñó que sufría del riñón o necesitaba un trasplante:** debe tener cuidado con sus inversiones.

RIQUEZA * 054 (*véase* Millonario/a)

RISA * 329

■ **Si en el sueño se rio en un momento grave:** debe evitar cometer ciertos actos y perderle el respeto a los demás.

RIZOS (pelo) * 765

■ **Soñó que le cortaron los rizos de su pelo:** los días venideros serán felices. ■ **Si admiraba sus rizos:** debe evitar decir o hacer cosas que podrían suscitar críticas por parte de sus amigos.

ROBLE * 013

■ **Si vio un roble en su sueño:** tendrá buena salud y felicidad, y también predice una boda llena de amor. ■ **Si el roble era frondoso:** tendrá una larga vida útil. ■ **Si era alto:** señal de buena voluntad. ■ **Si era un árbol caído:** signo de pobreza.

ROCA * 058

■ **Soñó que era aplastado entre las rocas:** significa que el subconsciente lo está condenando por un pecado que cometió en el pasado.

RODILLA * 043

■ **Soñó que le temblaban las rodillas:** debe pedir disculpas por algo que hizo o dijo. ■ **Soñó que contemplaba las corvas de las piernas de alguien:** se encontrará con una persona desconocida muy atractiva.

ROER * 310

■ **Soñó que roía un hueso:** usted mismo es el causante de sus muchas preocupaciones.

ROJO * 146

■ **Si el color predominante en el sueño era el rojo:** es una señal de que sufrirá pequeñas irritaciones.

ROMERO * 197

■ **Si vio esta planta:** pronto cobrará buena fama.

ROMPECABEZAS * 276

■ **Si en el sueño se sintió confuso mientras montaba un rompecabezas:** competirá con alguien que tratará de obtener ganancias de usted.

RONQUERA * 603

■ **Soñó que estaba ronco:** es una advertencia de que algunas personas relacionadas con usted pueden avergonzarlo.

ROPA * 219

■ **Soñó que alguien llevaba una falda a cuadros:** tendrá una excitante vida amorosa. ■ **Soñó que usted llevaba una falda a cuadros:** será visitado por un viejo amigo. ■ **Soñó que llevaba ropas ridículas o no coincidentes:** encontrará la paz y obtendrá mejores condiciones financieras. ■ **Si en el sueño compraba o usaba ropa nueva:** tendrá nuevos admiradores y recibirá invitaciones a fiestas. ■ **Soñó que tiraba ropa:** deberá deshacerse de alguien que lo traiciona o que mancha su reputación. ■ **Soñó que usaba ropa de color blanco:** tendrá que ayudar a alguien que tiene problemas.

ROPITA (de bebé) * 111

■ **Soñó que le cambiaba la ropa a un bebé:** tendrá un buen matrimonio. ■ **Soñó que se negaba a cambiarle la ropa a un bebé:** tendrá que trabajar duro para comprar una propiedad.

ROSA * 505

■ **Soñó que veía una rosa:** es un signo de salud. ■ **Si cogía una rosa:** significa alegría. ■ **Si regalaba una rosa:** significa satisfacción. ■ **Si recibía una rosa:** buenos sentimientos. ▪ **Si cogía un capullo de rosa:** significa aborto. ▪ **Si la rosa era amarilla:** significa decepción. ▪ **Si la rosa era roja:** señal de diversiones.

ROSQUILLAS ∗ 559

▪ **Soñó que veía rosquillas en el sueño:** hará un largo viaje que le resultará muy satisfactorio.

ROSTRO ∗ 091 (*véase* Cara)

ROTURA (de objetos) ∗ 477

▪ **Soñó que se rompían cosas dentro de una casa:** discutirá con la persona amada. ▪ **Si en el sueño se rompió una ventana:** significa que usted o alguien de su entorno sufrirá una enfermedad mortal.

RUBÍ ∗ 459 (*véase* Piedras preciosas)

RUBIA ∗ 180

▪ **Si un hombre soñó que perseguía a una rubia:** sufrirá una gran decepción. ▪ **Si una mujer soñó que era una rubia admirada por los hombres:** tendrá una enfermedad temporal.

RUBOR ∗ 974

▪ **Soñó que se ruborizaba:** será aburrido y se involucrará en escándalos. ▪ **Soñó que otra persona se ruborizaba:** se enfadará con alguien sarcástico.

RUEDA ∗ 090 (*véase también* Máquina)

▪ **Soñó con ruedas girando:** predice trabajo duro, pero muy gratificante. ▪ **Soñó que veía una rueda sola por una carretera:** obtendrá satisfacción en algunos proyectos. ▪ **Soñó que alguien cambiaba la rueda pinchada de un coche:** participará en un evento emocionante.

RUEGO

▪ **Soñó que suplicaba:** significa sentimiento de desconfianza e impotencia; sentimiento íntimo de que usted no gusta a la gente.

S

SÁBANAS * 127
- Soñó con sábanas de lino: tendrá una vida placentera y sin preocupaciones.

SABAÑONES * 077
- Soñó que le salían sabañones que le picaban: participará en sucesos peligrosos.

SACACORCHOS * 244
- Soñó que usaba uno: debe evitar a un ser querido.

SACERDOTE * 388
- Soñó que era un sacerdote: tendrá buena suerte.

SALÓN * 925
- Si usted se encuentra en un salón de un edificio público: debe tomar una decisión importante.

SALÓN (de baile) * 553
- Soñó que veía un baile lleno de gente: tendrá una feliz sorpresa. - Si en el sueño el salón estaba vacío: sufrirá tristeza en su vida.

SALSA * 530
- Soñó que ponía salsa en los alimentos: ejercerá de casamentero entre dos personas que se aman. - Si la salsa que puso era a la pimienta: tendrá una ventura sexual. - Si se quemó la lengua con la salsa: sufrirá a causa de su distracción.

SALUD * 220
- Soñó que se sentía inquieto debido a su salud o a la de otra persona: felicidad en el futuro.

SALUDO * 916

- Si un amigo lo saludó en el sueño: usted pronto tendrá buenas ganancias. ▪ Si saludó a un falso amigo: usted sufrirá pérdidas financieras. ▪ Soñó que saludaba a alguien con la cabeza o doblando el cuerpo como los orientales: tendrá buenas relaciones amorosas.

SALVAVIDAS * 045

- Soñó que era salvado por uno: experimentará estimulantes actividades sociales.

SANDÍA * 295

- Si en el sueño comía sandía: predice un agradable crucero marítimo.

SANGRAR * 101 (*véase* Sangre)

SANGRE * 183

- Soñó que le salía sangre de una herida: sufrimiento, enfermedad o cualquier fracaso empresarial. ▪ Soñó con ropas manchadas de sangre: ciertos amigos falsos querrán sacarlo de un negocio exitoso que le fue propuesto. ▪ Soñó que veía a un animal chupando sangre: es una señal de que no puede confiar en sus amigos. ▪ Soñó que una sanguijuela le chupaba la sangre: debe cumplir con sus obligaciones familiares.

SANTO/A * 335

- Soñó con un santo o una santa: tendrá buenas relaciones con los amigos y una vida pacífica con la familia.

SAPO * 368

- Soñó que hería a un sapo: sufrirá un accidente menor. ▪ Soñó que salvaba a un sapo: será capaz de deshacer un malestar que provocó usted mismo.

SARAMPIÓN * 450

- Soñó con esta enfermedad: tendrá que pedir disculpas a alguien por algo que dijo o lo hizo.

SARTÉN * 531

- Soñó que alguien sacaba una sartén del fuego: tendrá una vida social divertida.

SASTRE * 432

- Si le pide una prenda de ropa a un sastre: recibirá una respuesta a una carta que escribió relacionada con un nuevo trabajo.

SCOUT (Girl) * 308
■ Soñó con un grupo de Girl Scouts: pronto verá cumplidos sus deseos.

SCOUT (Boy) * 665
■ Soñó con un grupo de Boy Scouts: tendrá alegrías en el hogar y en su vida familiar.

SED * 041
■ Soñó que saciaba la su sed con el agua de una fuente o de una cascada: será bien pagado por su trabajo. ■ Soñó que tenía sed: será invitado a visitar parientes lejanos. ■ Soñó que bebía sidra para tratar de calmar la sed: debe tener cuidado pues es posible que sufra un accidente.

SEDANTE * 733 (véase Anestesia)

SEGURO * 387
■ Soñó que un vendedor quería venderle un seguro: alguien le ofrecerá un puesto de trabajo mejor. ■ Soñó que solicitaba seguridad policial: perderá dinero. ■ Soñó que recibía el seguro de desempleo (345): Vendrán días mejores.

SEMÁFORO * 815
■ Soñó que se pasaba un semáforo en rojo: es un aviso de que puede tener problemas con la policía.

SENDERO * 678 (véase también Camino)
■ Soñó que seguía un sendero a pie o a caballo: alcanzará el éxito después de trabajar duramente. ■ Soñó que se perdía en un sendero: encontrará a una persona turbadora del sexo opuesto.

SENO * 090 (véase Busto)

SEPARACIÓN * 842
■ Soñó que un ser querido se marchaba: será recompensado por sus esfuerzos. ■ Si era usted quien se marchó: tendrá decepciones en un encuentro importante.

SERPIENTE * 200
■ Soñó con serpientes que no le mordían: puede significar que tiene enemigos secretos. ■ Soñó con serpientes y gusanos arrastrándose por su cuerpo: podría significar una enfermedad futura y una advertencia que usted debe hacerse un examen general de salud.

SERVICIO (público) * 549
▪ **Soñó que trabajaba en este tipo de empleo:** tendrá alegrías en cuestión de dinero y buena salud.

SERVILLETA * 618
▪ **Soñó con una servilleta:** será capaz de encontrar satisfacción en su vida social y en su trabajo.

SETA * 804
▪ **Soñó que recogía o comía setas:** ganará más dinero y encontrará personas que pueden ayudarle.

SETA (venenosa) * 333
▪ **Soñó que comía setas venenosas:** tendrá problemas en el futuro. ▪ **Si usted se las servía a alguien:** debe resolver malentendidos con amigos.

SEXO * 934
▪ **Soñó que miraba un acto sexual o que participaba en ello:** no significa nada, mientras que todos los demás elementos presentes en el sueño tienen mucho que decir. ▪ **Soñó que no tenía relaciones sexuales con nadie:** se sentirá decepcionado en relación a un proyecto que pretende llevar adelante.

SIDRA * 041
▪ **Si bebía o servía sidra en el sueño:** tendrá una buena vida social. ▪ **Si se le vertió en la ropa:** será feliz con la lotería.

SIERRA * 429
▪ **Soñó que cortaba con una sierra de mano:** tendrá dificultades en su vida amorosa.

SIESTA * 349
▪ **Soñó que se echaba una siesta relajante:** significa que tendrá más dinero.

SIETE Y MEDIO * 918
▪ **Soñó que jugaba a este juego de cartas:** disfrutará de buenas relaciones.

SILBATO, SILBAR * 739
▪ **Si oyó a un guardia tocar el silbato:** no tendrá mucho dinero. ▪ **Si silbó para llamar a un taxi:** disfrutará de una vida próspera. ▪ **Si silbaba una melodía:** logrará algo que ya deseaba antes.

SILLA * 198
▪ **Si se sentó en una silla cómoda:** a partir de ahora le será más fácil mejorar su vida y resolver sus problemas.

SINAGOGA * 014
▪ **Soñó que asistió a una oración en una sinagoga:** obtendrá más conocimiento a través de los estudios. ▪ **Soñó que veía a personas entrar en una sinagoga:** tendrá buena suerte en las finanzas.

SIRENA * 215
▪ **Soñó que era una sirena:** tendrá que hacer frente a algunas decepciones. ▪ **Soñó que escuchaba a una sirena:** superará con rapidez una situación tensa.

SKATE * 015 (*véase* Patinaje)

SNOOKER * 992 (*véase* Billar)

SNOWBOARD * 615
▪ **Soñó que usaba un snowboard:** sufrirá la traición de alguien del sexo opuesto a quien confió ciertos secretos íntimos.

SOBRAS * 807
▪ **Soñó con las sobras de una comida:** obtendrá grandes resultados, aunque pequeños al principio.

SOBRES * 757
▪ **Soñó que escribía una dirección en un sobre:** pronto encontrará a una persona a la que envió una carta. ▪ **Si puso un sello en un sobre:** tendrá buen matrimonio.

SOBRESALTO * 003
▪ **Soñó que se sobresaltaba:** tendrá que pasar por un problema inesperado.

SOBRINO * 213
▪ **Soñó que su sobrino le pidió dinero:** será feliz socializando con viejos y nuevos amigos.

SOBORNO * 259
▪ **Soñó que aceptaba un soborno:** sufrirá una larga enfermedad. ▪ **Si en el sueño era usted quien ofrecía un soborno:** algunas personas querrán aprovecharse de usted.

SOCIO * 453

▪ **Soñó que tenía un socio:** significa que ganará dinero. ▪ **Soñó que deshacía una sociedad:** su destino no será tan bueno.

SOCORRO * 561

▪ **Soñó que proporcionó los primeros auxilios a una persona lesionada:** le ofrecerán un puesto de gran prestigio.

SOFÁ * 959 (*véase también* Diván)

▪ **Soñó que estaba sentado en un sofá con su amor:** entrará en un negocio. ▪ **Soñó que el sofá tenía un muelle roto y fuera:** vendrán horizontes duros.

SOL * 797

▪ **Soñó que veía un hermoso amanecer:** tendrá éxito en sus nuevos proyectos.

SOLEDAD * 510

▪ **Soñó que sufría en soledad:** formará parte de agradables círculos sociales.

SOLITARIA * 483

▪ **Soñó con este parásito:** heredará algo.

SOLTERO * 258

▪ **Una mujer soñó con un soltero:** el hombre al que ama es un hipócrita. ▪ **Un hombre soñó que estaba soltero:** debe tener cuidado en el trato con las mujeres.

SOLTERONA

▪ **Soñó que era una solterona:** gran tristeza. ▪ **Soñó que seguía siendo una solterona:** será ofendida por una propuesta. ▪ **Soñó que era una solterona que quería casarse:** se casará con un hombre joven. ▪ **Soñó con muchas solteronas juntas:** disfrutará de acontecimientos felices.

SOMBRERO * 329 (*véase también* Gorra)

▪ **Soñó que se ponía un sombrero demasiado grande para su cabeza:** debe evitar conductas indiscretas. ▪ **Si el sombrero era demasiado pequeño:** sufrirá decepciones en el amor. ▪ **Si el viento le arrancó el sombrero de la cabeza:** tendrá pequeñas preocupaciones comerciales. ▪ **Si compró un sombrero nuevo:** tendrá buena suerte.

SOMBRILLA * 118

▪ **Soñó con una sombrilla:** tendrá un hermoso amor y se irá de vacaciones a un rincón agradable. ▪ **Si lo abría en un espacio interior:** su relación amorosa no será tranquila.

SONDA (acuática) * 984
■ **Soñó con una sonda acuática:** sufrirá pérdidas en su comercio, pero se recuperará más tarde.

SONIDO * 114
■ **Soñó que escuchaba la sirena de un barco:** tendrá una vida social feliz. ■ **Soñó que escuchaba el sonido del claxon de un coche:** deberá tener cuidado de no sufrir un accidente. ■ **Soñó que escuchaba el sonido de la trompa de una banda:** tendrá problemas familiares.

SORDERA * 490
■ **Soñó que sufría sordera o hablaba con un sordo:** es una buena señal, porque superará sus preocupaciones.

SORPRESA * 538
■ **Soñó que le daban una sorpresa:** experimentará una experiencia emocionante. ■ **Soñó que sorprendía a alguien:** aumentarán sus finanzas.

SÓTANO * 361 (*véase* Bodega)

SUBMARINO * 619
■ **Soñó que estaba dentro de un submarino:** debe pedir disculpas por no haber asistido a una reunión. ■ **Soñó que miraba a través de un periscopio:** recibirá una carta que le afectará mucho. ■ **Soñó que disparaban un torpedo:** tendrá que aclarar malentendidos con alguien del sexo opuesto.

SUCIEDAD * 203
■ **Soñó con un lugar sucio o con personas de mente sucia:** debe tener cuidado con los falsos amigos.

SUDOR * 889
■ **Soñó que sudaba profusamente:** deberá trabajar duro, pero tendrá una buena vida. ■ **Soñó que el sudor le empapaba el rostro:** alguien de su familia enfermará.

SUEGRA * 549
■ **Soñó que discutía con su suegra:** deberá ser muy diplomático al negociar una situación tensa. ■ **Soñó que usted era la suegra:** tendrá que defenderse de los chismes sarcásticos y de las habladurías que corren sobre usted.

SUELO * 448

▪ **Soñó que barría el suelo:** hará un buen viaje. ▪ **Si se tiró al suelo:** estará satisfecho con cierta persona a su lado. ▪ **Si rehízo el suelo de su casa con nuevas piedras o tablas:** obtendrá buenos rendimientos comerciales.

SUEÑOS * 859

▪ **Soñó que no conseguía soñar:** pronto verá realizadas sus esperanzas.

SURF * 298

▪ **Soñó con surfistas que cortaban las olas:** significa que será apreciado por su buen trabajo y será feliz en el amor. ▪ **Soñó que practicaba surf en olas muy altas:** sufrirá a causa de promesas incumplidas que alguien le hizo.

TABACO * 842 (*véase también* Pipa)
▪ **Soñó que era fumador:** tendrá una vida agradable. ▪ **Soñó con tabaco de mascar:** fracasará con el sexo opuesto.

TABLÓN * 699
▪ **Soñó que clavaba clavos en un tablero:** emprenderá un negocio que le resultará beneficioso. ▪ **Soñó que alguien cortaba tablones con una sierra:** se peleará con la familia.

TALISMÁN * 183
▪ **Soñó que llevaba un talismán colgado de una pequeña cadena o de una pulsera:** buena salud y mejora financiera.

TALÓN (bancario) * 551
▪ **Soñó que perdió un cheque:** tenga cuidado si participa en política o si escucha una conversación entre políticos.

TAMBOR * 100
▪ **Soñó que tocaba un tambor:** oirá habladurías desagradables. ▪ **Soñó que otro tocaba un tambor:** tendrá que convencer a su familia para hacer cierto viaje.

TANGO * 127
▪ **Soñó que bailaba un tango:** malgastará el dinero en diversión y en la bebida.

TAPAR (los ojos) * 381
▪ **Soñó que alguien le tapaba los ojos:** sufrirá pequeñas molestias en la vida.

TAPETE * 213 (*véase* Alfombra)

TAPIOCA * 923
▪ **Soñó que comía tapioca:** será infeliz porque perderá oportunidades por mera ignorancia.

TAPIZ * 071

- **Soñó que vio un hermoso tapiz:** tendrá una vida fácil.

TAPÓN * 938

- **Soñó que le quitaba el tapón a una botella:** sucederá algo extraño, pero que será aclarado. **Soñó que le ponía un tapón a una botella:** relación amorosa frívola que le alegrará el corazón.

TARIMA * 940

- **Soñó que estaba en una tarima:** es posible que reciba una invitación para dar un discurso en público.

TARJETA * 540

- **Soñó que recibía una tarjeta de visita:** buenas noticias en su camino. **Si la tarjeta es de un luto:** previsión de malas noticias. **Si la tarjeta es humorística:** tendrá suerte en el amor, pero no tanto en los negocios. **Si recibió o envió una postal:** sufrirá social y financieramente.

TARTA * 714 (*véanse* Dulce, Pastel)

TARTAMUDO * 822

- **Si en el sueño no entendía a alguien que tartamudeaba:** tendrá dificultades con un pariente malicioso.

TASAS * 182

- **Soñó que pagaba ciertas tasas o impuestos:** significa que tendrá la oportunidad de obtener más dinero.

TATUAJE * 305

- **Soñó que estaba tatuado:** hará un largo viaje. **En el sueño vio a otras personas tatuadas:** tendrá que guardar sus propios secretos.

TAXI * 701

- **Soñó que conducía un taxi:** disfrutará de una vida agradable en todas las áreas. **Soñó que usted era el pasajero de un taxi:** sufrirá molestias menores.

TAXIDERMISTA * 118

- **Soñó con aves o animales disecados:** será popular entre los amigos.

TAZA ⋆ 494

- **Si usó una taza durante una comida:** sus amigos lo consideran un fanfarrón. ▪ **Si bebió de una taza sin estar en una comida:** recibirá algo de dinero inesperado.

TÉ ⋆ 020

- **Soñó que bebía té:** sufrirá una enfermedad leve. ▪ **Soñó con hojas de té:** es señal de indiscreciones. ▪ **Si le ofreció té a alguien:** significa hipocresía. ▪ **Soñó que veía té:** señala un cambio en la vida social o la llegada de una visita.

TEATRO ⋆ 628

- **Soñó que vio una obra de teatro:** tendrá una vida social activa. ▪ **Soñó que estaba en un teatro a oscuras:** se verá importunado por situaciones existenciales. ▪ **Soñó que asistía a una obra de burlesque:** cometerá algunos errores estúpidos.

TEJER ⋆ 691

- **Soñó que tejía una tela o una alfombra:** encontrará paz y prosperidad en su camino. ▪ **Soñó que otra persona estaba tejiendo:** tendrá éxito en su trabajo.

TEJÓN ⋆ 758

- **En el sueño vio un tejón:** es una señal de que sus problemas desaparecerán pronto.

TELARAÑA ⋆ 631 (*véase también* Araña)

- **Soñó que había una telaraña en un sótano:** pronto tendrá buena suerte. ▪ **Soñó que vio telarañas en artículos del hogar, libros, etc.:** vienen tiempos difíciles para usted.

TELÉFONO ⋆ 451

- **Soñó que hacía una llamada telefónica:** significa que se reunirá con viejos amigos. ▪ **En el sueño oyó el timbre de un teléfono:** es una señal de que tendrá preocupaciones y enfermedades. ▪ **Soñó que estaba hablando por teléfono:** no debe fiarse demasiado de sus colegas. ▪ **En el sueño vio un teléfono que estaba en silencio:** puede contar con un aumento de sueldo.

TELEGRAMA ⋆ 981

- **Soñó que recibió un telegrama feliz:** predice que ganará dinero. ▪ **Soñó que el telegrama traía malas noticias:** tendrá dificultades con el impuesto sobre la renta o impuestos similares.

TELEPATÍA * 607

▪ **En el sueño recibió un mensaje telepático:** es una señal de que recibirá una carta con buenas noticias.

TELEVISIÓN * 311 (*véase también* Radio)

▪ **Soñó que veía un evento en la televisión:** ganará más dinero con un trabajo duro. ▪ **Soñó que veía una ejecución de la pena de muerte en la televisión:** es un signo de mala suerte.

TEMPERATURA * 632 (*véase* Termómetro)

▪ **Soñó que la temperatura estaba bajo cero y tiritaba:** recibirá ropa nueva de regalo.

TEMPLO * 660 (*véanse* Iglesia, Sinagoga)

TENIS * 999

▪ **Soñó que jugaba al tenis:** será popular. ▪ **En el sueño vio un partido:** disfrutará de mejores rendimientos.

TENTACIÓN * 772

▪ **Soñó que se dejaba seducir por una persona del sexo opuesto:** deberá ocultar su mala reputación.

TERCIOPELO * 708

▪ **Soñó que llevaba un traje de terciopelo:** necesita arrepentirse de algo que hizo.

TERMÓMETRO * 307

▪ **Soñó que se tomaba la fiebre con un termómetro:** necesita hacer uso de su conciencia cuando habla al público.

TESTAMENTO * 419

▪ **Soñó que usted era el testamentario de una herencia:** tendrá éxito con el sexo opuesto.

TÉTANOS * 695

▪ **En el sueño sufría la enfermedad del tétanos:** significa que no será capaz de encontrar soluciones simples a sus problemas.

TÍA/O * 140

▪ **Soñó con su tío o con su tía:** es una buena señal, pronto recibirá dinero o beneficios.

TIARA * 380 (*véase también* Corona)
▪ Soñó que llevaba puesta una tiara adornada con piedras preciosas: sufrirá a causa de la maldad de ciertos amigos envidiosos.

TIENDA * 814
▪ Soñó que poseía una tienda: tendrá un impulso financiero. ▪ Soñó que trabajaba en una tienda: predice mejores condiciones para usted. ▪ Soñó que estaba en una tienda de retales: progresará poco en sus asuntos. ▪ Soñó que estaba en una tienda de medias 712: recibirá la ayuda de otra persona.

TIENDA (de campaña) * 139
▪ Soñó que estaba en una tienda de campaña: disfrutará de una mejor situación social y comercial. ▪ En el sueño el viento derribó la tienda: debe protegerse de un accidente.

TIERRA * 736
▪ Soñó que veía la Tierra desde un satélite: recibirá una herencia después de mucha espera.

TIGRE * 693
▪ Soñó que mataba o perseguía un tigre: tendrá buena suerte.

TIJERAS
▪ Soñó con unas tijeras: deberá ser más ágil o sus colegas pasarán por delante de usted.

TIMADOR * 717
▪ Soñó que vio a un timador actuando: es una señal de que participará en unos grandes beneficios empresariales.

TINA * 916 (*véase* Cubo)

TINTA * 824 (*véase también* Mancha)
▪ Soñó con tinta negra: se verá envuelto en algún proyecto desafortunado. ▪ Soñó con tinta roja: significa que pronto recibirá buenas noticias. ▪ Soñó que alguien salpicaba tinta: tendrá una vida tranquila. ▪ Soñó que usaba tinta para escribir a alguien: debe tener cuidado con las confidencias que les hace a ciertos «amigos».

TINTE * 061
▪ Soñó que se teñía la ropa o el pelo: tendrá prestigio en su vida social.

TIRANTES * 538

▪ Si un hombre soñó que había perdido los tirantes: ganará una causa. ▪ Si una mujer soñó que su novio llevaba tirantes: será criticada por él por sus malas maneras.

TÍTULOS (banco) * 413

▪ Soñó que negociaba con títulos recientes: su estatus mejorará. ▪ Soñó que negociaba con títulos antiguos: ganará un poco de dinero, pero le traerá problemas.

TIZA * 121

▪ Soñó que escribía con tiza en una pizarra: sus proyectos pueden fracasar. ▪ Si la tiza se rompió mientras escribía: tenga cuidado con los animales extraños.

TOALLA * 224

▪ Soñó que se secaba las manos y la cara con una toalla: tendrá una vida próspera. ▪ Soñó que se secaba las manos y la cara con una toalla de papel: sufrirá pérdidas de dinero. ▪ Soñó que vio un mantel de lino, bien limpio, sobre la mesa, acompañado de sus respectivas servilletas: tendrá prestigio social.

TOBILLO * 259

▪ Un hombre soñó que le miraba los tobillos a una mujer: significa que desea una fogosa aventura amorosa. ▪ Soñó que se torcía un tobillo: perderá dinero en una transacción.

TOBOGÁN * 334

▪ Soñó con un tobogán: recibirá una herencia inesperada. ▪ Soñó con un tobogán cubierto de nieve: tendrá algunas dificultades en su trabajo.

TOCADISCOS * 074

▪ En el sueño vio y escuchó un tocadiscos: puede perder su autoconfianza frente a otras personas.

TOCINO * 837

▪ Soñó que comía tocino o que lo usaba para cocinar: Tenga cuidado con las personas que deterioran su moral. ▪ Si comía tocino de buena calidad: obtendrá mucho dinero. ▪ Si el tocino estaba en mal estado: muchas decepciones a la vista. ▪ Si el tocino estaba ahumado: alguien de su entorno enfermará.

TOLDO * 091

▪ Soñó con un toldo en una ventana: encontrará un trabajo mejor o un negocio más rentable. ▪ Soñó que extendía un toldo: su esposa tendrá hijos. Si usted no está casado, el sueño significa que pronto tendrá un buen socio. ▪ **Soñó que se sentaba debajo de un toldo:** se salvará por los pelos de las dificultades de su dura vida.

TOMATE * 076
▪ **Soñó que comía tomates o que se bebía su zumo:** disfrutará de muchos viajes.

TORMENTA * 336
▪ **En el sueño quedó atrapado por la lluvia, la nieve o vivió una tormenta en el mar:** tendrá preocupaciones temporales, que superará mediante el control de sus emociones. ▪ **Soñó con una tormenta con muchos truenos y relámpagos:** simboliza un desastre que puede ocurrir en breve.
▪ **En el sueño había mucha tinta:** hará un largo viaje.

TORNO * 590
▪ **Soñó que trabajaba en un torno:** predice que tendrá éxito al llevar a cabo sus nuevas ideas.

TORO * 940
▪ **Soñó con un toro blanco:** progresará en su trabajo. ▪ **Soñó que veía toros:** tendrá pocos amigos, poco dinero y una vida simple.

TORPEDO * 562 (*véase también* Mina)
▪ **Soñó que estaba en un submarino que disparó torpedos:** sufrirá dificultades sociales y financieras.

TORRE * 017
▪ **En el sueño contempló una torre:** significa que los falsos amigos pueden tratar de manchar su reputación.

TORTILLA * 449 (*véase también* Huevos)
▪ **Si en el sueño se comía una buena tortilla:** tendrá un noviazgo y un matrimonio felices. ▪ **Soñó que la tortilla estaba dura o seca:** sufrirá decepciones amorosas.

TORTUGA * 765
▪ **En su sueño vio una tortuga:** le faltará iniciativa en la vida.

TOS * 698
▪ **Soñó que tosía:** sufrirá un accidente.

TOSTADA * 530

■ **Soñó que comía una tostada de pan:** significa que recibirá una visita social. ■ **Soñó que extendía mantequilla en una tostada:** tendrá que soportar gastos adicionales. ■ **La tostada estaba quemando:** tendrá pequeños problemas.

TOSTADORA * 990

■ **Soñó que hacía tostadas de pan en una fiesta:** será respetado en su comunidad.

TÓTEM * 905

■ **Soñó con este tipo de fetiche:** predice una reunión feliz con un pariente de una ciudad lejana.

TRABAJADOR * 697

■ **Si en el sueño era un trabajador del sector de la construcción:** tendrá éxito en sus nuevos planes. ■ **Soñó que se sintió despreciado por ser un trabajador:** no hará el mejor uso de su inteligencia. ■ **Si en el sueño pertenecía a un sindicato de trabajadores:** disfrutará de una vida mejor.

TRABAJO (manual) * 246

■ **Soñó que trabajó con piedra o madera:** felicidad en la vida familiar. ■ **Soñó que hacía trabajos manuales:** las cosas mejorarán muy pronto y no deberá preocuparse por su sustento.

TRACTOR * 218

■ **Soñó con un tractor:** debe mantenerse alejado de los «amigos» que solamente pretenden implicarlo en una situación vergonzosa. ■ **Soñó que conducía un tractor:** es una señal de que tendrá beneficios en los negocios. ■ **Soñó que trataba de conducir un tractor pero no arrancaba:** su frívola pareja sufrirá un fracaso sexual.

TRÁFICO * 892

■ **Soñó que observaba el complicado tráfico de la ciudad:** tiene que resolver algunos problemas molestos, en los negocios y en su vida personal. ■ **Soñó que conducía lentamente entre el tráfico:** será capaz de encontrar soluciones a sus problemas.

TRAICIÓN * 763 (*véase* Traidor)

TRAIDOR * 674

■ **Soñó con un traidor:** sufrirá escasez financiera momentánea.

TRAJE * 581

▪ **Soñó que vestía un traje:** significa que comprará ropa nueva para la noche. ▪ **Soñó que iba a una cena vestido con un traje:** significa que alguien le pedirá dinero. ▪ **Soñó que además del traje llevaba una pajarita blanca:** será el blanco de rumores maliciosos. ▪ **Soñó que chocaba con una persona vestida con traje:** necesita calmarse y aumentar su autocontrol para no herir a nadie (especialmente si fuera enemigo).

TRAMA * 187

▪ **Soñó que descubría una trama en su contra:** se deshará de sus deudas. ▪ **Soñó que formaba parte de un trama:** tendrá mala suerte.

TRANQUILIDAD * 509

▪ **Soñó que abandonaba un lugar ruidoso para irse a un lugar tranquilo:** pronto hará un viaje. ▪ **Soñó que estaba en un lugar tranquilo:** recibirá un *shock* inesperado.

TRANSFERENCIA * 012

▪ **Soñó con cualquier tipo de transferencia:** hará un largo viaje después de una larga espera.

TRANSMISIÓN * 058

▪ **Soñó que emitía una transmisión por radio o televisión:** las personas evitarán escuchar sus ideas.

TRANSPIRACIÓN * 711 (*véase* Sudor)

TRANVÍA * 500

▪ **Soñó que se subía a un tranvía:** pronto cambiará de coche.

TRAPECIO * 688

▪ **Soñó que era un artista del trapecio:** predice un matrimonio feliz.

TRÁQUEA * 267

▪ **Soñó que algo le bloqueaba la tráquea:** predice que tendrá que pagar sus deudas de alguna forma.

TRATA (de blancas) * 318 (*véase* Prostituta)

TREN * 138 (*véase también* Metro)

▪ **Soñó que caminaba por el pasillo de un vagón de tren:** es necesario concentrarse más en su trabajo para obtener los mejores resultados. ▪ **Soñó que viajaba** en un vagón de primera clase: necesitará más dinero del que tiene. ▪ Soñó que perdía el tren: encontrará un buen amigo que estará disponible para ayudarle. ▪ Soñó que viajaba en un tren de carga o vio pasar uno por las vías: le resultará más fácil negociar sus artículos.

TRICOTAR * 431
▪ Soñó que tricotaba: será feliz con su familia.

TRIGO * 400
▪ Soñó con un campo de trigo: tendrá paz y prosperidad. ▪ Soñó que veía trigo creciendo en un campo: tendrá un buen matrimonio y unos hijos buenos. ▪ Soñó que comía pan de trigo puro: ganará dinero trabajando. ▪ Soñó con harina de trigo: tendrá éxito. ▪ Soñó con personas trillando trigo: tendrá una vida llena de amor. ▪ En el sueño había trigo ardiendo: sufrirá molestias.

TRILLAR * 674
▪ Soñó que alguien trillaba trigo u otro cereal: tendrá una vida feliz y más dinero.

TRILLIZOS * 215
▪ Soñó que tenía trillizos: será el centro de atención. ▪ Soñó que llevaba a unos trillizos en un cochecito de bebés: buena suerte en las cartas.

TROFEO * 413
▪ Soñó que ganó un trofeo en una competición deportiva: actuará correctamente en ciertos negocios.

TROMPETA * 803
▪ Soñó que tocaba este instrumento musical: se sentirá orgulloso de una nueva aventura. ▪ Soñó que un ángel tocaba la trompeta: sufrirá un ataque de artritis. ▪ Soñó que otra persona tocaba la trompeta: tendrá buena suerte, y recibirá una buena noticia de un viejo amigo. ▪ Si oyó tocarla con sordina: algo malo sucederá en su vida.

TRONCO * 583
▪ Soñó que cortaba un tronco o lo vio flotando río abajo: tendrá la oportunidad de hacer crecer su negocio. ▪ Soñó con una pila de troncos: no será capaz de tener o de hacer de nuevo todo lo que tenía o hacía antes.

TRONO * 618
▪ Soñó que se sentaba en un trono real: no logrará evitar correr riesgos.

TRÓPICO * 832
▪ **Soñó que estaba en un trópico:** recibirá regalos o frutas de un amigo. ▪ **Soñó que era amable con una persona del trópico:** será voluble en el amor.

TRUCO * 818 (*véase también* Magia)
▪ **Soñó que divertía a la gente haciendo trucos de magia:** le pedirán consejo para formar una organización.

TUBERCULOSIS * 619
▪ **Soñó que sufría esta enfermedad:** es una advertencia para que cuide de su salud.

TUBERÍA * 793
▪ **Soñó que desatascaba una tubería:** tendrá disputas familiares. ▪ **Soñó con una nueva tubería:** usted viajará pronto.

TULIPANES * 676
▪ **Soñó con tulipanes:** significa más satisfacción con el sexo opuesto. ▪ **Soñó que plantaba tulipanes:** sufrirá algunas decepciones.

TUMBA * 145
▪ **Soñó que lo estaban enterrando:** vencerá a sus enemigos. ▪ **Soñó que veía una tumba:** debe tener cuidado porque pronto sufrirá una enfermedad.

TÚNEL * 048
▪ **Soñó que pasaba por un túnel oscuro:** realizará sus ambiciones, pero primero pasará por algunos contratiempos y desalientos. ▪ **Soñó que pasaba por un largo túnel que parecía no tener fin:** pasará por un período de tiempo en que sus problemas parecerán no acabarse nunca. ▪ **Soñó con una luz al final del túnel:** puede significar que un período difícil está llegando a su fin y que las cosas mejorarán.

UKELELE ∗ 651
▪ **Soñó que escuchaba o tocaba una música hermosa en un ukelele:** tendrá un reencuentro sentimental con viejos amigos. ▪ **Si se rompió una cuerda del ukelele:** tendrá mala suerte por ahora.

UNIFORME ∗ 014
▪ **Soñó que vestía de uniforme:** recibirá el respeto público por algo que hizo por otros.

UNIFORME (militar) ∗ 545
▪ **Soñó con un uniforme militar:** correrá peligro por culpa de ciertos amigos poco fiables.

UNIÓN ∗ 981 (*véase* BODA)

UNIVERSIDAD ∗ 630 (*véanse también* Campus, Facultad)
▪ **Soñó con una universidad:** mejorará en los estudios.

UÑAS ∗ 693
▪ **Soñó que le hacían una manicura profesional:** deberá recortar gastos. ▪ **Soñó que se cortaba las uñas:** será feliz por trabajar con otros para el bienestar de su comunidad. ▪ **Soñó que se pintaba las uñas de rojo:** algunas personas le mostrarán su desprecio. ▪ **Soñó que se cortaba las uñas muy cortas:** pasará por problemas que lo dejarán indefenso.

URINARIO ∗ 650
▪ **Soñó con un urinario:** es una buena señal, obtendrá más dinero y felicidad en la familia.

URTICARIA ∗ 589
▪ **Soñó que sufría esa dolencia de la piel:** será capaz de superar cualquier preocupación, si se esfuerza lo suficiente.

USURERO * (véase Préstamo)

UTENSILIOS (de cocina) * 013
• Si utilizó utensilios lavados y limpios: tendrá felicidad en el amor. • Si las ollas estaban sucias o manchadas: sufrirá frustraciones en el amor.

UTENSILIOS (en general) * 792
• Soñó con utensilios de cocina: sufrirá miseria. • Soñó con utensilios de pesca: tendrá fortuna en los negocios. • Soñó con utensilios de escritura: evitará el peligro de la traición. • Soñó con utensilios de acero: es señal de muerte. • Soñó con utensilios de madera: debe evitar malgastar. • Soñó con utensilios de plomo: recibirá una herencia. • Soñó con utensilios de porcelana: es señal de enfermedad. • Soñó que fabricaba utensilios: es señal de tristeza e infelicidad. • Soñó que compraba o vendía utensilios: deberá soportar un pesar.

UVAS * 886
• Soñó que comía uvas: es un signo de gran satisfacción, sobre todo en cuestiones de trabajo y beneficios. • Soñó que comía uvas maduras: señal de que tendrá alegrías. • Soñó que comía uvas verdes: sufrirá reveses con un final feliz. • Las uvas eran blancas: significa inocencia. • Las uvas eran oscuras o negras: significa infelicidad. • Soñó que pisaba uvas para hacer vino: derrotará a sus enemigos. • Las uvas estaban secas: sufrirá desamor.

UVAS (pasas) * 729
• Soñó que comía uvas pasas: será capaz de resistir una fuerte tentación.

VACA * 578 (*véanse también* Becerro, Ganado)

▪ Soñó que una vaca pastaba en un prado: tendrá buena salud. ▪ Soñó con una vaca fea y muy delgada: habrá peleas en la familia. ▪ Soñó que ordeñó una vaca y se bebió su leche: ganará más si se centra en su trabajo. ▪ El sueño tenía una vaca de protagonista principal: significa que usted busca un apoyo constante y tranquilo.

VACACIONES * 833

▪ Si se tomó unas vacaciones en su trabajo: disfrutará de cosas nuevas.

VACUNA * 617

▪ Soñó que lo vacunaban: significa que tendrá éxito en el trabajo, de acuerdo con sus propias ideas.

VAGABUNDO * 213 (*véase también* Mendigo)

▪ Soñó que le daba alimentos o dinero a un vagabundo: avanzará en su vida social. ▪ Soñó que se negaba a dar dinero a un vagabundo: se verá involucrado en situaciones desagradables. ▪ Soñó que era un vagabundo feliz: será capaz de relajarse y tomarse unas vacaciones. ▪ Soñó que un vagabundo le pedía alimentos y usted se negó: tendrá que trabajar duro para progresar un poco.

VAGÓN * 018

▪ Soñó que se subía a un vagón: participará en una venta.

VAHO * 974

▪ Si soñó que sus ventanas se empañaban por el frío exterior: hará cosas de las que se sentirá orgulloso.

VAINILLA * 697

▪ Soñó que comía algo con sabor a vainilla: tendrá invitados de honor en una fiesta.

VALIJA * 010 (véase Maleta)

VALOR * 658
- ¿Soñó que realizaba actos de valentía?: alguien lo llamará para realizar un acto de valentía.

VALS * 458
- Soñó que bailaba un vals: se enfrentará a una decisión difícil. ▪ Soñó que escuchaba un vals: tendrá relaciones amorosas en breve.

VEHÍCULO * 019
- Soñar con un coche, un avión o un tren puede indicar que va a hacer un viaje.

VEJEZ * 275
- Soñó que era viejo: lo llamarán para que ayude con su experiencia.

VELA * 259
- Soñó con velas apagadas: sufrirá algunas decepciones. ▪ Soñó con velas encendidas: Su vida familiar mejorará.

VELO * 951
- Soñó que alguien llevaba un velo: significa que hará algo audaz para tener éxito.

VENA * 087 (véanse también Arteria, Sangre)
- Soñó que se cortaba una vena: recibirá noticias fastidiosas sobre alguien a quien ama.

VENDA * 412
- Soñó que se vendaba un miembro o que aplicaba una venda a otra persona: sabrá traducir buenas ideas y alcanzar el éxito.

VENDAVAL * 973 (véase Tormenta)

VENENO * 450 (véase también Antídoto)
- Soñó que tomaba veneno: se reirán de usted por algo que hizo. ▪ Soñó con una planta venenosa: significa que se peleará con alguien del sexo opuesto.

VENTANA * 014
■ Soñó con una ventana completamente abierta: tendrá mala suerte. ■ Soñó que abría una ventana: tendrá buena salud. ■ Soñó que cerraba una ventana: recibirá una visita. ■ Si entró en una casa a través de una ventana: será vilipendiado por alguien.

VENTANAL * 900
■ Si en el sueño miraba a través de un ventanal: sentirá paz y tranquilidad. ■ Si el ventanal tenía una persiana rota: usted cambiará de vivienda.

VENTRÍLOCUO * 530
■ Soñó que vio a un ventrílocuo actuar y luego le aplaudió: se burlarán de usted.

VERDURAS * 014
■ Soñó que compraba verduras: su familia tendrá salud y felicidad. ■ Soñó que comía verduras: le cobrarán una vieja deuda.

VERRUGA * 911
■ Soñó con una verruga: significa que tratará de ayudar a otras personas, pero eso lo implicará en una situación embarazosa.

VERTEDERO * 098
■ Si vio un vertedero: no debe hacer planes a corto plazo ni permitir que otra persona lo induzca a hacerlos.

VÉRTIGO * 619 (véase también Mareo)
■ Soñó que sufría vértigo repentino: deber tener cuidado con el sexo opuesto.

VETERANO * 548
■ Soñó que contemplaba un desfile de veteranos: significa que se le reprenderá por trabajos no terminados.

VETERINARIO * 326
■ Soñó que un veterinario curaba a un animal: sufrirá un pequeño accidente.

VESTIDO * 797
■ Vio un vestido en el sueño: exagerará con la comida y la bebida y eso disgustará a las personas de su alrededor. ■ En el sueño vio un vestido en un escaparate: logrará una alta posición en los círculos políticos y en el gobierno.

VIAJE * 890
- Soñó que emprendía un viaje: pronto recibirá una entrada de dinero.

VIDA * 712
- Soñó una vida plena en el hogar: tendrá éxito en negocios.

VIENTO * 699
- En el sueño hacía un viento suave: tendrá buena suerte. - El viento era fuerte: tendrá que trabajar duro para superar las dificultades.

VIENTRE * 874
- Si tuvo dolor de vientre: señal de buena salud. - Si alguien se subió a su vientre: sufrirá una humillación. - Si se le hinchó el vientre: sufrirá una enfermedad leve.

VILLANO * 074
- Soñó que alguien lo llamó villano en el sueño: tendrá pequeños conflictos familiares. - Soñó que llamó villano a alguien: será alabado por alguien del sexo opuesto.

VINAGRE * 020
- Soñó que aliñaba con vinagre una ensalada: predice una vida familiar feliz.

VINO * 450 (*véase también* Bebidas)
- Soñó que bebía demasiado vino: deberá tener cuidado al contar sus secretos. - En el sueño bebía un poco de vino: significa que será influido por alguien de sus mismas creencias religiosas.

VIÑA * 068
- Soñó con unos viñedos repletos de racimos de uva: intentará llevar a cabo nuevas ideas. - El viñedo no tenía uvas: es una advertencia de que no intente hacer nada que sea peligroso.

VIOLETA * 129
- Soñó que arrancaba violetas o que las usaba para algo: ascenderá socialmente.

VIOLÍN * 471
- Soñó que tocaba este instrumento musical: confundirá a alguien debido a sus ideas originales, pero esa persona será favorable a estas ideas.

VIOLONCELO * 255
▪ **Soñó que escuchaba un violoncelo afinado:** pasará experiencias interesantes. ▪ **Soñó con un violoncelo desafinado:** enfermará y deberá tomar decisiones desagradables.

VIRGEN * 592
▪ **Soñó con una imagen u otra representación de la Virgen:** significa que será amado por los niños. ▪ **Una chica soñó que era virgen:** conseguirá enamorar a muchos hombres debido a su sensualidad. ▪ **Una mujer casada soñó que era virgen:** asistirá a eventos decepcionantes.

VISIÓN * 714 (véase también Espejismo)
▪ **Soñó con visiones agradables:** tendrá una feliz sorpresa. ▪ **Las visiones eran fantásticas:** es una señal de que se endeudará.

VISITANTE * 851
▪ **Soñó que recibía la visita de alguien:** recibirá un regalo que recibirá a gusto. ▪ **Soñó que usted estaba de visitan en casa de alguien:** recibirá una invitación interesante.

VISÓN * 532
▪ **Soñó que llevaba puesto un abrigo de visón:** recibirá pequeñas ganancias por un trabajo muy extenuante. ▪ **Si en el sueño vio a una mujer que llevaba un abrigo de visón:** debe protegerse de los falsos amigos.

VIUDA/O * 618
▪ **Soñó que era viuda/o:** recibirá una carta con dinero.

VIVIDOR * 008
▪ **Soñó con un vividor:** sufrirá muchas críticas de personas conocidas.

VOCES * 622
▪ **Soñó que oía voces sin ver a las personas que hablaban:** pasará por situaciones muy incómodas relacionados con la salud y el dinero.

VOLAR * 514
▪ **Soñó que volaba como un pájaro:** tendrá dificultad para seguir ciertas ideas que se muestran incoherentes. ▪ **Soñó que volaba en un avión:** tendrá suerte en sus nuevos proyectos.

VOLCÁN * 019
■ **Soñó con lava corriendo por un volcán activo:** tendrá ciertas diferencias con un vecino con el que discutirá.

VÓMITO * 927
■ **Soñó que alguien vomitaba:** tendrá buena suerte en su hogar y en su negocio.

VOTO * 614 (*véase* Elecciones)

WHISKY * 605

- **Soñó que bebía whisky:** trabajará duro sin recibir el sueldo suficiente.

XILÓFONO * 999

- **Soñó que tocaba o que escuchaba este instrumento afinado:** participará en una celebración. ▪ **El instrumento estaba desafinado:** será víctima de un pequeño accidente.

YATE * 304
▪ **Soñó con un yate de vela:** tendrá suerte en el amor y en los negocios.

YESO * 814 (*véase* Cemento)

YODO * 014
▪ **Si en el sueño usó yodo:** quiere decir que debe mostrarse más optimista.

YOGUR * 129
▪ **Si en el sueño vio o comió yogur:** debe evitar las discusiones con los amigos y malgastar el dinero.

YUGULAR * 219
▪ **Soñó que recibía un corte en la yugular:** sufrirá una enfermedad que requerirá un clima mejor para su recuperación.

YUNQUE * 292 (*véase* Herrero)

Z

ZANAHORIAS * 509

- Soñó con zanahorias: tendrá paz en las finanzas y una gran familia feliz.

ZAPATERO * 079

- Soñó con un zapatero trabajando: alguien le ayudará financieramente. • Soñó que veía a un zapatero remendando un zapato: juegue al número 008 y sus variaciones.

ZAPATILLAS * 085

- Soñó que llevaba zapatillas: tiene que controlarse y no revivir algo que le hicieron. • Si los dejó caer en el agua de la bañera: debe guardar bien sus joyas y otros objetos de valor.

ZAPATOS * 318

- Soñó con zapatos: anuncia la muerte de un ser querido. • Soñó que se ponía o compraba zapatos nuevos: podrá mejorar la situación financiera o social. • Soñó que se compraba unos zapatos: tendrá suerte en el juego. • Si los zapatos que se compró estaban usados: significa adulterio o separación. • Soñó que vendía zapatos: señal de prejuicio.

ZARZAMORAS * 670

- Si cogió zarzamoras: sufrirá una pérdida decepcionante.

ZODÍACO * 015 (*véase* Astrología, Horóscopo)

ZOO * 138

- Soñó que llevaba a los niños a un zoológico: significa que tendrá mejores condiciones financieras. • Soñó que iba solo a un zoológico: hará un largo viaje.

ZORRO ∗ 801
▪ **Soñó que veía un zorro:** tendrá problemas debido a los falsos amigos. ▪ **Soñó que cazaba zorros a caballo:** pronto será invitado a una fiesta maravillosa.

ZUMBIDO ∗ 003
▪ **Oyó zumbidos en el sueño:** se verá mezclado en una situación embarazosa.

ZUMO ∗ 018
▪ **Soñó que servía un zumo a alguien:** ayudará a alguien que tiene problemas. ▪ **Soñó que se bebía un zumo:** recibirá la ayuda financiera que necesita.

ZURCIR ∗ 521
▪ **Soñó que zurcía una prenda:** se encontrará con nuevos amigos y disfrutará de muchas alegrías. ▪ **Soñó que zurcía calcetines:** encontrará una nueva manera de hacer dinero.

SUEÑOS CON NÚMEROS

En muchas ocasiones, los sueños que los astros favorecen prefieren uno o varios números. Aunque algunas personas aciertan a la lotería, a la ruleta, a las apuestas u a otro tipo de juegos gracias a los números soñados, por lo general estos números no son avisos para jugar o apostar. De hecho, son símbolos de procesos psíquicos y premonitorios muy poco conocidos. A menudo son una indicación de fantasmas relacionados de alguna manera con acontecimientos que deben producirse en la existencia de la persona que duerme. Por ejemplo, si se sueña con el número 2679, el significado podría ser 2 del 6 del 79, es decir, 2 de junio de 1979.

Además de estas interpretaciones, los astrólogos y los estudiosos de los sueños establecieron una tabla de significados para los primeros 22 números, correspondientes a los 22 arcanos mayores de las cartas del tarot, y que están relacionados con el destino de los seres humanos. Para que el lector pueda tratar de interpretar sus sueños numéricos, que en muchos casos son más importantes de lo que parecen, aquí están sus significados.

EL SIGNIFICADO DE LOS NÚMEROS

0 Ver uno o más ceros es un signo de decepción, de frustración ante un proyecto.

1 Señal de buen augurio. Puede tener pronto una sorpresa agradable. **Atención:** vivirá una pasión desenfrenada y tendrá como objetivo un gran negocio.

2 Indicación de que los asuntos profesionales o familiares no van muy bien y requieren más atención, y de que debe aumentar su energía. Misterios. **Atención:** un romance se acabará. Tenga cuidado con las decepciones.

3 Representa la acción. Indica que con actividad, energía y perseverancia puede conseguir lo que anhela. Fecundidad. **Atención:** el fanatismo religioso no lo llevará a ningún lugar.

4 Anuncia que se acerca una buena oportunidad en el campo profesional, pero también debe tener confianza en el propio valor y tomar una resolución enérgica. **Atención:** lo envuelve una fuerza poderosa. Triunfo. Larga vida.

5 Un amigo o conocido puede hacerle una propuesta pronto: deberá desconfiar de él. **Atención:** su vida matrimonial experimentará la felicidad completa. Inteligencia.

6 Anuncia reveses y la oposición de los demás. Deberá actuar con cautela y no confiarse. **Atención:** gran éxito en el trabajo. Amor afortunado.

7 Una cuestión personal tendrá un final feliz. Necesita ser paciente. **Atención:** será muy eficiente en el curso de sus días. Suerte en el juego.

8 Anuncia falta de medios económicos. No debe hacer gastos innecesarios. **Atención:** tendrá seguridad en sus prioridades. Pronto tendrá alegrías.

9 No debe hacer nada precipitadamente. Advertencia de que tiene ideas poco convenientes. **Atención:** mucho malestar y angustia en todos los sentidos. Riqueza.

10 Señal de lentitud o cansancio. Es una advertencia para que trabaje menos y no malgaste energía. **Atención:** pronto ocurrirá un gran evento que le proporcionará felicidad. Tendrá éxito en las conquistas.

11 Señal de indecisión. Debe dejar pasar unos días antes de emprender nuevos negocios o de llevar a cabo un proyecto. Energía.

12 Advertencia de que pronto hará un viaje repentino o un cambio ventajoso en su vida. **Atención:** le sucederán cosas maravillosas y recibirá elogios.

13 Es una señal de que debe ser prudente en los juegos de azar y no arriesgar demasiado. La suerte es aleatoria. **Atención:** tratará sus cuestiones con cierto descuido.

14 Significa que un cambio imprevisto puede mejorar un negocio o un proyecto. **Atención:** los profesionales liberales pasarán un período de tiempo positivo.

15 Usted recibirá buenas noticias muy pronto. Suerte en los negocios o en el trabajo, pero no en los juegos de azar. **Atención:** su buena disposición causará envidia, cuidado con las personas falsas.

16 Durante unos días se enfrentará a contrariedades en todos los campos. Aparecerán obstáculos imprevistos para la buena marcha de cualquier negocio o proyecto. **Atención:** en el amor, mucha felicidad y comprensión.

17 Probable éxito en aquello que piensa hacer en los próximos días, siempre que actúe con prudencia y reflexión. **Atención:** pasará por tiempos difíciles, le faltarán al respeto y será avergonzado ante los demás. Después tendrá una vida feliz.

18 Advertencia de peligro físico o de enfermedad. No deberá hacer excesos de ningún tipo y deberá tener cuidado con el tráfico, si conduce un vehículo o se mueve a pie. **Atención:** el cansancio está obstaculizando el desarrollo de nuevos proyectos.

19 Se puede producir cualquier cambio deseado en el campo profesional.

20 No deberá confiar en su intuición. Es preferible que se guíe por la experiencia. **Atención:** debe ser serio en la construcción de sus proyectos.

21 Los juegos de azar pueden darle buenos resultados, pero debe actuar con prudencia. **Atención:** buena suerte en los asuntos que conducen a la consecución de sus proyectos.

22 Las interconexiones que hizo serán muy rentables. Los propios problemas pueden solucionarse de una manera definitiva. **Atención:** desvelará un misterio.

23 Tendrá la oportunidad de vengarse.

24 Alguien tratará de enseñarle cosas anticuadas.

25 Un niño de grandes méritos nacerá pronto.

26 Tendrá mucha suerte en los negocios.

27 Tendrá mucha seguridad en el seno de la familia.

28 Tendrá un gran amor en su vida.

29 Recibirá una invitación de boda.

30 Recibirá elogios en el trabajo.

31 Serán reconocidas sus cualidades.

32 Se le asignarán funciones importantes.

33 La honestidad siempre gana, tenga cuidado con las acciones irreflexivas.

34 Mucho amor en el trabajo.

35 Mucha paz en la familia.

36 Pronto nacerá un niño muy inteligente.

37 Gran amor y afecto por el cónyuge.

38 Mucha ambición.

39 No sienta tanta envidia de la gente.

40 Asistirá a una gran recepción.

41 Privaciones.

42 Viaje a tierras cercanas.

43 Participará en actos religiosos.

44 Pronto será una persona muy influyente en los negocios.

45 Desgracia.

46 Prosperidad.

47 Vida tranquila, salud y prosperidad.

48 Una acción judicial le causará inquietud.

49 Recibirá mucho amor.

50 Un ser querido le perdonará sus actos insensatos.

51 Tendrá una vida larga y llena de abundancia.

52 Alegría y éxito. Las preocupaciones se disiparán.

53 Recibirá noticias falsas.

54 Recibirá dinero en extrañas circunstancias.

55 Habrá peleas dentro de la familia.

56 Sufrirá un engaño.

57 Tiene un amigo muy leal.

58 Alcanzará una buena posición.

59 Recibirá malas noticias de un amigo lejano.

60 Tendrá éxito en su proyecto antes de lo que espera.

61 Fortuna en materia comercial.

62 En el futuro se producirán cambios en su vida.

63 Perderá dinero.

64 Muerte de persona destacada.

65 Dominará diversas cuestiones.

66 Se librará del peligro que lo ahora lo acecha.

67 Cuente con que mejorará su posición actual.

68 Triunfará sobre sus enemigos.

69 Riqueza y abundancia.

70 Se verá favorecido por la suerte.

71 No debe confiar en los amigos.

72 Peligro de muerte.

73 Las cosas darán un giro positivo.

74 Grandes logros.

75 Se convertirá en un maestro en asuntos de amor.

76 Habrá discusiones en el entorno familiar.

77 Caerá en desgracia.

78 Pasará un luto y tendrá preocupaciones.

79 Tendrá preocupaciones sobre sus negocios.

80 Infelicidad.

81 Plenitud.

82 Será digno de una promoción.

83 Buena suerte en el juego.

84 Felicidad en la familia.

85 Enfermedad.

86 Abundancia en el sector financiero.

87 Tendrá mucho dinero durante su vida.

88 Amores no correspondidos.

89 Disfrutará de grandes momentos felices.

90 Tendrá éxito en sus relaciones amorosas.

91 Desgracia en asuntos de amor.

92 Se producirán cambios que marcarán su futuro.

93 Momentos favorables en el juego.

94 Recibirá una buena noticia.

95 Aflicciones.

96 Le perderán el respeto.

97 Fracaso en los proyectos.

98 Riqueza.

99	Angustia.
100	Suerte y prosperidad.
200	Peligro causado por la falta de acción.
300	Pasará un período de reflexión.
400	Viajará a tierras lejanas.
500	Elogios en el campo profesional.
600	Perfección para realizar nuevos negocios.
700	Triunfo.
800	Elogios en su lugar de trabajo.
900	Pobreza.
1000	Alguien siente lástima por usted.

SUEÑOS EN COLOR

La mayoría de los sueños son en blanco y negro, o sólo son parcial o ligeramente en color. Por otro lado, las visiones a las que nos enfrentamos bajo la influencia de la mescalina o de la hipnosis son siempre de colores intensos e incluso de un brillo sobrenatural. El profesor Calvin Hall, quien ha recogido información sobre miles de sueños, nos dice que alrededor de dos tercios de los sueños son en blanco y negro. «Sólo uno de cada tres es en color o tiene un poco de color». Unos pocos individuos sueñan siempre en color y otros siempre tienen sueños en blanco y negro; pero la mayoría sueña a veces en color, a veces en blanco y negro.

«Llegamos a la conclusión, doctor –escribe el doctor Hall– de que la presencia del color en los sueños no nos da ninguna información acerca de la personalidad del individuo». El sabio Aldous Huxley está de acuerdo con esta conclusión. El color de los sueños y las visiones no nos dicen más acerca de la personalidad del que sueña de lo que lo hace en el mundo exterior. Un jardín en julio se percibe como intensamente colorido. La percepción nos habla de sol, flores y mariposas, pero poco o nada acerca de nosotros mismos. Del mismo modo, el hecho de que hayamos visto colores brillantes en nuestras visiones y en algunos de nuestros sueños apenas nos dice algo acerca de la fauna de los antípodas de la mente, absolutamente nada acerca de la personalidad que habita aquello que Aldous Huxley llamó el Viejo Mundo de la Mente.

La mayoría de los sueños se refieren a los deseos e impulsos instintivos del que sueña, así como a los conflictos que surgen cuando estos deseos e impulsos se ven frustrados por una desaprobación consciente o por el miedo a las opiniones de otros. La historia de estos impulsos y conflictos se cuenta en términos de símbolos dramáticos, que en la mayoría de los sueños son monocromáticos. ¿Cuál es la razón de esto? Huxley supone que es porque los símbolos, para tener valor, no necesitan los colores. Las letras con que escribimos sobre las rosas no deben ser de color rojo, y se puede describir el arco iris con signos negros sobre papel blanco. Los libros de texto están ilustrados con grabados y fotograbados en gama de grises, lo que no impide que puedan representar la información que quieren transmitir.

Lo que es suficiente para el consciente despierto también lo es, por supuesto, para nuestro subconsciente, que constata que es posible expresar sus mensajes a través de símbolos no coloreados. El color termina siendo una especie de piedra de toque de la realidad. Lo que es real es de color; lo que es fruto de nuestra imaginación, junto con el poder creativo de nuestro intelecto, carece de colores. Por eso, el mundo exterior es percibido en colores. Los sueños, que no son objetivos, sino fabricados por nuestro subconsciente, son por lo general en blanco y negro. (Debe tenerse en cuenta que, por la experiencia de la mayoría de las personas, los sueños con colores más intensos son aquéllos en los que aparecen paisajes, en los que no hay drama o referencias simbólicas a conflictos, sino sólo la presentación a la conciencia de un hecho objetivo, no humano).

Las imágenes del mundo del inconsciente son simbólicas; pero una vez que, como individuos, no las fabricamos sino que las encontramos allí en el inconsciente colectivo, presentan al menos algunas de las características de la realidad objetiva y poseen colores. Los habitantes no simbólicos de los antípodas de la mente existen por sí mismos, y tal como ocurre en el mundo exterior con las cosas objetivas, tienen colores. De hecho, se perciben con colores mucho más intensos que estas últimas. Esto puede explicarse, al menos en parte, por el hecho de que nuestras percepciones del mundo exterior están generalmente oscurecidas por los conceptos verbales, en cuyos términos realizamos nuestro pensamiento. Siempre tratamos de convertir cosas en símbolos para las más inteligibles abstracciones de nuestra propia invención. Pero, al hacerlo, les robamos a esas cosas una buena parte de su esencia ingenua.

En los antípodas de la mente estamos casi completamente liberados del lenguaje, fuera del sistema de raciocinio conceptual. En consecuencia, nuestra percepción de las visiones posee toda la frescura de las experiencias que nunca fueron verbalizadas; son las llamadas abstracciones inanimadas. Su color (el sello distintivo de la objetividad) resplandece con un brillo que parece sobrenatural porque es completamente natural; y natural en el sentido de no haber sido artificializado por conceptos lingüísticos o científicos, filosóficos o de utilidad; medios por los cuales, normalmente, reconstruimos el mundo objetivo en nuestra propia concepción, tristemente humana.

Los colores en los sueños, por tanto, son nuestras vivencias psíquicas, que indican lo que sucede en las profundidades de las personas. Significan los estados de la mente humana. Pero para interpretar el significado de un color que aparece en el sueño, a veces es necesario comprobar los otros elementos de ese sueño. Los objetos pueden representar diferentes cosas, teniendo el mismo color. Éste es el significado de los colores:

AMARILLO

Representa el ser humano, el alma, la mente, el intelecto, la inteligencia, el oro, la exaltación, la ictericia, la alegría, la tierra, la advertencia, el otoño. Es el color alegre, suave, lleno de gracia. Pero podría depreciarse fácilmente. Es el color del sol, y también de la intuición y la sensibilidad. Soñar con el color amarillo indica espíritu vivo, crítico y ágil. Número 3.

AZUL

Representa el cielo, la justicia, la devoción, el desinterés, la integridad, la calma, el aire, la sinceridad, la castidad, la aristocracia, la cianosis, la tranquilidad, el invierno, el alma divina, infinita, ligada a experiencias espirituales. Es el color del intelecto, de los que viven dentro de sí mismos, un poco ausentes. Expresa una fase tranquila y reflexiva. Número 7.

BLANCO

Representa el espíritu, la luz, la vida, lo positivo, la plata, el esplendor, la paz, la inocencia, la unidad, la reflexión, el agua, el lujo, la atención, el día, la sabiduría, la pureza, la inocencia. Soñar con objetos en blanco y negro a pares: los dos aspectos de la naturaleza humana. Número 1.

FUCSIA

Representa la tristeza, la religión, el misticismo. Número 10.

GRIS

Representa el miedo, lo neutral, la lluvia. Número 2.

MARRÓN

Representa la codicia, la sombra. Es el color de la tierra, de la tranquilidad, la calidez y la maternidad. Y de las personas que les gustan las cosas simples, sin complicaciones, que no se entregan a pensamientos profundos, que actúan por instinto. Número 8.

MORADO

Representa la apatía, la sensibilidad. Número 8.

NARANJA

Representa el orgullo, la exaltación, el impulso, la ambición. El color de las personas que tienen poderes ocultos. Número 4.

NEGRO

Representa el caos, el cansancio, el mal, la superstición, la ignorancia, la absorción negativa, la falsedad, el éter, la noche, el odio, el vampirismo, el color del luto, la muerte, la depresión, la ansiedad. Es todas las cosas oscuras y secretas que tenemos en nuestro interior. Número 0.

PÚRPURA

Representa a los dioses, las divinidades, la nobleza, el esplendor, la dignidad. Número 11.

ROJO

Representa lo astral, el alma animal, el sacrificio, la ira, la emoción, el poder, la fuerza, la pasión, la revolución, la brutalidad, el fuego, el peligro, la violencia, la venganza, el sacrificio, la sensualidad, el infierno, la exuberancia, la familia, el hombre, la turbulencia, el verano. Es el color de las emociones, de los sentimientos fuertes, de la experiencia, la pasión, el amor. Representa el espíritu vivo, lleno de energía, dispuesto a luchar y a entregarse a todas las emociones. Número 5.

ROSA

Representa el afecto, el amor, la fuerza, la inocencia. Es el color de las emociones agradables y poco profundas. Número 4.

VERDE

Representa la estabilidad, la vegetación, la naturaleza, la primavera, la esperanza, la libertad, la capacidad de adaptación, la ponderación, la salud, la eternidad, el equilibrio. Todo lo que crece. El vigor, la vitalidad, la esperanza. Número 6.

VIOLETA

Representa la espiritualidad, la simpatía, el silencio, la experiencia. Número 9. No existen ideas diáfanas sobre cómo pueden justificarse los sueños en colores en relación a los que carecen de cromatismo. A muchas personas les cuesta recordar si lo que vieron en el sueño era de colores naturales o estaba en blanco y gris, o si olían los prados ilusorios, o si lo que tocaban y experimentaban estaba frío o caliente. Lo que parece claro es que algunos sueños se presentan con un aspecto creíble, hasta el punto que a la persona le cuesta mucho distinguir si estaba despierta o en la fase de duermevela.

Nombre	Grupo	Centena	Millar	Decenas de la suerte
Anaranjado	12–14	170	9865	59–96–78–37–16
Amarillo	12–05	155	7004	07–53–01–25–06
Azul	13–19	673	9539	48–58–92–37–46
Azul marino	16–01	555	8604	85–37–47–55–96
Blanco	18–15	983	3627	49–25–47–26–18
Beis	25–22	820	2,681	66–24–01–27–36
Celeste	14–17	142	2517	25–15–22–81–20
Dorado	17–09	728	3771	59–73–58–09–76
Escarlata	23–21	804	4600	03–47–04–38–27
Gris	19–11	281	6197	33–29–03–46–18
Lila	07–13	771	9707	22–14–83–57–93
Marrón	13–06	996	4019	94–38–82–83–28
Naranja	15–25	068	0863	41–32–13–25–42
Negro	16–05	326	2946	48–56–84–58–49
Púrpura	19–02	791	9064	76–08–53–48–79
Turquesa	13–04	056	7096	32–47–82–38–04
Rojo	12–08	142	1182	59–83–47–00–17
Rosa	14–05	207	0407	28–47–95–67–37
Verde	14–06	283	6976	32–28–82–17–73

TERRORES NOCTURNOS Y PESADILLAS

Explica el doctor Diego Parellada, psiquiatra, que la vida es realización y gasto de energía. Pero también es –para permitir lo anterior– la reparación y la acumulación de estas mismas energías. Dormir, de manera similar a comer, es una función que pertenece al segundo grupo de los fenómenos mencionados.

Sin embargo, este factor vital que es el sueño no es sólo un reposo del sistema nervioso y del cuerpo entero. Es una función posible, en la que se pueden producir diferentes vibraciones, normales o patológicas.

Todos los autores están de acuerdo en que las pesadillas pueden aparecer a cualquier edad, mientras que los terrores nocturnos se limitan casi exclusivamente a los niños.

Al tener una pesadilla, el niño puede aparecer tenso, inquieto, respirar con dificultad y emitir gritos, como para liberarse de una situación opresiva. Y debido a la propia aflicción de la pesadilla, a menudo despierta espontáneamente, recordando el sueño vivido con miedo, por lo general personificado por hombres agresivos, monstruos o animales espantosos. Al despertar, se siente aliviado al descubrir que todo era simple imaginación onírica, se mantiene despierto por unos minutos, calma sus temores y vuelve a dormirse con absoluta normalidad.

No tienen, por lo tanto, la menor importancia.

Sin embargo, algunos autores relacionan la existencia de pesadillas con síntomas de trastornos circulatorios (dolencias cardíacas crónicas) y enfermedades tóxicas (tales como las causadas por el sulfuro de carbono o las que preceden al *delirium tremens*). Obviamente, en todos estos casos hay otros síntomas mucho más notables, relegando a la pesadilla a un lugar de importancia secundaria.

Las personas que tienen esas pesadillas deben buscar todas las condiciones físicas y psicológicas que condicionen un buen sueño: cenar poca cantidad de alimentos antes de irse a la cama, relajarse, mantener la habitación ventilada, practicar ejercicio durante el día, estimular las vivencias de seguridad y aprecio por parte de las personas de su entorno, promoviendo un estado de confianza y tranquilidad que facilite la conciliación de un sueño tranquilo. Y nada de preocupaciones.

Pero nada de esto es cierto con respecto a terrores nocturnos. Al sufrirlos, el niño se despierta aterrorizado, pero evidentemente consciente de la realidad que lo rodea. El miedo se nota en su expresión, en sus ojos, en su agitación, en los gritos en busca de ayuda y en cómo se aferra a las personas que conoce, como un hombre que se ahoga, que busca la salvación. Ese estado se ha comparado a una etapa crepuscular. Las palabras con las que tratamos de tranquilizar al niño parecen no calmarlo, y continúa aterrorizado. Si le hacemos preguntas, sólo puede responder con palabras secas, o no hay respuestas. Por lo general, se vuelven a dormir, desaparecido ya ese momento de terror indescriptible.

Y como hemos dicho, a menudo sufre de amnesia completa acerca de lo que ha soñado o sobre lo que le pasó al encontrarse rodeado por la alarmada familia. Al recordar algo, se refiere a ello como a un malestar primario, como un estado de pánico primitivo, rudimentario, incapaz de explicar nada más.

FREUD

Freud comparó una vez las pesadillas –los malos sueños, como dicen los niños– con un vigilante nocturno que, sintiéndose incapaz de contener cierta situación peligrosa, se pone el silbato en la boca y pide ayuda.

Una de las experiencias psíquicas más terribles que uno puede vivir, la pesadilla, también puede funcionar como una defensa del hombre contra los horrores de las horas de vigilia, es decir, contra una realidad objetiva cruel y brutal, ayudándole así a hacer frente a las tensiones y amenazas del mundo consciente.

MILTON KRAMER

Científicos estadounidenses del Hospital Bethesda en Cincinnati, Ohio, están utilizando herramientas y técnicas modernas para descubrir el origen de los sueños y las pesadillas en un estudio hecho con veinte *estudiantes universitarios*. Según el médico y psiquiatra Milton Kramer, director del laboratorio de sueños, todo el mundo sueña, probablemente cada noche.

«Los sueños –dice el investigador– son una extensión del estado de ánimo de la persona. Si ella es feliz, tiene sueños agradables; si está contrariada, sus sueños son a menudo inquietantes». Según la investigación, dos tercios de los sueños son negativos, y el tercio restante es agradable o emocionalmente neutral. Cuando los sueños se vuelven demasiado frustrantes y aterradores se consideran *pesadillas*. En este caso, los músculos se tensan y hay una caída en la presión arterial de la persona.

El psiquiatra Milton Kramer cree que todas las personas sufren pesadillas en un momento u otro. Sin embargo, las pesadillas recurrentes son siempre una indicación de problemas psicológicos. Para Kramer, la terapia puede ayudar a las personas que tienen pesadillas a superar los problemas que las atormentan y causan los sueños perturbadores.

Los niños tienen una mayor tendencia a tener pesadillas.

ALAN LANDSBURG

Dice y concluye el famoso investigador estadounidense Alan Landsburg:

«Algunos sueños permiten experimentar emociones que podamos estar reprimiendo, hasta cierto punto, en nuestras vidas. Si llora o grita en sueños, o se siente invadido por la ira, el amor o el terror extremo, puede ser su manera de permitirse a sí mismo expresar emociones reprimidas. Y por supuesto, si usted puede identificar emociones específicas que está reprimiendo de forma regular, le sería muy beneficioso trabajar con sus creencias en esta área específica, que cubre las pesadillas».

ABANDONO

▪ **Un hombre casado soñó que era abandonado:** será feliz en su vida matrimonial. ▪ **Una mujer casada soñó que abandonaba a su hombre:** frivolidad. ▪ **Un hombre soltero soñó que era abandonado:** tendrá suerte con otras mujeres. ▪ **Una mujer casada soñó que abandonaba a su amante:** tendrá preocupaciones relacionadas con su sensualidad. ▪ **Una mujer soltera soñó que abandonaba a su amante:** infelicidad. ▪ **Una mujer soñó que era abandonada por un hombre:** deberá controlar sus pasiones. ▪ **Un hombre soñó que era abandonado por una mujer:** tendrá un gran éxito en la vida.

ABEJAS

▪ **Soñó que un enjambre de abejas entró en su casa:** recibirá ataques perjudiciales de sus enemigos.

ABISMO

▪ **Soñó que caía en un abismo:** tenga cuidado en todas las transacciones comerciales. ▪ **Soñó que escapaba de un abismo:** superará las dificultades. ▪ **Soñó que caía en un abismo sin hacerse daño:** no preste dinero, ya que no le será devuelto. ▪ **Soñó que otros caían en un abismo:** sea prudente en todas sus relaciones.

ACCIDENTE

▪ **Soñó que sufría un accidente:** es una advertencia de que puede correr peligro o también de que ganará a sus enemigos. ▪ **Soñó que era testigo de un accidente:** molestias. ▪ **Soñó que sufría un accidente en tierra:** buenos proyectos personales y comerciales. ▪ **Soñó que sufría un accidente en el mar:** sufrirá una decepción en los asuntos de amor. ▪ **Soñó que sufría un accidente en el aire:** tendrá una mente ágil. ▪ **Soñó que sufría un accidente en coche:** recibirá dinero en breve.

ACUSAR

■ **Soñó que era acusado:** tenga cuidado con los escándalos. ■ **Soñó que lo acusaban de un delito:** se preocupará por las dudas.

ADULTERIO

■ Es un sentimiento de culpa. ■ **Soñó que su pareja cometía adulterio:** deshonor. ■ **Soñó que cometía adulterio:** escándalos amorosos o conyugales.

AGUA

■ **Soñó que se caía de un barco en aguas turbulentas:** perderá su buena suerte.

ÁGUILA

■ **Soñó que sufría el ataque de un águila:** accidente mortal.

AHOGAMIENTO

■ Significa superación de emociones y presiones de la vida. ■ **Soñó que se ahogaba:** presagio de que le sucederá algo negativo. ■ **Soñó que vio a alguien ahogarse:** derrotará a sus enemigos. ■ **Soñó que ayudaba a rescatar un hombre que se ahogaba:** alcanzará el éxito, después de luchas y sacrificios.

AHORCAMIENTO

■ **Soñó que era ahorcado:** recursos abundantes. En general, morir ahorcado es una buena señal.

ALTITUD

■ **Si en su sueño se sentía enfermo debido a la altitud:** corre peligro de cometer errores tontos.

AMBULANCIA

■ **Soñó que iba a un hospital en una ambulancia:** debe tener mucho cuidado de no decir o hacer algo mal. ■ **En el sueño vio una ambulancia:** debe ser más discreto en el trato con el sexo opuesto.

AMPUTACIÓN

■ **Soñó que sufría una amputación:** retraso en los negocios y enfermedades graves. ■ **Soñó que le amputaban una pierna:** perderá a un amigo. Usted tendrá una vida saludable. ■ **Soñó que le amputaban un brazo:** perderá a un familiar. ■ **Soñó que le amputaban una mano:** muerte de un enemigo. ■ **Soñó que le amputaban un pie:** muerte de un amigo.

ANDAMIO
- **Soñó que un andamio se desmoronaba:** pérdida de bienes o retraso en los negocios.

ANIMALES
- **Soñó con animales salvajes y peligrosos:** sufrirá adversidades.

ANSIEDAD
- **En el sueño sintió ansiedad por algo o alguien:** sentirá angustia por culpa de una persona.

APOPLEJÍA
- **Soñó que sufría un ataque de repentino de apoplejía:** recibirá criticas de personas de su entorno. **Soñó que otra persona sufría un ataque de apoplejía:** hará un largo viaje.

ARAÑA
- **Soñó que le picaba una araña:** infidelidad conyugal. **Soñó que comía arañas:** es una persona muy voluptuosa.

ÁRBOL
- **Soñó que estaba atrapado por el tronco de un árbol:** significa que su subconsciente lo está torturando por un pecado que cometió.

ARENA
- **Soñó que se hundía en arenas movedizas:** las tentaciones lo rodean. **Soñó que estaba en una tormenta de arena:** tendrá una larga vida.

ARMA
- **Soñó que le pegaban un tiro:** enfermedad grave o amenaza.

ARRASTRARSE
- **Soñó que se arrastraba por un lugar pedregoso:** desatenderá buenas oportunidades.

ARSÉNICO
- **Soñó que tomaba arsénico por error:** enfermedad. **Soñó que tomaba arsénico voluntariamente:** curación de la enfermedad. **Soñó que le daba arsénico a un animal:** retrasos en sus proyectos.

ARTERIA
- **Soñó que se cortaba una arteria:** tendrá una vida larga.

ASALTANTE

▪ **Soñó que un asaltante lo aterrorizaba:** corre peligro de ser secuestrado.

ASALTO

▪ **Soñó que una saltante le robaba:** recibirá buenas noticias. También puede significar que tendrá disputas en el entorno familiar. ▪ **Soñó que asaltaban a otra persona:** recibirá una noticia muy mala.

ASESINATO

▪ **Soñó que alguien asesinó a una persona importante:** recibirá una noticia impactante, pero después resultará no ser para tanto.

ASFIXIA

▪ **Soñó que era incapaz de respirar o alguien trataba de asfixiarlo:** debe tratar de evitar sufrir ciertas enfermedades graves.

ASUSTARSE

▪ **Si en la pesadilla estaba asustado:** descubrirá un secreto.

ATADO

▪ **Soñó que alguien lo ataba con cuerdas:** caerá en una trampa. ▪ **Soñó que estaba atado con cuerdas:** encontrará grandes obstáculos. ▪ **Se vio a sí mismo atado:** tendrá éxito en los negocios.

ATAQUE

▪ **Soñó que era atacado y herido:** pronto tendrá mucha suerte.

ATAÚD

▪ **Soñó que estaba dentro de un ataúd:** correrá peligros causados por su conducta, que deberá modificar; indigestión severa o enfermedad repentina. ▪ **Vio un ataúd en la pesadilla:** recibirá la noticia de una muerte que lo afligirá mucho; enfermedades graves. ▪ **Soñó que cargaba con un ataúd:** decepción. ▪ **Soñó que estaba encerrado en un ataúd y no podía escapar:** puede ser una señal de que está atrapado en el trabajo, en el matrimonio o en una situación asfixiante y de la que desea huir.

ATENTADO

▪ **Soñó que veía cómo se cometía un atentado:** disturbios públicos. ▪ **Soñó que era víctima de un atentado:** debe protegerse contra sus enemigos.

ATRAPADO

▪ **Soñó que estaba atrapado:** desgracia en el amor, pérdida de la posición actual.

ATROCIDAD

▪ **Soñó que cometía una atrocidad:** superará las dificultades. ▪ **Soñó que vio a otra persona cometer una atrocidad:** sus proyectos fracasarán.

AUTOBÚS

▪ **En la pesadilla unos terroristas secuestraron un autobús:** ocurrirá un accidente.

AUTOMÓVIL

▪ **Soñó que lo atropellaba un automóvil:** si quien soñó era un hombre significa que tendrá una relación con una mujer mala; si quien soñó era una mujer significa que tendrá una relación con un hombre malo.

AUTOPSIA

▪ **Soñó que hacía una autopsia:** disfrutará de algunos placeres, pero no tendrá mucho dinero.

AVALANCHA

▪ **Soñó que veía una avalancha:** deberá superar las circunstancias. ▪ **Soñó que era víctima de una avalancha:** deberá cuidar su salud.

AVES (nocturnas)

▪ **Soñó que se unas aves nocturnas lo asustaban:** recibirá dinero. ▪ **Soñó que un pájaro entró en su casa y revoloteaba sin poder salir:** significa que está obsesionado con una idea imposible.

AVIÓN

▪ **Soñó que sufría un accidente de avión:** su alegría durará poco. ▪ **Si otra persona sufrió un accidente de avión:** deberá pagar una cuenta cuantiosa. ▪ **Si usted pilotaba el avión accidentado:** tendrá éxito en una nueva aventura. ▪ **Si soñó que el avión caía en picado:** tendrá éxito con una persona del sexo opuesto.

AVISPAS

▪ **Soñó que lo picaba una avispa:** pérdidas y oposición. ▪ **Tuvo una pesadilla en la que sus hijos eran picados por avispas:** sufrirá una injusticia.

B

BALA
▪ **Soñó que usted u otra persona disparaba un arma:** enfermedad o desgracia.

BANDIDO
▪ **Soñó que era atacado por un bandido:** tendrá problemas digestivos. ▪ **Soñó que era atacado por varios bandidos:** tenga cuidado con los accidentes.

BARCO
▪ **Soñó que un barco zozobraba:** su relación amorosa se acabará en breve. ▪ **Soñó que un barco naufragaba y todo el mundo moría:** fracasará en sus nuevos proyectos. ▪ **Soñó que usted se caía por la borda de un barco:** sufrirá incidentes en su vida. ▪ **En el sueño el barco navegaba por aguas turbulentas o había sufrido daños:** se bloqueará frente a varios problemas pequeños.

BARRERAS
▪ **Soñó que no podía entrar en un determinado lugar debido a puertas cerradas u otras barreras:** tendrá dificultades en la realización de sus proyectos.

BASTARDO
▪ **Soñó que lo llamaban por este nombre despectivo:** buena señal para la consecución de sus proyectos. ▪ **Soñó que llamaba a alguien así:** mala suerte. ▪ **Soñó que era un bastardo:** recibirá dinero y reconocimiento.

BAYONETA
▪ **Soñó que le clavaban una bayoneta:** pérdidas financieras. ▪ **Soñó que hirió a alguien con una bayoneta:** mucho cuidado con quién tiene relaciones sexuales.

BOFETADA
▪ **Soñó que le daba una bofetada a alguien:** reforzará los lazos de unión con sus amigos. ▪ **Soñó que recibía una bofetada:** deberá lidiar con sus enemigos; se encontrará en mala compañía. ▪ **En el sueño vio a alguien recibir una bofetada:** lucha entre vecinos.

BOMBA

- **Soñó que explotaba una bomba:** se trasladará a otro lugar. - **Soñó que era bombardeado:** tendrá un matrimonio feliz.

BOMBONA (de gas)

- **Soñó que explotaba una bombona de gas:** está rodeado de gente envidiosa.

BRAZOS

- **Soñó que tenía los dos brazos rotos:** enfermedad. - **Soñó que le amputaban el brazo izquierdo:** muerte de una mujer en la familia. - **Soñó que le amputaban el brazo derecho:** muerte de un hombre en la familia.

BRUJA

- **Soñó con una bruja:** libertinaje. - **Soñó que una bruja volaba:** cambiará de residencia e ira a vivir a casa de extraños; tendrá una vida social feliz. - **Soñó que una bruja lo atemorizaba:** abuso de confianza.

BUITRE

- **Soñó con buitres:** no podrá resolver desacuerdos con un amigo. - **Soñó que vio buitres volando:** desastres. - **Soñó con buitres posados en el suelo:** enfermedades. - **En el sueño había muchos buitres:** sufrirá una enfermedad prolongada que, además de sufrimiento, puede significar su muerte.

BURLA

- **Soñó que era objeto de burla:** le espera la buena suerte en todos los planos.

CABEZA

▪ **Vio una cabeza sin cuerpo en la pesadilla:** deberá mantener la calma y ser inteligente para establecer una nueva situación en su vida. ▪ **Soñó que le habían cortado la cabeza por la mitad:** éxito en todo. ▪ **Soñó que le cortaban la cabeza:** placer y honor.

CADÁVER

▪ **Soñó con un cadáver en un ataúd:** indigestión segura. ▪ **Soñó que alguien enterraba un cadáver:** ganancias en el juego. ▪ **Soñó que descubría un cadáver:** sufrimiento. ▪ **Soñó que estaba muerto:** fortuna adquirida con dificultad. ▪ **Soñó que veía un cadáver o que hablaba con él:** indica que el soñador morirá de la misma manera. ▪ **En el sueño besó a un cadáver:** larga vida. ▪ **En el sueño vistió a un cadáver:** tribulaciones. ▪ **Soñó que vio el cadáver de alguien a quien conocía:** tendrá una larga e interesante existencia. ▪ **Soñó que le hacía la autopsia a un cadáver:** vergüenza. ▪ **Soñó con un cadáver embalsamado:** tendrá que explicar ciertas acciones, aunque no las cometió. ▪ **En el sueño vio a alguien robando un cadáver de una tumba:** se le acusará de cosas que no hizo. ▪ **Soñó que usted robaba un cadáver:** deberá evitar las peleas con su familia o con sus enemigos.

CAÍDA

▪ **En la pesadilla sufrió una caída:** enfermedad. ▪ **Soñó que otro sufría una caída:** en breve sufrirá adversidades. ▪ **Soñó que caía desde gran altura:** la desgracia lo espera. ▪ **En el sueño cayó al agua:** morirá pronto. ▪ **En la pesadilla cayó desde un puente:** locura. ▪ **Soñó que caía en la fosa de una tumba:** sufrirá un accidente. ▪ **En el sueño cayó al océano:** mala salud. ▪ **En la pesadilla otros cayeron al océano:** Usted será promocionado. ▪ **Soñó que algún familiar sufría una caída:** triunfo sobre los enemigos. ▪ **Soñó que algún niño sufría una caída:** alegría en vano.

CAIMÁN

▪ **Soñó que era atacado por un caimán:** personas que no se preocupan por usted le darán placer. ▪ **Soñó que vio un caimán en el agua:** desastres. ▪ **Soñó que lo mordía un caimán:** luchará contra ladrones. ▪ **Soñó que vio un caimán en tierra:** alguien prepara una trampa contra usted. ▪ **Soñó que mataba o que hería a un caimán:** problemas con los inquilinos o con los propietarios.

CALLEJÓN

▪ **Soñó que estaba en un callejón sin salida:** debe pensar antes de actuar.

CAMISA (de fuerza)

▪ **Soñó que deshacía de una camisa de fuerza:** tendrá que devolver el dinero que cogió a otras personas.

CÁNCER

▪ **Soñó que tenía cáncer de garganta:** tendrá larga vida. ▪ **Soñó que tenía un cáncer interno:** le gustarán otras diversiones.

CANTERA

▪ **En la pesadilla se cayó en una cantera:** dificultades serias.

CASTIGO

▪ **Soñó que castigaban a alguien:** tendrá problemas financieros y una enfermedad leve. ▪ **En el sueño alguien le imponía un castigo:** sus condiciones financieras mejorarán.

CASTILLO

▪ **Soñó que visitaba un castillo encantado o que vivía en uno:** hará viajes internacionales y tendrá suficiente dinero para gastar en ellos.

CASTRACIÓN

▪ **Soñó que era castrado:** triunfo sobre los enemigos.

CATACUMBAS

▪ **Soñó que visitaba unas catacumbas y veía esqueletos:** buena salud y mucho dinero en su camino.

CATÁSTROFE

▪ **Soñó que veía una catástrofe o que escuchaba noticias sobre una:** resultará herido si se arriesga demasiado.

CAVERNA

Soñar con una caverna remite a la mente inconsciente; a personalidades introvertidas; puede significar que caerá en la trampa tendida por sus propias reacciones consecuentes. ▪ **Soñó que entraba en una caverna:** pérdida de fortuna o de carácter. ▪ **Soñó que vivía en una caverna:** tristeza, abatimiento moral. ▪ **Soñó que estaba en una caverna en compañía de una mujer:** sufrirá un disgusto por asuntos amorosos.

CAZADOR (de cabezas)

▪ **Soñó que era capturado por un cazador de cabezas:** deberá evitar a los amigos que no tienen educación y buen comportamiento; deberá pedir disculpas por algo que sabe y que hirió a otras personas.

CEGUERA

▪ **Soñó que se quedaba ciego:** pobreza.

CEMENTERIO

▪ **Soñó que estaba aterrorizado en un cementerio:** es una señal de que tendrá una vida de prosperidad. ▪ **Soñó que estaba sentado al lado del conductor de un cuche funerario:** tendrá que asumir más responsabilidades.

CHANTAJE

▪ **Soñó que chantajeaba a alguien:** recibirá malas noticias, causadas por usted. ▪ **Soñó que era chantajeado:** deberá tener cuidado en el trato con las personas del sexo opuesto.

CHINCHE

Tener una pesadilla con chinches siempre es un mal presagio. ▪ **Si quien sueña padece una enfermedad:** su mal empeorará. ▪ **Si quien sueña goza de buena salud:** se pondrá enfermo. ▪ **Si quien sueña es un hombre y nota la picadura de una chinche:** mala señal para los negocios y alguien trata de perjudicarle. ▪ **Si quien sueña es una mujer y nota la picadura de una chinche:** denota peleas por motivos de celos.

CICLÓN

▪ **Soñó que veía un ciclón:** debe tener cuidado al aceptar cualquier tipo de oportunidad.

CIELO

▪ **Soñó que el cielo le caía sobre la cabeza:** morirá en un accidente.

COCHE (funerario)

▪ **Soñó que viajaba en un ataúd dentro de un coche funerario:** pronto hará un viaje de negocios.

COCODRILO

▪ **Soñó que un cocodrilo le mordía o lo mataba:** recibirá una fortuna inesperada. También puede ser una advertencia de que se realizarán transacciones bajo la mesa.

COHETE

▪ **Soñó con la explosión de un cohete:** sufrirá un fracaso, que podrá contrarrestar con su inteligencia.

CONDENA

▪ **Soñó que era condenado:** ganará una fortuna.

CONTAMINACIÓN

▪ **Soñó que se contaminaba de algo:** peligro, vergüenza.

CONVICTO

▪ **Soñó que era un prisionero convicto:** tendrá éxito en alguna actividad artística si se esfuerza lo suficiente.

CONVULSIÓN

▪ **Soñó que vio a alguien que sufría convulsiones:** deberá ir despacio y no apresurarse a entrar en cualquier negocio sin hacer un estudio previo.

CORRER

▪ **Soñó que corría:** tendrá paz; deberá encarar la verdad. ▪ **Soñó que corría:** fracaso. ▪ **Soñó que corría en círculos:** los amigos no piensan gran cosa de él. ▪ **En el sueño corría desnudo:** locura. ▪ **Corría perseguido por alguien:** tranquilidad. ▪ **Corría persiguiendo a alguien:** falsedad. ▪ **Soñó que quería correr pero no podía:** enfermedad grave. ▪ **Soñó que veía a mucha gente corriendo:** disturbios y crímenes. ▪ **Soñó que corría perseguido por un animal:** sufrirá tropiezos en la vida.

CORRIENTE

▪ **Soñó que era atrapado por una corriente:** pronto experimentará un alivio en su trabajo.

COYOTE

▪ **Soñó que escuchó el aullido de este animal:** su pareja es feliz con usted. ▪ **En el sueño mató un coyote:** tendrá éxito en su proyecto.

CREMATORIO

▪ **Soñó que era incinerado:** fracasará en los negocios por seguir el consejo de otras personas.

CRIMEN

▪ **Soñó que había cometido un crimen:** es una advertencia para que controle su temperamento y no participe en nuevos proyectos.

CRIMINAL

▪ **Soñó que capturaba a un criminal:** tendrá que pagar un dinero que debe desde hace mucho tiempo. ▪ **Soñó que acogía a un criminal:** puede sacar ventaja de ciertas personas deshonestas. ▪ **En el sueño lo atacaba un criminal:** será molestado por alguien a quien usted debe dinero.

CRUELDAD

▪ **Soñó que cometía una crueldad:** tristeza. ▪ **En el sueño vio a alguien cometer una crueldad:** pesares. ▪ **Soñó que sufría una crueldad:** desastres pasajeros.

CRUZ

▪ **Soñó que era crucificado:** indica miedo y resentimiento.

CUCARACHAS

▪ **Soñó que veía muchas cucarachas:** recibirá una herencia. ▪ **En el sueño vio cucarachas volando:** recibirá noticias falsas. ▪ **Soñó que mataba una cucaracha:** pérdidas.

CUCHILLO

Por lo general es una advertencia de que será apuñalado por un amigo. ▪ **En el sueño vio un cuchillo escondido en un cinturón:** es una señal de ruptura amorosa. ▪ **Soñó con un cuchillo desenvainado:** predice que deberá esforzarse mucho para ganarse la vida. ▪ **Soñó que blandía un cuchillo:** significa que alguien quiere engañarlo.

CUELLO

▪ **Soñó que estaba atado por el cuello:** será el esclavo de una mujer.

CUERDA
▪ **Soñó con una cuerda:** tendrá un nexo muy fuerte con una persona o lugar.

CUERNO
▪ **Soñó con cuernos:** deseo y proezas sexuales.

CUERPO
Cuando una pesadilla implica partes del cuerpo siempre debe considerarse el contrario en cuanto al significado de su interpretación; por ejemplo:
▪ **Soñó que perdía un diente:** es señal de muerte, pero no del que sueña, sino de un pariente tan cercano como lo esté el diente del centro de la boca. ▪ **Soñó que se hería en un brazo:** también anuncia la muerte de un familiar, un hombre cuando es el brazo derecho y una mujer cuando es el izquierdo. Por lo general, soñar con las partes del cuerpo no tiene buenos augurios.

CUERVO
▪ **Soñó que veía un cuervo volando:** pérdida de la capacidad creativa, muerte de una mascota. ▪ **En el sueño mató un cuervo:** éxito. ▪ **Soñó con cuervos posados:** tristeza. ▪ **Soñó que muchos cuervos se comían un animal muerto:** pesadillas y molestias.

CULPA
▪ **Soñó que alguien asumió la culpa de un accidente:** deberá estar en guardia contra amigos deshonestos. ▪ **Soñó que era culpado por otros:** tendrá éxito en los negocios. ▪ **Soñó que tenía la culpa otra persona:** decepciones y tensión nerviosa. ▪ **Soñó que asumía una culpa por propia convicción:** tendrá que soportar ciertas tribulaciones.

CUNETA
▪ **Tuvo una pesadilla en la que caminaba por una cuneta:** vendrán tiempos difíciles.

DECAPITAR

En general, esta pesadilla es una advertencia para no perder la cabeza y para tener cuidado con una situación grave. ▪ **Soñó que lo decapitaban:** tendrá que trabajar duro para hacer realidad sus planes; también puede significar que habrá una muerte en la familia. ▪ **Soñó que otra persona era decapitada:** alguien se alejará o morirá. ▪ **Soñó que estaba vivo después ser decapitado:** éxito, fortuna. ▪ **Soñó que veía una decapitación:** venganza de un enemigo. ▪ **En el sueño usted decapitó a alguien:** discusiones e intrigas que lo fastidiarán.

DECOMISO

▪ **Soñó que le confiscaban sus cosas:** vivirá aventuras peligrosas.

DEDOS

▪ **Soñó que se cortaba en un dedo:** discutirá con un amigo. ▪ **Soñó que le cortaban los dedos:** perderá a un amigo.

DESAPARICIÓN

▪ **Soñó que algo o alguien desapareció de repente:** tendrá problemas personales, pero podría resolverlos. ▪ **Soñó con la desaparición del cónyuge:** tendrá una vida feliz.

DESASTRES

▪ **Soñó que estaba en medio de un desastre:** obtendrá buenas ganancias.

DESESPERACIÓN

▪ **Soñó que estaba desesperado por falta de dinero o enfermedad:** deberá frenar su temperamento y no permitir que sus sentimientos le afecten tan fácilmente.

DESFILADERO

▪ **Soñó que caía por un desfiladero:** tendrá muchos problemas y recibirá noticias deprimentes. ▪ **Soñó que caminaba a través de un desfiladero:** tendrá buena suerte con el sexo opuesto.

DESGRACIA

- **Soñó que cometía una desgracia:** tendrá desacuerdos con alguien del sexo opuesto.

DESTRUCCIÓN

- **Soñó que alguien destruyó sus cosas:** triunfará sobre los enemigos.

DIABLO

Soñar con el demonio denota situación espiritual confusa o remordimientos en relación a sus propias acciones. ■ **Soñó con el diablo:** tendrá que ver a alguien por haber ofendido a una persona unida a esa persona. ■ **Soñó que hacía amistad con el diablo:** personas crueles tratarán de alejarlo del camino correcto. Enfermedad repentina. ■ **En el sueño venció al diablo:** sufrirá molestias causadas por falsos amigos. ■ **Soñó que veía salir del fuego al diablo:** calamidades, triunfo. ■ **Soñó que el diablo lo llamaba:** desgracias. ■ **En el sueño fue atrapado por el diablo:** tristeza y sufrimiento moral. ■ **Soñó que usted era el diablo:** muerte o fatalidades en su entorno. ■ **Soñó que luchaba contra el diablo:** sufrirá inquietud por culpa de sus enemigos.

DIENTES

- **Soñó que se le caían los dientes:** indica vitalidad en un período de decadencia o que pasa por un período de debilidad. ■ De acuerdo a la superstición, soñar con los dientes significa que un familiar o un amigo morirá.

DIFAMACIÓN

- **Soñó que era difamado o que usted calumnió a alguien:** tendrá relaciones sociales desagradables.

DISCAPACITADO

- **Soñó que se quedaba discapacitado para el resto de su vida:** pronto recibirá dinero.

DRAGÓN

- **Soñó con un dragón:** se relacionó con personas de clase alta y alcanzará la riqueza.

DUELO

- **Soñó que se batía en duelo:** rivalidad con los amigos. ■ **Soñó que moría en un duelo:** advertencia de que sufrirá dificultades.

EMBOSCADA

■ **Soñó que caía en una emboscada:** puede esperar sorpresas agradables que llegarán pronto. ■ **Soñó que organizaba una emboscada a alguien:** debe tener cuidado con sus opuestos.

EMPALAR

■ **Soñó que estaba empalado:** será amenazado por enemigos.

ENFERMEDAD

■ **Soñó que estaba enfermo:** podrá resolver la situación desagradable actual si se esfuerza mucho. ■ **Soñó con una enfermedad transmisible:** necesita asegurarse de quiénes son realmente sus buenos amigos. ■ **Soñó que tenía sida:** desgracia en el amor.

ENGAÑO

■ **Soñó que era engañado:** gran traición. ■ **En el sueño era engañado por familiares:** será traicionado en el amor.

ENTIERRO

■ **Soñó que enterraba a su padre o a su madre:** buenas especulaciones en el campo financiero. ■ **En el sueño enterró a un amigo:** herencia. ■ **Soñó que enterraba a un familiar:** se casará pronto. ■ **Soñó que era enterrado vivo:** puede cometer algunos errores graves en sus acciones futuras; también debe tener cuidado con las enfermedades contagiosas. ■ **Soñó que ayudaba a llevar un ataúd en un funeral:** obtendrá un trabajo mejor.

EPIDEMIA

■ **Soñó que resultaba contagiado en una epidemia:** matrimonio rico.

ESCORPIÓN

■ **Soñó con un escorpión:** traición conyugal. ■ **Soñó que mataba a un escorpión:** desesperación. ■ **Soñó que le picaba un escorpión:** noticias funestas.

ESQUELETO
Debe descubrir la causa de la pesadilla, pero no dejar que sus efectos lo afecten.
▪ **Soñó que veía un esqueleto:** horror; noticias horripilantes le provocarán problemas profundos. ▪ **Soñó que le perseguía un esqueleto:** muerte segura. ▪ **En el sueño habló con un esqueleto:** traición. ▪ **Soñó que luchó contra un esqueleto y lo ganaba:** victoria sobre enfermedades o adversidades.

ESPADA
▪ **Soñó que era herido por una espada:** correrá un gran peligro pronto.

ESPÍRITUS
▪ **Soñó con malos espíritus:** se enfrentará a dificultades al tratar de llevar a cabo sus planes, que serán alcanzados cuando empleé una nueva táctica.

ESPOSAS
▪ Las esposas son una señal de que tiene las manos atadas. ▪ **Soñó que estaba esposado:** sufrirá molestias causadas por sus enemigos.

ESTILETE
▪ **Soñó que lo atacaban con un estilete:** encontrará objetos preciosos que había perdido.

ESTRANGULACIÓN
▪ **Soñó que estrangulaba a alguien:** pesadillas. ▪ **Soñó que lo estrangulaban:** será asaltado por malhechores. ▪ **Soñó que alguien estrangulaba a otra persona:** sufrirá tropiezos en la vida.

EXPLOSIÓN
▪ **Soñó con una explosión:** sufrirá un *shock* o tendrá una sorpresa.

EXTREMAUNCIÓN
▪ **Soñó que recibía la extremaunción:** tendrá una vida larga y feliz.

FANTASMA

▪ **Soñó que vio un fantasma:** tendrá una fuerte pelea con personas que quieren aprovecharse de usted. ▪ **Soñó que el fantasma era el de un difunto conocido:** tendrá enfermedades pasajeras, pero se recuperará rápidamente. ▪ **Soñó que veía a un fantasma blanco:** alegría fugaz. ▪ **Soñó con un fantasma negro:** tristeza. ▪ **Soñó con muchos fantasmas:** es una pesadilla sin importancia. ▪ **En el sueño habló con un fantasma:** enfermedad o muerte.

FÉRETRO

No podrá escapar de una determinada situación. ▪ **Soñó que descansaba en un féretro:** tendrá una vida serena y felicidad en el futuro. ▪ **Soñó que otra persona descansaba en un féretro:** se producirá un accidente. ▪ **Soñó que alguien importante estaba en un féretro:** guerra a la vista.

FIN (del mundo)

▪ **Soñó con la caída de un imperio personal:** alegrías vanas.

FUEGO

El fuego es una advertencia. Puede significar *shock* emocional, un desastre o una traición. Pasiones y emociones. ▪ **Soñó con fuego:** la ira le provocará pérdidas. ▪ **Soñó que se quemaba:** fiebre o enfermedades tropicales. ▪ **Soñó que el fuego devora la campiña, un bosque o una casa:** adversidades, terremotos, etc. ▪ **Soñó que caía fuego del cielo:** desolación.

FUGA

▪ **Soñó que usted u otra persona huía:** tendrá que enfrentarse a los hechos y no dejar que sus buenas ideas se le escapen entre los dedos. ▪ **Soñó que huía de un incendio forestal:** experimentará un accidente inusual.

FUNERAL

Por lo general representa el final de una etapa de la vida. ▪ **Soñó que veía un funeral:** morirá alguien cercano a usted. ▪ **Soñó que estaba en su propio funeral:** se darán una serie de acontecimientos negativos en el lugar donde usted vive.

FUNERARIO

▪ **Soñó con un agente funerario:** falta de progreso en su vida.

FURGÓN (policial)

▪ **Soñó con personas atrapadas en un furgón policial:** recibirá malas noticias. ▪ **Soñó que estaba detenido dentro de un furgón de la Policía:** tendrá buena suerte.

FUSILAMIENTO

▪ **Soñó que moría en un fusilamiento:** desastre próximo.

GANGRENA
- Soñó que le cortaron una pierna debido a la gangrena: trabajo duro por delante.

GARRAS
- Soñó que veía las garras de un animal: discutirá con su pareja, y también significa que debe abandonarla.

GARROTE VIL
- Soñó que estaba atrapado en un garrote vil para su ejecución por estrangulamiento: un misterio será revelado.

GÉRMENES
Por lo general es una reacción contra la invasión de sus derechos de privacidad. - Soñó que se preocupaba por contagiarse por gérmenes: recibirá la visita de alguien lejano.

GOLPE
- Soñó que recibía un golpe: alguien lo demandará por deudas; tendrá que superar su sensibilidad. - En el sueño golpeó a alguien: discusión causada por problemas financieros. - Soñó que alguien recibía golpes: romperá su relación con una amistad.

GRANADA
- Soñó con una granada explosiva: vivirá una situación peligrosa.

GRILLETES
- Soñó que estaba encadenado con unos grilletes: malas noticias por delante.

GRITOS
- Soñó que oía gritos horribles: sus preocupaciones se disiparán.

GUARDIA

- Soñó que se lo llevaba un guardia: fortuna segura.

GUILLOTINA

- Soñó que veía una guillotina: muerte de un amigo. ▪ Soñó que alguien moría en la guillotina: desastres funestos. ▪ Soñó que era decapitado en la guillotina: salud y bienestar.

GUSANOS

- Soñó que tenía gusanos en todo el cuerpo: grandes riquezas. ▪ Soñó que sus hijos tenía sus cuerpos llenos de gusanos: riesgo de enfermedades infecciosas.

HACHA

▪ **Soñó que lo atacaban con un hacha:** dificultades en el negocio. ▪ **En el sueño alguien moría descuartizado por un hacha:** ocurrirá un desastre.

HECHICERO

▪ **Soñó que consultaba a un hechicero:** tristeza. ▪ **Soñó que era un hechicero:** muerte de un pariente o de un amigo. ▪ **Soñó que alguien le hacía un hechizo:** mejora de la vida. ▪ **Soñó que usted le hacía un hechizo a alguien:** enfermedades nerviosas.

HERMAFRODITA

▪ **Soñó que se había transformado en un hermafrodita:** padecerá tristezas emocionales.

HIDROFOBIA

▪ **Soñó con un perro afectado de hidrofobia:** una enemistad le provocará grandes molestias. ▪ **Soñó que mataba a un perro rabioso:** sufrirá el odio de una persona envidiosa. ▪ **Soñó que un perro rabioso le mordía:** será el objeto de la venganza de una mujer.

HIELO

▪ **Soñó con hielo:** un signo de que sufrirá enfermedades. ▪ **Soñó que estaba atrapado en bloques de hielo:** significa que nuestro subconsciente nos está torturando por un pecado que hemos cometido.

HIENA

▪ **Soñó que veía una hiena en una jaula:** tendrá una enfermedad de la piel. ▪ **En el sueño sufrió el ataque de una hiena:** debe evitar a los falsos amigos. ▪ **Soñó que mataba o que escapaba de una hiena:** sus problemas pasarán.

HOMBRE (del saco)

- **Soñó que el hombre del saco lo atemorizaba:** significa que tendrá remordimientos de conciencia por algo malo que hizo. - **Soñó que el hombre del saco se comía a alguien:** surgirán obstáculos entre usted y su pareja.

HOGUERA

- **Soñó que caía en una hoguera:** desgracia.

HOMICIDIO

Soñar con homicidios siempre trae días amargos a aquellos que sueñan o personas muy cercanas. - **Soñó que era víctima de un homicidio:** debe evitar el peligro.

HOSPICIO

- **Soñó que evitaba ingresar en un hospicio:** debe cuidar su salud.

HOYO

- **Soñó que estaba en el interior o en el exterior de un hoyo:** ciertas dificultades en su trabajo y con los amigos.

HUESOS

- **Soñó con huesos de muertos:** tendrá muchas dificultades.

HUNDIMIENTO

- **En la pesadilla fue víctima de un naufragio:** deberá tener mucho cuidado al conducir su coche. - **Soñó que perdía la vida en el naufragio:** llegada de un amigo inesperado. - **En el sueño naufragó junto con su familia:** felicidad asegurada.

HUNDIRSE

- **Soñó que se hundía en el agua:** grandes pérdidas comerciales. - **Soñó que otros se hundían:** recibirá malas noticias de un amigo. - **Soñó que se hundía en el barro:** se acerca su ruina. - **Soñó que se hundía en el mar y se ahogaba:** grandes ganancias. - **Soñó que un barco se hundía después de una colisión:** buenos negocios en el futuro.

HURACÁN

- **Soñó con un huracán:** agitación y superación.

INCENDIO (*véase también* Fuego)

▪ **Soñó que se le incendiaba la casa, y no acababa destrozada:** conseguirá un buen trabajo o recibirá una recompensa. ▪ **Soñó que su casa era devastada por un incendio:** señal de ruina económica. ▪ **Soñó que pudo apagar el incendio:** es una señal de una buena herencia.

INCESTO

▪ **Soñó que participaba de un acto incestuoso:** debe mantener la categoría más alta en su estilo de vida.

INCRIMINADO

▪ **Soñó que era incriminado por alguna razón:** deberá ser humilde con sus superiores.

INFIERNO

▪ **Soñó que estaba en el infierno:** predice días mejores para usted, si regulariza sus ingresos familiares y se lleva bien con todos sus vecinos. Cambio completo en su entorno. ▪ **Soñó que escapaba del infierno:** alegría.

INSECTOS

▪ Los sueños con insectos suelen estar directamente relacionados con los trastornos vegetativos.

INUNDACIÓN

▪ **Soñó con algún tipo de inundación:** debe librarse de las personas que desean hacerle daño. También advierte de que será asaltado por las emociones y que puede sufrir robos y pérdidas.

KU KLUX KLAN
▪ **Soñó con miembros del Ku Klux Klan:** significa que usted está descuidando a sus mejores amigos.

LANGOSTAS
▪ **Soñó que vio una nube de langostas:** desgracias. ▪ **Soñó con una plaga de langostas devorando un cultivo:** pérdida de dinero.

LÁTIGO
▪ **Soñó que cogía un látigo:** paz y alegría; una vida de trabajo. ▪ **Soñó que le daba latigazos a alguien:** falta de unidad en la familia. ▪ **Soñó que le daba latigazos a un animal:** perderá una amistad sincera porque usted le demuestra desconfianza.

LAZO
▪ **Soñó que alguien lo atrapaba con un lazo de cuerda:** persecución.

LECHUZA
▪ **Soñó que veía una lechuza volando sobre su casa:** alguien de la casa morirá. ▪ **Soñó con una lechuza posada:** desgracias. ▪ **Soñó que oyó ulular a una lechuza:** tristezas. ▪ **En el sueño lo atacaba una lechuza:** enfermedades graves

que conducen a la muerte. ▪ **Soñó que mataba a una lechuza:** mejora de la salud.

LEÓN

▪ **Soñó que luchaba contra un león:** sufrirá dificultades en la vida. ▪ **Soñó que sufría el ataque de una leona:** tendrá una larga vida.

LEOPARDO

▪ **Soñó que sufría el ataque de un leopardo:** durante un tiempo deberá ser más audaz. Éxitos.

LEPRA

▪ **Soñó que estaba entre leprosos:** deberá trabajar duro para alcanzar metas prósperas. ▪ **Soñó que tenía la lepra:** riqueza que será adquirida por medios ilícitos. ▪ **Soñó que vio a un leproso:** enfermedad de un familiar que está ausente.

LOBO

▪ **Soñó que vio un lobo:** la codicia le provocará decepciones. ▪ **En el sueño lo perseguía un lobo:** no alcanzará sus metas. ▪ **Soñó que mató a un lobo:** sufrimiento inesperado. ▪ **En el sueño vio una manada de lobos:** enfermedad y miseria.

LOCO

▪ **Soñó que fue atacado por un loco:** inclinación a la lujuria.

LOCURA

▪ **Soñó que sufría de locura:** recibirá buenas noticias. ▪ **Soñó que otra persona estaba loca:** tendrá peleas y desacuerdos con los familiares.

LODO

▪ **Soñó que se veía a sí mismo hundido en el lodo:** significa que el subconsciente lo está torturando por un pecado que cometió.

LÍO

▪ **Soñó que se metía en un lío:** tendrá una vida pacífica.

LLORAR

▪ **Soñó que lloraba:** se sentirá infeliz por la desgracia de otra persona.

LUCHAS

▪ **Soñó que resultaba derrotado en una pelea:** oposición en el amor. ▪ **Soñó que perdía un combate de boxeo:** humillación y miseria.

MADRE

- **Soñó que pegaba a su madre:** catástrofe venidera. ▪ **Soñó que mataba a su madre:** muerte inevitable en la familia.

MANO

- **En el sueño alguien le cortaba una mano o las dos:** deberá tener más cuidado con los negocios. ▪ **Soñó que tenía las manos muy pálidas:** obtendrá beneficios. ▪ **Soñó que tenía las manos muy peludas:** molestias. ▪ **En el sueño tenía las manos muy sucias:** enfermedades. ▪ **Soñó que escondía las manos:** peligros. ▪ **En el sueño tenía las manos heridas:** sufrirá accidentes con instrumentos cortantes. ▪ **Soñó que tenía las manos muy grandes:** riqueza en el futuro. ▪ **Soñó que tenía las manos pequeñas:** pérdidas. ▪ **En el sueño tenía cuatro manos:** virilidad. ▪ **Soñó que le faltaba una mano:** sufrimiento.

MÁRTIR

- **En el sueño era un mártir por una buena causa:** debe tener cuidado con su dieta para no caer enfermo. ▪ **Soñó que se sacrificaba por voluntad propia:** autodestrucción.

MASACRE

- **Soñó que era testigo de una masacre:** necesitará un buen dentista para cuidar de sus dientes. ▪ **En el sueño era masacrado:** sufrirá daños.

MÁSCARA

- **Soñó con un grupo de enmascarados:** debe protegerse de los enemigos que actúan en la sombra.

MATANZA

- Pesadilla infeliz porque indica de todo tipo de muertes, desastres, terremotos, etc.

METRALLETA

- **Si alguien disparó contra usted y lo alcanzó:** victoria de sus enemigos. ▪ **Si alguien disparó contra usted y falló:** derrota de los falsos amigos.

MIEDO

- **Soñó que tenía miedo:** denota una mente débil. ▪ **En el sueño sufría de temores persistentes:** se enfrentará a la falsedad y a la traición.

MONSTRUO

- **En el sueño era un monstruo:** si es un hombre, malgastará su vida; si es una mujer, será víctima de una intriga en cuestiones amorosas. ▪ **Soñó que sufría el ataque de un monstruo:** tribulaciones por culpa del dinero. Tristeza y desgracia.

MORDEDURA

- **De perro:** pesar. ▪ **De gato:** peleas en la familia. ▪ **De serpiente:** personas de su entorno laboral sienten envidia e intrigan a sus espaldas. ▪ **De araña:** felicidad en el amor. ▪ **De una fiera:** sus enemigos conjuran contra usted. ▪ **De un mono:** no debe arriesgar en el juego durante los tres días. ▪ **En el sueño usted mordió a alguien:** desacuerdos en el hogar.

MORGUE

- **En la pesadilla usted era un cadáver tumbado en la camilla de una morgue:** hay personas que lo detestan. ▪ **Soñó que debía identificar un cuerpo en una morgue:** puede sufrir un accidente y debe cuidar su salud.

MOTÍN

- **En el sueño participó en un motín:** falsos amigos.

MUERTE

- **Soñó que alguien moría:** significa que tendrá una larga vida útil. ▪ **Soñó que mataba a sus padres:** tendrá una vida tranquila. ▪ **Soñó que lo mataron:** tiene falsos amigos. ▪ **En el sueño alguien le cerró los ojos, dándolo por muerto:** varias cosas relacionadas con sus planes le causarán decepción. ▪ **Soñó que moría:** recibirá promesas vanas. ▪ **Algún niño murió en la pesadilla:** recibirá dinero del extranjero. ▪ **Soñó que mataban a alguien:** angustia y dolor. ▪ **En el sueño alguien mató a un animal:** beneficios. ▪ **En el sueño usted mató a alguien:** tranquilidad. ▪ **Soñó que ordenó matar a alguien:** suerte favorable. ▪ **Soñó que besó a una persona muerta:** tendrá una larga vida. ▪ **Un muerto le habló en la pesadilla:** muerte de un pariente. ▪ **Un muerto lo agarró en el sueño:** la muerte se acerca. ▪ **Soñó con su muerte y su propio funeral:** puede ser una advertencia para que se proteja contra un accidente mortal, o un símbolo espiritual de su renacimiento mental.

MULETAS

▪ **Soñó que debía usar muletas:** infelicidad en los negocios. ▪ **En la pesadilla vio a alguien con muletas:** pronto contraerá una enfermedad.

MURCIÉLAGO

▪ **Soñó que lo asustaba un murciélago volando:** depresión debido a decepciones.

MUTILACIÓN

▪ **Soñó que le amputaban un brazo o los dos:** sus amigos le darán la espalda. ▪ **En el sueño le amputaron una o las dos manos:** recuperará dinero. ▪ **Le amputaron uno o los dos pies en la pesadilla:** Restauración de una enfermedad. ▪ **Sufrió la amputación de una pierna o de las dos:** debe evitar a sus rivales. ▪ **Le fue amputada otra parte del cuerpo:** buenas ganancias financieras. ▪ **Soñó que le amputaban los miembros a otra persona:** triunfo sobre los enemigos.

NIEVE

▪ **En la pesadilla era sepultado por una avalancha de nieve:** buenas ganancias.

OBITUARIO

■ Soñó que quedaba muy impresionado al leer el obituario de alguien: alguien cercano a usted se irá lejos.

OCÉANO

■ Soñó que iba a bordo de un barco que se hundía en el océano: fin de una historia de amor. ■ En el sueño fue arrojado al mar por sus enemigos: alguien lo está persiguiendo con fines oscuros.

OJOS

■ En la pesadilla perdió la vista de un ojo: muerte de un pariente. ■ Soñó que quería abrir los ojos y no podía: tribulaciones. ■ En el sueño le sacó los ojos a alguien: sufrimiento. ■ Soñó que le sacaba los ojos a un animal: vejez vergonzosa. ■ En la pesadilla alguien le sacó los ojos: tendrá suerte en el juego.

OLAS

■ Soñó con olas muy altas: sufrirá una decepción en su vida amorosa.

OSCURIDAD

■ Soñó que alguien lo arrastraba hacia la oscuridad: depresión. ■ Soñó que se caía en la oscuridad y se hacía daño: se acercan cambios a peor.

OSO

■ Soñó que era perseguido o atacado por un oso: alguien le persigue.

P

PALO

- Soñó que lo golpeaban con un palo: tendrá buena suerte.

PÁNICO

- Soñó que vivía una escena de pánico: debe evitar las discusiones con su jefe.

PANTANO

- En la pesadilla se hundía en un pantano: se verá mezclado en grandes discusiones. - Soñó que se quedaba atrapado en un pantano: gran alegría. - En el sueño se perdió en un pantano: dificultades y peligros invisibles.

PANTERA

- Soñó que era atacado por una pantera: tendrá éxito. - En la pesadilla se sentía aterrorizado por la visión de una pantera: será perseguido por sus enemigos.

PARÁLISIS

- Soñó que se había vuelto paralítico: discusiones en la familia. Vida patas arriba.

PELEA

- Soñó que veía una pelea: sus enemigos le pondrán una trampa. - Soñó que participaba en una pelea: sufrimiento.

PELIGRO

- Soñó que corría peligro: tenga mucho cuidado al tratar con los demás cuando se trate de amor, de finanzas o de trabajo.

PERRO

- Soñó que le mordía un perro: vanos temores. - Soñó con una jauría de perros: conspiración de sus enemigos. - En el sueño lo perseguía un perro: un buen amigo se volverá contra usted. - Soñó que un bulldog que guardaba una

propiedad lo persiguió o lo mordió: llegará un agente judicial en caso de que usted estuviera presente mientras se cometía un delito.

PERSECUCIÓN

▪ **En la pesadilla era perseguido:** tiene la conciencia tranquila. ▪ **Soñó que era perseguido injustamente:** perderá a un amigo. ▪ **En el sueño fue perseguido por su familia:** infelicidad en el hogar. ▪ **Soñó que era perseguido por la ley:** tenga cuidado con los amigos que pueden traicionarlo. ▪ **Soñó que lo perseguía un jabalí:** se separará de la persona amada. ▪ **En la pesadilla fue perseguido por las autoridades:** mejora en su posición. ▪ **Soñó que lo perseguía los acreedores:** tendrá algunas tristezas. ▪ **En el sueño lo perseguían las abejas:** tiene muchos enemigos que quieren hacerle daño. ▪ **Soñó que era perseguido por mujeres:** satisfacciones. ▪ **En la pesadilla era perseguido por unos hombres:** hay personas que hablan mal de usted. ▪ **Soñó que era perseguido por animales salvajes:** vergüenza.

PERSEGUIDO

▪ **Soñó que era perseguido en la pesadilla:** es posible que ocupe un alto cargo en el gobierno.

PESTE

▪ **Soñó que sufría la peste:** sus enemigos se mostrarán perversos. ▪ **En la pesadilla vio a muchos pacientes con la peste:** se acercan calamidades. ▪ **En el sueño ayudó a un apestado:** descontentos.

PIERNAS

▪ **Sonó que tenía las piernas torcidas:** desastres inminentes. ▪ **En el sueño tenía las piernas gruesas:** vida dichosa, aunque tardíamente. ▪ **Soñó que sus piernas eran extremadamente delgadas:** pronto padecerá una enfermedad. ▪ **En el sueño tenía las piernas hinchadas:** sufrirá pérdidas. ▪ **En la pesadilla tenía las piernas muy largas:** abundancia en el hogar. ▪ **Soñó que sus piernas eran peludas:** fin de una enfermedad. ▪ **Soñó que tenía las piernas cortadas:** peligro grave.

PIES

▪ **En la pesadilla tenía los pies cortados:** no preste atención a sus enemigos.

PIOJOS

▪ **Vio piojos en la pesadilla:** recursos abundantes.

PIONERO

▪ **Soñó que era un pionero en un nuevo país:** realizará sus ambiciones.

PISTOLA

▪ **En el sueño vio una pistola:** discusiones y peligros. ▪ **Soñó que disparaba una pistola:** tenga cuidado con las armas de fuego. ▪ **En la pesadilla alguien lo apuntó con una pistola:** sufrirá una traición urdida por sus enemigos.

POLICÍA

▪ **Soñó que era detenido por un oficial de policía:** tratará de escapar de alguien y tendrá que pedir disculpas a sus amigos para algo que no debería haber hecho. ▪ **En la pesadilla era perseguido por la policía:** enfermedad, encarcelamiento y molestias.

PRECIPICIO

▪ **Soñó que empujaba a alguien por un precipicio:** habrá un desorden público. ▪ **Soñó que veía un precipicio:** desconfiará de los amigos infundadamente. ▪ **En la pesadilla se cayó por un precipicio:** peligro inminente. ▪ **En el sueño se lanzó voluntariamente al vacío:** catástrofe por razones financieras. ▪ **Soñó que alguien se caía por un precipicio:** muerte de un difamador que lo beneficiará a usted.

PRISIÓN

▪ **Soñó que estaba en la cárcel:** debe tener cuidado antes de soltar una mentira. Profanación.

PROBLEMAS

▪ **Soñó que se mezclaba en problemas:** tendrá éxito.

PROFANACIÓN

▪ **Vio una profanación en la pesadilla:** augurio de mala suerte con las inversiones y con el sexo opuesto. ▪ **Soñó que fue usted quien profanaba una tumba:** miseria sin cura. ▪ **En el sueño vio cómo alguien profanaba una tumba:** decadencia financiera y moral. ▪ **Soñó que evitaba una profanación:** honor y riqueza en la vejez.

PUENTES

Símbolo muy afortunado y augurio muy bueno para los días de nuestras vidas. El puente conduce a la travesía por encima de los problemas que atraviesan nuestras vidas. A través del puente uno puede sentirse redimido de la angustia de tener que esperar indefinidamente para cruzar esos ríos o por temor a enfrentarse el peligro de vadearlos a nado. ▪ **Soñó que el puente caía cuando usted lo cruzaba:** pérdidas financieras.

PULGAS

- **Soñó que tenía el cuerpo cubierto de pulgas:** padecerá una enfermedad.

PUÑETAZO

- **Tuvo una pesadilla en la que alguien le pegaba puñetazos:** vendrán buenos tiempos para usted.

QUEMAR

- **Soñó que se quemaba una casa:** su suerte mejorará. • **En la pesadilla su casa ardía:** será feliz en el amor. • **Soñó que se quemaba dentro de una casa en llamas:** sus ambiciones son demasiado elevadas. • **En el sueño ardió su tienda, o almacén, o fábrica:** pérdida de dinero. • **Soñó que se quemó en una cama:** prosperidad. • **En la pesadilla sufrió quemaduras en el cuerpo:** amistades valiosas para la vida. • **Soñó que se quemaba por culpa de alguien:** vendrá una época de dificultades.

QUIEBRA

- **Soñó que debía declararse en quiebra:** evite la especulación.

RABIA

- **En la pesadilla un perro rabioso lo mordió y le transmitió la rabia:** significa que tiene un enemigo que confabula contra usted.

RÁFAGA

- **Soñó que recibía una ráfaga de balas:** felicidad. - **En el sueño recibió una ráfaga de flechas:** oposición de diversas fuentes.

RANAS

- **Si un hombre soñó que comía ranas:** enviudará si está casado o romperá su compromiso si está soltero.

RATAS

Soñar con ratas en general puede significar que debe mentir menos y actuar en el rol inferior al que fue destinado durante un tiempo. - **Soñó que sentía miedo ante unas ratas:** se complicará con una persona más joven que usted. - **Soñó que mataba una rata:** tenga cuidado con sus enemigos. - **En la pesadilla vio un gato persiguiendo una rata:** confabulaciones que serán descubiertas y anuladas. - **Soñó que vio correr una rata:** calumnia infundada, que sin embargo lo fastidiará mucho. - **Soñó que había una rata atrapada en una ratonera:** boda o noviazgo en breve. - **En el sueño fue mordido por una rata:** problemas por asuntos domésticos. - **Tuvo una pesadilla en la que escuchó el sonido de una rata royendo:** enfermedades poco importantes.

RAYO

- **Soñó que un rayo le caía en la cabeza:** alguien cercano enloquecerá pronto.

RELÁMPAGO

- **Tuvo una pesadilla en la que había relámpagos:** siempre es signo de discordia, revoluciones, desastres, etc. - **En el sueño un relámpago cayó sobre su casa:** muerte de un amigo. - **Fue alcanzado por un relámpago:** muerte de un pariente.

REPTIL

▪ **Soñó que moría por la mordedura de un reptil:** tiene muchos enemigos.

REVÓLVER

▪ **Soñó que unos niños empuñaban revólveres:** padres que no merecen consideración.

REVUELTA

▪ **Soñó que promovía una revuelta:** demandas por cuestiones de dinero. ▪ **Tuvo una pesadilla en la que era arrestado durante una revuelta:** será atacado por sus enemigos. ▪ **En el sueño escapó de una revuelta:** daños materiales. ▪ **Soñó que su hijo o un pariente resultaba herido en una revuelta:** disputas en la familia.

RIESGO

▪ **Soñó que estaba corriendo un gran riesgo:** soledad y dificultades. ▪ **Tuvo una pesadilla en la que sus hijos corrían riesgos:** beneficios financieros.

RÍO

▪ **Soñó que no podía escapar de la crecida de un río en crecida:** decepción. ▪ **Tuvo una pesadilla en la que sus hijos caían al río:** negligencias en los negocios. ▪ **En el sueño su amante cayó al río:** beneficios financieros.

RISCO

▪ **Soñó que se caía de un risco:** tropiezos en la vida.

RIVAL

▪ **Soñó que era derrotado por un rival:** vergüenza y tristeza.

ROBO

▪ **Tuvo una pesadilla en la que robaba joyas o dinero:** peligro de muerte. ▪ **Soñó que robaba ropa y comestibles:** miseria prolongada, decadencia económica. ▪ **En el sueño robó animales:** calumnias. ▪ **Soñó que le robaban en la calle:** sinsabores por cuestiones de dinero. ▪ **Soñó que le robaron en casa:** seguridad y prosperidad. ▪ **En la pesadilla vio a alguien robando:** su vida mejorará.

RUGIDO

▪ **Tuvo una pesadilla en la escuchó el rugido de animales salvajes:** un enemigo lo vigila.

RUIDO

▪ **Soñó con mucho ruido:** se verá obligado a pagar deudas vencidas.

S

SACRILEGIO
- Tuvo una pesadilla en la que cometía un sacrilegio: padecerá grandes miserias.

SALVAJE
- En el sueño fue herido por un salvaje: está llevando una vida sin reglas. - Soñó que luchaba contra unos salvajes: pequeñas preocupaciones debido a la falta de honradez de los demás.

SANGUIJUELAS
- Soñó con sanguijuelas chupando sangre: usted está condenado a la decepción. - Tuvo una pesadilla en la aparecían muchas sanguijuelas: pérdida de dinero.

SANGRE
- Soñó que tenía las manos manchadas de sangre: debe tener mucha cautela en asuntos de negocios. - Tuvo una pesadilla en la que vio un animal sangrando: negocio rápido y rentable. - Tuvo una pesadilla en la que vio a una persona sangrando: miseria y fatalidad, o también puede significar que habrá una muerte en breve. - Soñó que le sangraba la nariz: se le demostrará desprecio en sociedad debido a su mala conducta. - Tuvo una pesadilla en la que vio sangre derramada: en breve recibirá una herencia. - Soñó con gotas de sangre en el suelo: beneficios seguros. - Soñó que perdía sangre: riqueza en el futuro. - Soñó que una persona muy unida a usted sangraba: alguien que le envidia está urdiendo algo contra usted. - Tuvo una pesadilla en la que vio brotar sangre del suelo: muerte violenta. - En el sueño bebió sangre: enfermedad grave. - Soñó que tenía las ropas ensangrentadas: desastre fatal. - En la pesadilla vio un río de sangre: fatalidad.

SAQUEADOR
- Soñó que un saqueador entraba en su casa: desgracias.

SATÁN

▪ **Soñó que era poseído por Satán:** tendrá una vida larga y feliz. ▪ **Un enfermo soñó con Satán:** ocurrirán eventos desafortunados. ▪ **Tuvo una pesadilla en la que luchó contra Satán:** corre peligro. ▪ **Soñó que veía a Satán:** en breve hará un buen negocio.

SECUESTRO

▪ **Tuvo una pesadilla en la que lo secuestraron:** es una señal de que debe mejorar su comportamiento. ▪ **Soñó que era secuestrado por la fuerza:** tiene un buen futuro por delante. ▪ **En la pesadilla secuestraron a una niña:** desgracia en el amor. ▪ **En la pesadilla secuestraron a un niño:** catástrofe venidera. ▪ **Soñó que alguien secuestraba a su hijo:** un misterio se resolverá muy pronto. ▪ **Ayudó a alguien a secuestrar a una persona:** cerrar vínculo familiar. ▪ **Soñó que cometía un secuestro:** Si quien sueña es soltero se casará, y si está casado se divorciará. ▪ **Tuvo una pesadilla en la que lo secuestraban:** ruptura del noviazgo, o separación si quien sueña está casado.

SEPARACIÓN·

▪ **Soñó que una pareja de casados se separaba:** sus amigos están extendiendo habladurías. ▪ **Soñó que una pareja de novios se separaba:** comentarios de personas cercanas. ▪ **Soñó con una separación definitiva:** será culpable de actos imprudentes. ▪ **Tuvo una pesadilla en la que otros deseaban su separación:** tenga cuidado con los que actúan en la sombra. ▪ **Soñó que se separaba de un socio:** éxito en los negocios: se librará de un enemigo. ▪ **Soñó que se separaba de la persona amada:** fracaso de un plan muy estimado.

SEPULTURA

▪ **Soñó con una sepultura:** tropiezos en la vida. ▪ **Tuvo una pesadilla en la que caía en una sepultura:** agonía por enfermedad, que sin embargo no será mortal. ▪ **En el sueño abrió una sepultura:** decepción. ▪ **Soñó que estaba vivo dentro de una sepultura:** adversidad. ▪ **En la pesadilla vio una sepultura con flores:** muerte de un pariente. ▪ **Soñó que enterraban a alguien:** enfermedad prolongada. ▪ **Tuvo una pesadilla en la que era enterrado vivo:** muy pronto tendrá riquezas y poder. ▪ **Soñó que otras personas eran enterradas vivas:** tendrá riquezas e influencia.

SEPULTURERO

▪ **Una chica soñó que era atrapada y enterrada por un sepulturero:** tendrá felicidad en su matrimonio.

SERPIENTE

■ La serpiente simboliza energía física y espiritual en forma de relaciones amorosas, revela ambición, emociones buenas y malas y curación. ■ **Soñó con una serpiente venenosa:** mala suerte. ■ **Soñó con una serpiente de dos cabezas:** seducción. ■ **Soñó que mató una serpiente:** encontrará una manera de resolver problemas. ■ **Soñó que sufría el mordisco de una serpiente:** sus enemigos lo acusarán de algo. ■ **Soñó con muchas serpientes:** planea seducir a alguien. ■ Joyce R. tenía pesadillas frecuentes en las que caminaba a lo largo de una zona repleta de grandes serpientes. No parecían hacerle daño, pero en uno de los sueños una de las serpientes se aferró a su pecho y comenzó a comerle los pechos. Al despertar, seguía teniendo una sensación de miedo, porque todavía podía sentir la serpiente en su pecho. Gracias a esta advertencia, Joyce se hizo un examen clínico de sus pechos y le encontraron un pequeño tumor. Se sometió a una operación para extirparlo porque era canceroso. ¡La pesadilla le salvó la vida!

SOGA

■ **Soñó que moría colgado de una soga:** obtendrá una posición honorable. ■ **Soñó que le ponían la soga en el cuello:** dignidad y dinero.

SUFRIMIENTO

■ **Soñó que experimentaba mucho sufrimiento:** buena señal para las cuestiones comerciales.

SUICIDIO

■ **Soñó que una pareja se suicidaba:** cambio permanente en su entorno. ■ **Soñó que se suicidaba:** propensión a la locura. ■ **Tuvo una pesadilla en la que vio a alguien suicidarse:** enfermedad o grandes problemas morales, sentimiento de culpa, autopersecución y autodestrucción.

TARÁNTULA

Tener una pesadilla con esta especie de araña es una advertencia de que no debe convertirse en su propio enemigo. ▪ **Soñó que le picaba una tarántula:** debe protegerse contra una enfermedad y evitar un accidente grave.

TELARAÑA

▪ **Soñó con telarañas:** tenga cuidado con una trampa de la que escapar le resultará prácticamente imposible.

TERREMOTO

Es una pesadilla de significado muy confuso. ▪ **Soñó quera era víctima de un terremoto:** si tiene problemas su vida mejorará, y si tiene una vida tranquila entrará en decadencia. ▪ **Si una persona enferma soñó con un terremoto:** es una señal de que sus dolencias pasarán pronto. Para los sanos será lo contrario. ▪ **Una mujer embarazada soñó con un terremoto:** ella o su criatura correrán peligro en el momento del parto. ▪ **Soñó que vio un terremoto:** puede perder su trabajo o su negocio, pero podrá superar las dificultades.

TERROR

▪ **Soñó que sentía terror:** enemistad secreta de una persona contra usted. ▪ **Soñó que sufría violencia a manos de un terrorista:** muerte de un amigo.

TÉTANOS

▪ **Tuvo una pesadilla en la que descubrió que tenía el tétanos:** en breve ocurrirá un desastre muy grave. ▪ **Soñó que moría de tétanos:** está siendo engañado.

TIGRE

▪ **Tuvo una pesadilla en la que era atacado por un tigre:** tiene problemas familiares.

TIRO

▪ **Soñó que recibía un tiro:** tendrá la oportunidad de mejorar. ▪ **Tuvo una pesadilla en la que alguien le disparaba:** caerá en desgracia. ▪ **En el sueño disparó y mató a alguien:** decepción y pesar.

TORMENTA

▪ **Soñó con una tormenta de nieve:** se verá decepcionado por personas en las que usted ha depositado su confianza. ▪ **Soñó con un vendaval:** sufrirá el ataque de sus enemigos. ▪ **Soñó con una tempestad con truenos y relámpagos:** peligro inminente. ▪ **Tuvo una pesadilla con una tormenta en alta mar:** pronto hará un viaje lleno de sorpresas. ▪ **En el sueño una tormenta cayó encima de su casa:** cerca de usted hay malas personas.

TORO

▪ **Tuvo un sueño en el que era corneado por un toro:** tenga cuidado con los contratos comerciales. ▪ **Soñó que un toro perseguía a alguien:** no debe pedir prestado dinero a otras personas.

TORRE

▪ **Soñó que estaba en una torre o que veía una:** prisión o enfermedad próxima, que será de gravedad. ▪ **Soñó que caía desde una torre:** catástrofe.

TORRENTE

▪ **Tuvo una pesadilla en la que vería un torrente fuerte:** desesperación. ▪ **En el sueño alguien era arrastrado por un torrente:** dificultades de dinero. ▪ **Soñó que era arrastrado por un torrente:** adversidad. ▪ **Soñó que una casa era arrastrada por un torrente:** miseria e inundaciones (*véase también* Río).

TORTURA

▪ **En la pesadilla fue torturado por alguien:** significa que la gente desconfía de usted injustamente. ▪ **Soñó que una persona o un animal era torturado:** pasará por tensiones psicológicas.

TRAPECIO

▪ **En el sueño se cayó de un trapecio:** tenga cuidado de no cometer errores estúpidos.

TRUENO

▪ **Soñó con una tormenta de truenos:** sufrirá dificultades financieras.

TUMBA

■ Soñó con que veía tumbas: enfermedad. ■ Soñó con la tumba de un niño: desesperación. ■ Soñó con la tumba de un adulto: se realizarán sus sueños.

TUMOR

■ Soñó que tenía un tumor en cualquier parte del cuerpo: confusión en la vida, molestia leve o decepción en el amor.

TÚMULO

■ Vio un túmulo cubierto de flores: alguien romperá una promesa. ■ Soñó con un túmulo mal conservado: hará infeliz a alguien rompiendo una promesa. ■ Soñó que lo metían en un túmulo: herencia. ■ Soñó que cavaba un túmulo: se le presentarán grandes obstáculos.

ÚLCERA

▪ **Tuvo una pesadilla en la que se ulceraban las piernas:** desamor. ▪ **Soñó que tenía úlceras en los brazos:** traición. ▪ **En el estómago:** sufrimiento. ▪ **En todo el cuerpo:** fin de una enfermedad grave. ▪ **Soñó que vio a alguien con una úlcera en la piel:** falta de unidad en la familia.

UÑAS

▪ **Soñó con una mujer que tenía las uñas muy largas:** grandes ganancias.

VAMPIRO

Soñar con vampiros suele significar que en el entorno del que sueña hay una persona que agota y le chupa la vitalidad a los demás. ▪ **Tuvo una pesadilla en la que un vampiro le chupaba la sangre:** pasará por experiencias desagradables. ▪ **Mató a un vampiro en la pesadilla:** predice suerte en el amor. ▪ **Soñó que un vampiro profanaba una tumba:** sus nuevos planes le causarán decepciones. ▪ **En el sueño luchó contra un vampiro:** recibirá una buena noticia. ▪ **Soñó que una persona muerta volvió a la vida:** aumentará su riqueza.

VENENO

▪ **Soñó que tomaba veneno:** será traicionado por una mujer. ▪ **Tuvo una pesadilla en la que usted le dio veneno a alguien:** está perdiendo su reputación. ▪ **En el sueño vio veneno en un vaso o en una taza:** peste y epidemias. ▪ **En la pesadilla alguien tomó veneno:** unión en la familia.

VIENTO

▪ **Soñó que el viento destruía o hundía su barco:** el dinero llegará a usted fácilmente.

VIOLACIÓN

▪ **Soñó que era víctima de un violador:** recibirá una propuesta de matrimonio. ▪ **Soñó que era víctima de una violadora:** recibirá una herencia inesperada.

VOLCÁN

▪ **Soñó con un volcán:** debe esperar una explosión de emociones en cualquier momento. ▪ **Tuvo una pesadilla en la que un volcán entró en erupción:** el amor se convertirá en odio. ▪ **Soñó que quedaba atrapado por la lava de un volcán:** problemas y luchas íntimas. ▪ **En el sueño se asfixiaba por la ceniza de un volcán:** enfermedad del corazón que necesita ser tratada inmediatamente.

VUELO

▪ **Tuvo una pesadilla en la que volaba:** significa que aspira a algo inalcanzable y que debe olvidarse de ello si quiere evitar la ruina.

CONCLUSIÓN

En los sueños desagradables nos hieren, corremos peligro, nos caemos, somos perseguidos y estamos desnudos en público. Un sueño de ansiedad muy común es perder el avión o el tren. Esto no es sólo lo que muchos temen que les va a pasar, sino que también puede significar que deberán superar las preocupaciones sobre ser capaces de dar un paso atrás.

Las pesadillas que se centran en patrones que se repiten pueden ser una señal de que hay áreas de su vida sumergida por viejas aspiraciones, actitudes o conflictos. Las emociones que provocan sus sueños (felicidad, vergüenza, frustración, tristeza) son pistas que apuntan hacia lo que le está pasando, o hacia lo que usted desea o teme que suceda en sus experiencias cuando está despierto.

Las emociones de los sueños no sólo reflejan las de la vigilia, sino que también es probable que las afecten. «Los sentimientos de depresión, decepción u odio que dominan la mayoría de las pesadillas recurrentes permanecen incluso después de que éstas ya hayan sido olvidadas –dice el psicólogo Richard Corriere–. Esa resaca del sueño puede interferir en la manera en que se sentirá el resto del día o tal vez el resto de su vida».

La primera vez que el control de los sueños llamó la atención fue en los años cincuenta, cuando el antropólogo británico Kilton Stewart publicó sus notas sobre la tribu senoi, de Malasia, cuyos miembros enseñaban a sus hijos a soñar. Un joven senoi que despertó asustado por haber sido perseguido por un tigre fue alentado para que hablara sobre el sueño y le dijeron que si tuviera esa pesadilla de nuevo, debía enfrentarse a la fiera para que ésta pudiera ver que no le tenía miedo. Si el tigre continuaba avanzando, el joven tenía instrucciones de gritar y luchar hasta que llegara ayuda. La insistencia de los senois en que todos los sueños llegan a tener un resultado positivo fue probada personalmente por Patricia Garfield, psicóloga de San Francisco, que durante mucho tiempo sufrió una pesadilla que la aterrorizaba. «Su origen fue un incidente que me sucedió cuando tenía 13 años –dice ella–. Un grupo de jóvenes intentó atacarme en el bosque. Me las arreglé para escapar, pero aquello se convirtió en una pesadilla recurrente en la que había personas que querían hacerme daño. Siempre podía escapar, pero despertaba sintiéndome débil e indefensa».

Unas semanas después de decidirse a probar el sistema senoi, Patricia soñó que caminaba con su hija por el pasillo de una escuela cuando un grupo de jóvenes de aspecto amenazador les bloqueó el camino. En lugar de correr, Patricia soportó el ataque, recibió puñetazos y patadas y gritó cuanto pudo. «Dos personas vinieron a nuestro rescate –explica–. Los jóvenes huyeron. Y lo mejor de todo fue que me desperté sintiéndome muy bien y la pesadilla nunca regresó. Obviamente, el miedo al acecho en mi subconsciente ha desaparecido por fin».

Para cambiar su comportamiento en las pesadillas, usted debe ser consciente de que está soñando y tiene que dominar el arte de cambiar sus acciones en medio de la pesadilla. «Como ninguna de estas cosas es fácil –apunta Richard Corriere–, lo lógico es que usted se concentre en cambiar su comportamiento cuando está despierto. Sus pesadillas pueden decirle qué cambios debe hacer, y éstos, a su vez, le darán sueños más agradables».

Corriere señala el caso de una mujer que soñaba repetidamente que una enorme ola la arrastraba hacia el océano, amenazando con ahogarla. Las demás personas estaban siempre demasiado lejos para verla luchando con el agua, y ella estaba tan paralizada por el miedo que no podía gritar para pedirles ayuda. Corriere le preguntó qué paralelismos encontraba entre el sueño y la vida real, y la mujer confesó que a menudo se sentía abrumada por las responsabilidades de preservar su puesto de trabajo y gobernar la casa, pero se mostraba reacia a pedir ayuda a la familia.

Corriere la convenció de que tenía todo el derecho a pedir ayuda a la familia y que ésta no la menospreciaría por ello. «Ella lo probó –dice– y las pesadillas de ahogamiento cesaron. Mientras que la mayoría de sus sueños siguen discurriendo en la playa, las personas de su alrededor están ahora más cerca y ella suele pasar buenos momentos en su compañía».

Psicólogos de la Certes Fundation sugieren que las personas que quieran aprovechar sus pesadillas deben hacerse tres preguntas básicas:

«¿Cómo me siento en esta pesadilla? ¿Soy yo el protagonista? ¿Cómo puedo cambiarla para sentirme mejor?».

Corriere ha llegado a la conclusión de que las personas que son espectadores o víctimas en lugar de ser personajes principales, a menudo tienen la costumbre de dejar que otros controlen sus vidas: «Si usted es pasivo en las pesadillas, trate de ser más activo y dogmático en su vida real».

Enfrentarse a los temores y las esperanzas que revela una pesadilla repetida es el primer paso hacia la conquista o el triunfo sobre ella. Si utilizamos nuestros sueños para descubrir y aceptar nuestros verdaderos sentimientos, seremos capaces de darles un epílogo positivo y, de acuerdo con los senoi, transformar nuestros enemigos oníricos en amigos listos para ayudarnos.

CONSEJOS FINALES

TEORÍA DE LOS SUEÑOS

El doctor Delaunay, un médico francés, envió un comunicado a la Sociedad Biológica de París en el que establecía ciertas conclusiones propias, dando prioridad a la producción de los sueños, de acuerdo a cómo duerme cada uno.

Los sueños desagradables, cuando se duerme de espaldas, se explican por la conocida conexión existente entre los órganos de los sentidos y la parte posterior del cerebro. El modo más general de estar tumbado durante el sueño es quizás del lado derecho, y parece ser, también, el método más natural, porque muchas personas se niegan a dormir del lado del corazón, porque éste, como más de una vez se ha afirmado, necesita tener su acción libre durante el sueño.

Sin embargo, las declaraciones del doctor Delaunay no armonizan en absoluto con este punto de vista. Al dormir sobre el lado derecho –es decir, el lado derecho del cerebro–, los sueños tienen características acentuadas y desagradables.

No obstante, estas son esencialmente las que entran en la definición popular de los sueños. Son ilógicos, absurdos, infantiles, inciertos, incoherentes, llenos de energía y exageración.

En resumen, los sueños que hemos dormido sobre el lado derecho son simplemente decepciones. Traen al espíritu viejos y debilitados recuerdos, y a menudo vienen acompañados de pesadillas.

El doctor Delaunay sabe que los durmientes, en este caso, llegan a componer versos o a formular lenguaje rítmico; tales versos, aunque a veces suficientemente correctos, siempre carecen de sentido. Entonces operan las facultades morales, mientras que las actuales están ausentes.

Aquí, el ilustre médico nos proporciona, sin saberlo, una explicación que nunca podría surgir de nuestra incompetencia en la ciencia biológica: ahora no tenemos ninguna duda de que una gran mayoría de los versos que se publican fueron creados por personas a punto de dormir y que yacían del lado derecho. Queda explicado, finalmente, por qué son en apariencia correctos y, en el fondo, carecen de sombra alguna de sentido común.

Y el doctor Delaunay concluye diciéndonos que cuando dormimos del lado izquierdo, nuestros sueños no sólo son menos absurdos, sino incluso pueden ser inteligentes. Por lo general, se relacionan con los hechos y las cosas recientes y no con las reminiscencias.

Y aquí hemos indicado, científicamente, un recurso que también nos era desconocido y que no deberíamos olvidar para asesorar a ciertas personas conocidas, que por ahí van, para que, al menos en los sueños, sean menos absurdas e incluso lleguen a parecer inteligentes. Nada más simple: que se acostumbren a dormir sobre el lado izquierdo.

En *Teoría de los sueños* hay mucho que aprender.

INSTRUCCIONES PARA DORMIR
Y SOÑAR BIEN

Dormir bien es señal de salud física y mental. La pérdida frecuente de sueño puede ser un síntoma de estrés, ansiedad, depresión o impotencia sexual. El sueño perfecto dura de 8 a 10 horas por noche. Los sueños aparecen de modo natural cuatro o cinco veces, incluso si no se recuerdan. Si usted es insomne, vea qué puede hacer para dormir como los ángeles:

1. Lávese los pies con agua tibia antes de acostarse. El agua relaja y recibe, como una toma de tierra, las tensiones acumuladas durante el día. Evite los baños calientes y completos. Pueden despertarle.
2. No tome ningún tipo de licor. El alcohol induce a la somnolencia, pero impide que el cerebro complete el ciclo de sueño normal.
3. No se lleve trabajo, comida o cigarrillos a la cama. Úsela sólo para amar y dormir.
4. Apague la televisión o la radio. Las luces y los ruidos perturban el sueño.
5. Acuéstese en la cama con el cuerpo estirado, cierre los ojos y piense en lo mejor del día. Si no, visualice los colores azul, verde y blanco. Ayudan a relajarse.
6. Mantenga la respiración lenta y escuche los latidos de su corazón. Si son rápidos, inspire por la nariz y espire por la boca lentamente.

7. Cuando sienta el cuerpo pesado sobre el colchón, estará casi listo para una buena noche de sueño. Sólo quédese en posición fetal y duerma. Los sueños aparecerán de forma natural.

DIRIGIR LOS SUEÑOS

Practique sólo un poco de autosugestión poco antes de dormir. Es preferible presentar sus sugerencias después de que su espíritu se haya calmado y esté muy relajado. Además de la autosugestión verbal, que puede ser dicha en voz alta o mentalmente, es útil utilizar la visualización para programar su sueño deseado. Imagínese simplemente que el sueño ocurre del modo en que quiere que suceda. Véalo en su mente tan claramente como sea posible, repítase las autosugestiones durante un minuto o así, y entréguese al sueño.
¡Felices sueños!

ÍNDICE